독과 약의 세계사

후나야마 신지

AK TRIVIA BOOK

시작하며

　우리는 감자 싹에 독이 있다는 것과, 복어에 맹독이 있다는 것을 알고 있다. 그와 동시에 우리는 감자 싹을 도려내서 조리하면 된다는 것 또한 알고 있으며 복어 역시 자격증을 딴 요리사가 조리한 것을 마음 놓고 먹고 있다. 또한 가벼운 상처가 났을 때 상처를 소독하거나 반창고를 붙이며 머리가 아프거나, 열이 나거나, 모기에 물렸거나 할 때에도 각각에 맞는 구비 상비약을 사용한다. 그러면 대부분은 이 같은 처방으로 중독, 화상, 두통, 발열, 가려움 등에서 벗어날 수 있다.

　말하자면 우리들은 일상적으로 대부분을 의식조차하지 않고 가지각색의 독과 약을 잘 이용하며 능숙하게 피하거나 하면서 작금의 문화적 생활을 보내고 있는 것이다. 이 같은 상황을 우리들은 당연한 것처럼 받아들이고 있으나, 우리들이 이러한 생활을 누릴 수 있게 된 것은 사실 인류의 역사에서 봤을 때 극히 최근의 일에 지나지 않는다.

　우리 인류가 독과 약을 사용하게 된 출발점이, 인류 역사에 있어 어느 시점에 위치하는 지는 정확히 알 수 없다. 인류가 인류로서의 역사를 시작하게 된 것에는 불이나 도구를 사용하게 된 때부터이거나, 정주 생활을 시작하게 된 때부터 같은 몇 가지 전환점을 들 수 있는데, 인류가 독과 약을 적극적으로 사용하기 시작한 시점 또한 틀림없이 그러한 전환점 가운데 하나로 들 수 있지 않을까? 그리고 공교롭게도 인류는 독과 약을 기록하고자 문자나 점토판, 종이 등의 기록수단을 발명했던 흔적도 있다. 왜냐하면 이 같은 옛 기록에는 반드시 독과 약에 대한 기록이 남아있기 때문이다. 아무래도 독과 약, 그리고 문명은 서로 불가분의 관계를 유지하며 오늘날에 이른 것이라 할 수 있을 것이다.

현대에는 19세기에 발흥하여 그 뒤 놀라운 발전을 이룬 유기합성화학을 통해, 이미 옛 부터 세상에 존재했던 천연유래의 독과 약에 더하여 지금까지 세상에 전혀 없었던 존재인 많은 종류의 독과 약을 대량으로 만들어 낼 수 있게 되었다. 즉 우리 현대인의 생활에는 좋든 싫든 상관없이 다양한 종류와 양의 독과 약이 자리를 잡고 있는 것이다.

독으로 말할 것 같으면 우리에게 불이익만을 줄 것이라 생각되지만, 독이 반드시 해만 입힌다고는 볼 수 없다. 오히려 많은 도움을 주는 경우도 있다. 예를 들면 살충제, 항균제, 제초제 등은 살포되면 벌레나 미생물과 식물 쪽에서는 독일 수밖에 없지만, 인류로서는 경사스러운 일이다. 그리고 이 같은 살충제나 농약이라는 이름의 독이 존재하지 않으면 오늘에 이르러 지구상에서 이렇게 많은 사람들이 살아있지는 못 할 것이다. 한편 우리들이 약이라고 부르고 있는 것 중에는 원래 독으로 악명을 떨친 것도 많다. 예를

들면 근대의약품으로 중요한 근육 이완제 데카메토니움decametho-
nium은 남미에서 독화살에 쓰이는 독초를 토대로 개발된 것이다.
그리고 투구꽃과 식물 또한 한방에서는 중요한 약초 가운데 하나
다. 이 같이 독과 약에는 양면성이 있어서 한쪽 면만으로는 무의
미하다. 독과 약은 처음부터 독과 약으로서 기능을 가진 것이 아
니라 사용하는 사람에 따라서 독이 될 수도 약이 될 수도 있는 것
이다.

　현대를 살아가는 우리들에게 있어서 매우 다양하며 많은 양이
존재하는 독과 약을 어떻게 하면 유용하게 활용할 수 있는가 하는
것은 큰 과제 가운데 하나라고 할 수 있다. 그러면 이 책을 통해 독
과 약이 우리 생활과 얼마나 밀접한 관계에 있는 지 알 수 있도록
여러 가지 독과 약이 어떻게 인류역사에 등장하고 인류와 함께했
는지에 대해 살펴보도록 하자.

목차

제2장 중세의 독과 약

제3장 근세의 독과 약

제 1 장 　 고 대 의 　 독 과 　 약

인간은 언제부터 약을 사용했으며, 인간은 언제부터 독을 인식했을까?

독과 약이 화학물질로 이루어져 있다는 것은 현대인이라면 모두가 알고 있다. 하지만 화학이나 화합물의 개념을 아직 몰랐던 시대, 약리학 따위는 더더욱 알지 못했던 시대부터 인간은 독과 약을 인식하고 사용해 왔다.

아마도 애초에 독과 약은 음식과의 관계에서 인식되기 시작했을 것이다. 어떤 병에 걸렸을 때 어떤 동식물이나 광물을 섭취하는 것을 통해 병세가 호전되는 것을 발견하고, 그런 지식의 축적이 약으로서의 사용으로 연결되어 갔다.

하지만 오랜 기간에 걸쳐 인간은 병마와 싸우는 수단으로 신앙에 의존했는데, 일본의 경우, 액막이를 하는 관습(히나마쓰리, 칠석 등이 그 흔적이다)이 있었으며 예부터 전해 내려온 약사여래신앙의 존재 또한 이를 증명한다. 합리적으로 약을 사용하고 외과수술을 하게 된 것은 극히 최근의 일이라 해도 좋을 것이다.

당연한 얘기겠지만 고대의 기록을 보더라도 독에 대한 것은 그리 많지 않다. 하지만 몇 가지 흥미로운 이야기가 남아있기에 그 내용을 정리하여 이 장에서 언급 해보고자 한다.

이집트의 경우에는 기원전 1552년에 쓰인 의학서 『에베르스 파피루스Ebers Papyrus』에 이미 독과 약에 대하여 기록하고 있는데, 이것은 이집트에서 피라미드가 만들어진 기원전 2700년부터 기원전

2300년경까지 약 500년의 기록으로 피라미드 시대가 종언을 고하고 700년 정도 경과한 시대의 문서이다. 한편 중국에서는 기원전 200년경 『신농본초경神農本草經』이 저술되었는데, 뒤에서도 언급하겠지만 이 책은 광물을 포함, 의약품의 독성에 따라 상·중·하로 분류하여 해설하고 있다.

위와 같은 사실들로부터 비추어 보았을 때, 점토판이나 양피지, 파피루스, 종이 등의 기록 매체와 문자를 손에 넣은 인류는 경쟁이라도 하듯 독과 약의 기록을 남겼으며, 이것은 마치 독과 약에 대한 것을 기록하기 위해 문자와 기록매체를 발명한 것처럼 보일 정도이다.

고대 일본의 경우, 독과 약에 대한 기록으로 일본 화엄종의 대본산인 도다이지東大寺 쇼소인正倉院에 봉납된 의약품의 목록인 『슈주야쿠초種々薬帳』가 있다. 이 문서에는 약과 독이 되는 생약과 광물 60종이 기재되었는데, 덴표쇼호天平勝宝, 일본의 연호(749~756) 8년(AD 756) 6월 21일에 발행되었다. 이 문서에 기록된 의약품 가운데 제법 많은 수가 현존하고 있다는 점에서 봤을 때 세계적으로도 대단히 귀중한 문화유산이라 할 수 있다. 또한 9세기 후반부터 10세기 전반에 쓰여진 『다케토리모노가타리竹取物語』의 독과 약에 대한 기술도 매우 흥미로운 것이다.

1. 지구와 독 · 약의 탄생

지구의 탄생, 독과 약의 탄생

지금으로부터 약 46억 년 전에 지구가 탄생했을 때, 지구는 작렬하는 구체였다. 그것이 서서히 식으면서 이산화탄소로 가득한 환경으로 변했는데, 이윽고 그 속에서 생명이 탄생했다. 현재까지 생물 화석 가운데 가장 오래된 것은 약 35억 년 전의 것으로 알려져 있다. 그렇다고 한다면 초기의 생물유래 화학성분 또한 이 때 나왔을 것이다. 그리고 당연한 얘기겠지만 유전을 주관하는 물질도 이때 만들어졌다. 광물 유래의 독과 약물 성분은 꽤 이른 시기에 탄생했겠지만, 지구상에 생물이 나타나면서 더 많은 생물 유래의 독과 약이라 불리는 화합물이 탄생했다.

그런데 지구의 탄생부터 현재에 이르는 46억 년이란 것은 너무나도 까마득한 세월이다. 따라서 보다 알기 쉽도록 46억년을 1년으로 환산한 그림(이하, '환산력'이라 한다)으로 나타내 보고자 한다.

지구가 46억 년 전 생겨나서 40 수억 년의 엄청난 기간을 선(先)캄브리아대Precambrian Eon라고 한다. 선캄브리아대에서 이어지는 캄브리아기Cambrian period는 5억 4000만 년 전에 시작되어 5억 년 전까지 약 4000만 년을 가리킨다. 이 시기를 앞서 말한 환산력으

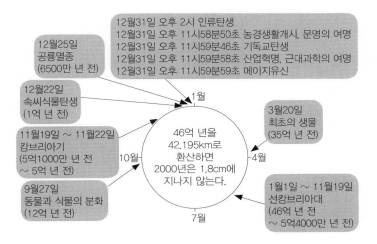

12월31일 오후 2시 인류탄생
12월31일 오후 11시58분50초 농경생활개시, 문명의 여명
12월31일 오후 11시59분46초 기독교탄생
12월31일 오후 11시59분58초 산업혁명, 근대과학의 여명
12월31일 오후 11시59분59초 메이지유신

12월25일
공룡멸종
(6500만 년 전)

12월22일
속씨식물탄생
(1억 년 전)

11월19일 ~ 11월22일
캄브리아기
(5억1000만 년 전
~ 5억 년 전)

9월27일
동물과 식물의 분화
(12억 년 전)

3월20일
최초의 생물
(35억 년 전)

1월1일 ~ 11월19일
선캄브리아대
(46억 년 전
~ 5억4000만 년 전)

46억 년을
42.195km로
환산하면
2000년은 1.8cm에
지나지 않는다.

1월
10월
4월
7월

로 나타내면 11월 19일부터 11월 22일까지 대략 3일간이 된다. 삼
엽충은 그 시기를 대표하는 생물이라 할 수 있는데, 일명 '캄브리
아 대폭발Cambrian Explosion'이라 불릴 정도로 다양한 종류의 생물이
나타났다.

속씨식물은 약 1억 년 전 백악기에 나타났다. 백악기는 약 1억
4000만 년 전에 시작되어 공룡이 멸종된 약 6500만 년 전에 끝난
다. 어쩌면 속씨식물의 탄생과 공룡의 멸종이 관계가 있을지도 모
른다는 설도 있다. 왜냐하면 알칼로이드Alkaloid라는 화학성분은 꽃
식물 중에서도 속씨식물에 압도적으로 많고 겉씨식물이나 포자로
번식하는 은화식물cryptogams에서는 극히 드문데, 이러한 알칼로
이드 중에서는 급성독성acute toxicity을 지닌 것뿐 아니라, 유전독성

genotoxicity을 지닌 것도 있으며, 이 같은 화학성분이 공룡의 절멸과 관련되었을 가능성이 있기 때문이다.

또한 간단히 '1억 년'이라고 말을 하지만, 1억 년이란 것은 엄청나게 긴 세월이다. 현재 서력으로 2000년을 지났지만 1억 년이란 것은 2000년의 5만 배다. 길게만 느껴지는 2000년이라는 세월을 무려 5만 번 반복한 세월에 해당한다. 2000년이란 세월은 지구의 역사 46억년을 마라톤 42.195km로 환산했을 때, 불과 1.8cm의 거리 밖에 되지 않는다.

생명유래의 독과 약의 탄생

그럼 이렇게 기나긴 지구의 역사 속에서 인류의 흔적이 어느 정도를 차지하고 있는지 살펴보면 정말 한심할 정도로 짧다.

인류가 나타난 것은 400만 년 전 또는 600만 년 전이라고 하지만, 가령 400만 년 전 환산력의 섣달그믐날의 오후 4시경이 된다. 정착해서 농경생활이 시작되고 문명의 여명 같은 것이 보이기 시작한 약 1만 년 전은 섣달 그믐날도 끝나갈 즈음인 오후 11시 58분 50초로, 말하자면 앞으로 1분 10초가 지나면 1년이 끝나는 시점인 것이다. 또한 그리스도교가 나타난 것은 오후 11시 59분 46초로 서기 2000년 남짓이라곤 해도 환산력에서는 14초에 지나지 않는다. 메이지유신부터 지금까지의 세월은 겨우 1초에 불과하다.

우리 인류는 여러 가지 과학을 구사하여 쾌적한 삶을 영위하고 있지만, 그 효시가 된 산업혁명 전후로부터 해도 겨우 2초 정도다. 하지만 실제로는 이 짧은 기간 동안 인류는 과학의 힘으로 각종 질병을 극복해 왔다. 천연두나 페스트, 결핵과 같이, 어쩌면 인류를 멸종시켰을 가능성이 있던 질병에 종두법으로 대표되는 백신이나 항생물질의 개발과 발견, 청결한 생활공간을 만들어내는 방법으로 대항하여 멋지게 이겨낸 것이다. 하지만 지구 규모의 역사에서 본다면 우리 인류가 얼마나 작은 존재인지 깨닫게 될 것이다. 물론 우리들은 과학의 은혜를 받아들여야겠지만 다른 한편으로는 인류의 존재가 얼마나 보잘것없는 것인지 또한 겸허히 받아들일 필요가 있다. 우리들은 병원균과 바이러스를 과학의 힘으로 제지할 수 있었던 것을 잊어서는 안 된다. 인류는 여태까지 지구에 출현한 몇 억 종의 생물 가운데 한 종류에 지나지 않는다. 그리고 이제까지 나타난 무수한 생물 중 대부분이 이미 대부분 멸종되었다고 하는 엄연한 사실이 있다.

태고의 독과 약

동·식물에 독이 있다고 말하면 '동·식물은 다른 생물로부터 자신을 보호하기 위해서 독을 가지게 된 것입니까?'라는 질문을 자주 듣는다. 물론 진짜 이유는(만약 이유가 있다면) 신만이 아시겠지만 이것은 아마도 생물의 다양성의 결과라고 볼 수 있다. 생물이 의도적으로 외적에 대항하기 위해서 고안하거나 노력하여 독을 지니게 되었을 것이라고 보기는 어렵다. 즉 가지각색의 다양한 생물이 나타난 중에서 우연히 '독'이라고 불리는 것을 지닌 생물이 살아남았을 것이라 보인다.

현재 지구상에 서식하는 생물종은 수천만 종이라지만, 앞에서도 말했듯 이제까지 지구상에 탄생한 생물종의 수는 아마도 수억 종에 이른다고 한다. 이처럼 실로 많은 종류의 생물이 이 세상에 탄생한 결과, 조금이라도 좋은 조건을 갖춘 종류가 살아남게 되었다고 생각하면 된다. 현재 독을 지닌 생물이 살아남아 조금이라도 눈에 띄는 것은 그것들이 살아남기 위해서 우연히 유익한 방향으로 진화한 결과라고 생각하면 어떨까?

예를 들어 일본 남쪽의 따뜻한 바다에는 이모가이芋貝라 하여 움직임이 굼뜬 청자고둥의 일종이 서식한다. 오키나와에서 이 고둥은 하브가이ハブ貝, ハブ는 반시뱀을 뜻하며 오키나와에서 가장 무서운 독을 가진 뱀을 말한다-편집자 주라고 불리는데, 실제로 이 고둥은 강한 독을 지니고 있어서 사람이라도 이 고둥의 독에 쏘이면 사망하는 경우가 있기 때문이라고 한다. 이 움직임이 굼뜬 고둥이 생존경쟁에서 승리하여 현재까지 살아남은 것은 우연히 이 고둥이 독을 가지고 있어서 사람들이 두려워하며, 독바늘을 사용하여 고기를 잡는 능력을 가졌기 때문이라 생각된다.

2. 고대 이집트, 그리스, 로마의 독과 약

점토판에 새겨진 설형문자와 파피루스 문서에 기록된 독과 약

고대 메소포타미아문명은 중앙아시아의 티그리스 강과 유프라테스 강 유역에서 현재의 이라크 주변의 수메르인들이 세운 것이다. 기원전 2000년 이상 전의 점토판에 새겨진 설형문자를 해독한 결과 250종 이상의 식물성 약재와 180종 이상의 동물성 약재, 120종 이상의 광물성 약재가 기록되어 있었는데, 메소포타미아문명은 이후 지리적으로 가까운 이집트로 전해져 이집트문명으로 꽃을 피우게 된다.

나일 강 유역에서 펼쳐진 이집트 문명에서는 파피루스가 기록매체로 발명되었다.

파피루스는 종이를 나타내는 영어 'paper'의 어원이기도 하다. 『에베르스 파

각종 약의 명칭이 새겨진 점토판 (사카이 시즈 편집, 『약과 인간薬と人間』에서)

피루스』는 1872년 독일의 이집트 고고학자인 게오르크 에베르스 Georg Moritz Ebers(1837 ~ 1898)가 이집트 룩소르Luxor에서 아시리아인으로부터 구입한 것이라 알려졌다. 에베르스 파피루스는 룩소르 북쪽에 있는 테베의 무덤 속 미이라의 무릎 사이에서 발견되었는데, 기원전 1552년에 쓰여 졌을 것으로 추측되고 있다. 이것은 폭 30cm, 길이 20m에 이르는 두루마리로, 각종 질환의 증상과 치료법이 108 칼럼으로 나뉘어서 기술되어 있으며, 약의 처방이나 조제법, 사용법에 대한 정보도 적혀 있었다. 문서를 해석한 결과, 여기에는 와인이나 무화과, 알로에, 아주까리 기름, 사프란, 박하, 아편 외에 사리풀Hyoscyamus niger 같은 독성이 강한 것도 기재되어 있었는데, 사리풀에서는 주성분으로 알칼로이드의 일종인 아트로핀atropine을 얻을 수 있다. 『에베르스 파피루스』는 약의 기록만으로도 약 700종의 동식물과 광물이 기재 되어 있다. 또한 왕가의 계곡Valley of the Kings에서 1922년에 발견된 것으로 유명한 투트-앙크-아멘Tutankhamen, 흔히 말하는 투탕카멘이 재위했던 것이 기원전 1361 ~ 1352년이었던 것을 생각해보면 이 문서는 투탕카멘 시대보다 약 300년 정도 전의 것이라 할 수 있다.

고대의 점토판에 새겨진 설형문자나 『에베르스 파피루스』와 같이 의학과 독에 관련한 고대 기록들의 존재를 생각해보면 이 책의 서두에서도 언급했지만, 아무래도 인류는 독과 약의 기록을 남기고 싶어서 문자나 기록방법을 발명한 것이 아닌가 하는 생각이 든다.

소크라테스와 독당근

고대 그리스에선 죄인(주로 지금 말하는 정치범)의 처형에 독당근의 종자에서 짜낸 진액이 사용되었는데, 소크라테스(BC 470 ~ BC 399)도 이 방법으로 처형되었다. 그 마지막 모습은 플라톤(BC 427 ~ BC 347)의 기록『파이돈Phaidon』에 남아있는데 아래와 같이 그 일부분의 번역을 실어볼까 한다.

그 분은 여기저기 돌아다녔지만 이윽고 다리가 무거워졌다고 하시고는 바로 누워 쉬기 시작했습니다. 그 남자가 그리하라고 말했기 때문입니다.

그러자 독을 건넨 남자가 그 분의 몸을 만지고 얼마 지나지 않아 발가락과 정강이를 보고 발가락을 꾹 눌러보며 느낌이 있는지를 물었습니다.

'없소.' 라고 그 분은 대답했습니다.

그리고 나서 또 정강이에 같은 행동을 하며 점점 상반신으로 올라가며 결국은 차가워지며 굳어가는 것을 우리에게 보여주었습니다. 그리고 다시 한 번 만져보며 이것이 심장까지 도달하면 끝입니다. 라고 말했습니다. (『파이돈』,『세계명작 플라톤 I』, 이케다 미에 역)

독당근은 유럽원산의 미나리과 식물로 코니인coniine이라 하여,

신경독을 일으키는 알칼로이드가 들어있다. 코니인 중독의 특징은 수족 말단에서부터 몸의 중심으로 마비가 진행되는 것으로, 이는 소크라테스의 최후에 기록되어 있는 바와 거의 같다고 한다.

클레오파트라와 독뱀

프톨레마이오스의 왕녀로 태어난 클레오파트라 7세(BC 69 ~ BC 20)는 그저 아름답기만 한 것이 아니라 교양도 풍부했으며, 독에도 깊은 관심을 갖고 있어 죄수들에게 각종 독을 시험했다고도 한다.

클레오파트라가 옥타비아누스에게 패하고 궁지에 몰렸을 때 결국 스스로 독뱀에 물려 최후를 맞이한 이야기는 유명하지만 그녀의 최후에 대해서는 여러 가지 상상과 새로운 해석도 있다.

예를 들면 그녀의 자해에 대해 현재 알려진 가장 오래된 기록인 그리스 사상가이자 전기 작가인 플루타르코스(46 ~ 120)의 『영웅전』에 따르면 클레오파트라는 코브라과에 속하는 아스프asp, 이집트 코브라가 팔을 물게 했다고 한다. 하지만 자해에 사용된 것이 살무사과의 독뱀이라는 설과 물도록 한 곳도 팔이 아니라 유방이었다는 설이 있으며, 비녀 속에 숨겨둔 뱀의 독으로 자해했다는 설(마쓰이 도시카즈, 『약의 문화지薬の文化誌』)까지 존재한다. 클레오파트라의 최후를 그린 것 중에 플루타르코스의 작품인 『영웅전』의 한

소절을 인용 해볼까 한다.

> 어떤 사람이 이야기하듯 말했다. 독사는 그가 들고 온 무화과
> 열매 사이의 푸른 잎사귀에 숨겨져 있었다. 클레오파트라는 그것
> 을 못 본 척 물게 하라고 명한 뒤, 잎을 들췄을 때 노려보는 독사
> 와 눈이 마주친 뒤 「드디어 물었다」라 말하며 뽀얀 팔을 들어 보
> 였다. (생략) 그녀의 팔에는 두 개의 동그란 작은 구멍이 나 있어
> 그것을 보고 독사가 문 흔적으로 생긴 것이라고 단언하는 자도
> 있었다. (『플루타르코스 영웅전』 제1권 다카하시 고로 역)

클레오파트라는 가지각색의 독을 조사해 깊은 잠에 빠진 듯 편
안하게 죽을 수 있는(현대에서 일컫는 신경독) 이집트코브라를 선
택한 것이다. 반면에 살무사과의 독은 용혈독溶血毒, hemolysin으로,
물린 곳에서 엄청난 출혈과 함께 피부 조직의 괴사가 일어난다.
현재 알려진 뱀의 독에는 크게 신경독과 용혈독 2종류가 있다. 신
경독을 지닌 것으로는 코브라나 바다뱀 종류가 있고, 출혈독을 지
닌 뱀 중에 일본에 서식하는 것으로는 살무사나 반시뱀 등이 있
다.

아마도 클레오파트라는 이집트코브라로 하여금 유방을 물게 하
여 피부 조직 괴사로 인한 고통 없이 편안하게 최후를 맞이했을 것
이다. 무책임한 말이겠지만 이집트코브라와 유방의 조합이라니

정말 아름답지 않은가!

자살의 수단으로 독을 사용한 예는 일본에서도 많이 있었으며, 그 중에서도 농약을 마시거나 수면제 혹은 청산화합물을 이용한 자살이 많았다. 하지만 독사를 자살에 이용한 예는 역시 드물지 않을까?

해독약 테리아카

테리아카theriaca란, 기원전 3세기경의 기록에 나오는 만능해독약이다. 여러 가지 독을 이용한 암살이 유행하면서 암살의 두려움에 떤 권력자들은 독살에 대항하기 위한 수단을 강구했는데, 그 가운데 하나가 해독약의 개발이었으며 여러 해독약 중에서도 가장 유명한 것이 바로 테리아카였다.

테리아카에는 여러 가지 처방전이 있었는데, 로마제국의 제5대 황제이자 폭군으로 악명 높은 네로(37 ~ 68)의 주치의였던 안드로마쿠스Andromachus의 것이 유명하다. 그 조제법은 비전으로 60종 정도의 약물이 배합되었다고 한다. 그 뒤 중세의 유럽 각지에서 널리 사용되었고 지금도 유럽 각지의 약학 박물관에서 테리아카 약병을 볼 수 있다.

로마 황제의 주치의였던 갈레노스Claudius Galenus(129 ~ 199)도 히포크라테스Hippocrates(BC 460 ~ BC 375)를 잇는 명의로 일컬어

졌다. 서양의 경우에도 중세에서 근세에 걸친 기간 동안 의학적으로 큰 발전이 없었기에 플리니우스Gaius Plinius Secundus(23 ~ 79)나 디오스코리데스Pedanius Dioskorides(40 ~ 90), 갈레노스가 쓴 책은 이후 오랜 세월에 걸쳐 귀중히 여겨졌다.

『마테리아 메디카』와 플리니우스의 『박물지』

『마테리아 메디카De Materia Medica, 약물지』는 『그리스 본초』라고도 하는데, 이 책은 고대 로마황제 네로의 군의관으로 각지를 돌아다닌 디오스코리데스가 서기 77년에 저술한 것으로 서양 최초의 본초서이다. 그리스어로 쓰여진 『마테리아 메디카』는 모두 5권으로 958종류의 약을 동물성 약재(80종), 식물성 약재(600종), 광물성 약재(50종)로 분류하여 기록하였다. 식물에 관해서는 식물명, 별명, 감별법, 조제법, 저장법, 약효, 적응, 용법, 용량에 대한 것이 기재되어 있었으며, 아라비아산 약용식물로는 생강, 후추, 알로에, 대황 등이 수록되었다. 또 이 책에는 후대의 약학자인 파라켈수스가 주장하게 될 '독은 약이다'라는 말도 있다.

『마테리아 메디카』는 약을 동물, 식물, 광물 원료의 기준으로 분류한 데 비해, 뒤에 중국에서 편찬된 『신농본초경』은 약의 강도로 상약上藥, 중약中藥, 하약下藥으로 분류하고 있으며 몸에 대한 작용에 따라 나눴다는 차이가 있다.

한편 디오스코리데스와 동시대의 인물로 고대 로마의 군인이자 정치가이며 박물학자였던 대大 플리니우스가 쓴『박물지Naturalis Historia』는 37권으로 구성되어 있다. 이 가운데 제20권부터 27권에서는 식물성 약재를 다루고 있는데, 각 권의 표제는「야채의 약효」(제20권),「꽃과 화관」(제21권),「초본류의 약효」(제22권),「재배수의 약효」(제23권),「자연림의 약효」(제24권),「들풀의 약효」(제25권),「신체 각 기관에 듣는 약초」(제26권),「약효가 있는 기타 식물」(제27권)로 돼 있다. (오쓰키 신이치로 편,『플리니우스 박물지-식물약제 편』) 이 박물지의 약 분류 방법이『마테리아 메디카』와 똑같이 약으로 쓰이는 식물성 원료를 기준으로 나눠진 것이 정말 흥미롭다.

3. 고대 인도, 중국의 독과 약

인도 문명과『아유르베다』

인도 문명은 기원전 2300년경 인더스강 유역에서 발달했는데 기원전 1500년 경 인도 · 유럽어족인 아리아인이 유입되면서 베다

시대가 시작되었다.

고대 인도의 독과 약에 관한 기록은 그다지 남아있지 않지만, 힌두교의 종교시가집인 『아유르베다Ayurveda』에 의학과 건강에 관한 내용이 기록되어 있었으며 전통의학이라는 이름으로 현대까지 전해지고 있다.

아유르베다란 '생명의 지식'이란 의미인데, 여기에 따르면 인체를 구성하고 있는 것은 하늘, 바람, 불, 물, 흙의 5개 원소로, 우리가 건강을 유지하고 있는 것은 이 5원소가 균형을 맞추고 있기 때문이라고 한다. 『아유르베다』에 사용된 약물은 대부분이 식물성 약재로 계피나 생강, 후추, 감초 등 2,000종 이상이 기재되어 있다.

신농과 『신농본초경』

종이는 나침판, 화약, 인쇄술과 함께 중국의 4대 발명품이다. 이가운데 종이는 이미 전한前漢시대에 원시적 종이가 이미 만들어진 것으로 알려졌지만, 후한後漢(25 ~ 220)시대에 환관 채륜蔡倫(50? ~ 121?)이 서기 105년에 천, 마, 나무껍질 등을 원료로 하는 제지법을 발명하여 종이의 질이 크게 변모하였다. 6세기경에 종이는 한반도를 경유하여 일본에 전해졌다.

고대 중국에서는 약과 농재에 관한 신이라 불리는 신농神農씨가 「하루 백초를 먹어보고 하나의 약을 안다嘗百草制藥」라는 방법으로 발견한 약의 기록인『신농본초경』으로 전해져 왔다. 후한 때 쓰여졌다고 하지만 실물은 존재하지 않으며, 이후 중국 양梁나라의 본초학자인 도홍경陶弘景(456~536)이 쓴『본초경집주本草經集注』로 그 내용을 더듬어 볼 수밖에 없다. 하지만 이 책도 원본이 소실되어 현재는 그 뒤에 나온 여러 가지 해설서로 그 내용을 미루어 짐작할 수밖에 없다고 한다. 이런 책들도 종이의 발명덕분에 저술될 수 있었을 것이다.

『신농본초경』에는 합계 365종의 약이 기재되었는데, 각각의 약재들을 상약(120종), 중약(120종), 하약(125종)으로 분류했다. 그 중 상약에는 독이 없고 중약에는 무해한 것과 유해한 것이 있으며, 하약은 독이 많아 오래도록 복용해서는 안 된다고 했다. 즉 독성에 따라 약재를 분류한 것으로, 이는 대단히 획기적인 일이라 할 수 잇을 것이다.

또한 앞에서 말한『본초경집주』이전의 의학관련 중요 업적으로는 장중경張仲景(150?~219?)이 고대로부터 전해진 의학 지식과 스스로의 경험을 토대로 서술한『상한잡병론傷寒雜病論』이라는 책이 있는데, 이것은『상한론傷寒論』과『금궤요략金匱要略』이라는 2종류의 책으로 나뉘어 오늘날까지 전해지고 있다.

진의 시황제와 불로불사의 약

진의 시황제(BC 259 ~ BC 210)는 자신에게 불리한 주장이 담긴 서적 만 권을 불태우고, 유생들을 생매장한 이른바 분서갱유焚書坑儒라 하는 만행을 저질렀으며 민중을 동원하여 만리장성을 쌓도록 한 전제군주였다.

동서고금을 막론하고 권력을 거머쥔 사람은 역시 불로불사를 원하는 법이며, 다른 한편에는 이러한 권력자의 욕구를 잘 이용하는 사람이 존재한다. 시황제는 기원전 219년, 서복에게 불로불사의 묘약을 찾도록 명했다. 서복은 동쪽 바다 위 선인의 섬으로 불사의 약을 찾으러 간다고 말하며 양가의 소년소녀 수 천 명과 오곡의 종자, 그릇, 도구 등을 받아들고 여행을 떠난 뒤 돌아오지 않았는데, 이 이야기는 사마천司馬遷(BC 145 ~ BC 86)의 『사기史記』(BC 91)에 있으며, 실제로도 일본에는 미야자키 현을 비롯한 전국 곳곳에 서복과 관련된 전설이 남아있다.

당의 역대 황제와 단약

고대 중국의 책인 『주례周禮』에는 수은과 비소 등을 포함한 광물이 「오독五毒」이라고 불리며 일종의 약으로 기재되어 있다. 병마를 끌어들이는 악령을 이기는 방법에 이런 약(독)이 필요하기 때문이다. 오독이란 아비산亞砒酸(황비철석, FeAsS), 웅황雄黃(황화제이비소, As_2S_5 또는 As_4S_{10}), 석담石膽(황산구리, $CuSO_4$), 단사丹砂(진사辰砂, 황화제이수은), 자석慈石(산화철), 이렇게 5종의 광물을 말한다.

그 뒤 광물을 불로불사의 영약으로 만들어 내는 연단술鍊丹術이 발생했는데, 이 기술은 도교의 사상과 이어져 불로불사의 약이라 일컬어진 단약을 만들어 내기에 이르렀다. 단丹이라는 말에는 '붉은 색'이란 의미도 있지만 '불로불사의 약'이란 의미도 있다. 아마도 선명한 붉은 색에서 피, 다시 말해 '생명'을 의식했던 것이 아닐까?

단약이란 수은과 유황의 화합물인 황화제이수은(HgS)으로 황화제이수은은 천연 단사(진사)로도 산출되는 적색의 화합물이다. 초목은 약이 되기는 하지만 태워버리면 재가 된다. 하지만 이와 달리 단약은 천변만화千變萬化를 하면서도 다시 원래 모습으로 돌아

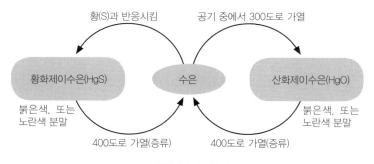

단약(황화제이수은)의 변화

와, 그 생명에 끊어짐이 없다는 것(30p 그림)이 단약을 복용하는 근본사상이다.

즉 황화제이수은(HgS)을 공기 중에 방치하면 어두운 색으로 변하지만 이것을 400도에서 구우면 분리된 수은(Hg)이 된다. 그리고 수은은 공기 중에 300도로 가열하면 산화제이수은(HgO)이 되고 400도로 온도를 높이면 분해되어 또 다시 수은(Hg)이 된다. 그리고 이 분해된 수은을 유황과 접촉시키면 다시 황화제이수은이 된다.

하지만 수은화합물은 불로불사의 묘약이 아니며, 실제로는 대부분이 강한 독성을 지닌 화합물이다. 예를 들어 산화제이수은은 현재도 독극물로 취급되고 있다. 그럼에도 중국의 당 왕조(618 ~ 907) 시대, 20대에 걸친 역대 황제들 가운데 적어도 6명(2대 태종太宗, 11대 헌종憲宗, 12대 목종穆宗, 13대 경종敬宗, 15대 무종武宗, 16대 선종宣宗)은 단약 중독으로 인해 목숨을 잃었을 것이라 짐작되고 있다.

오늘날에도 항간에서는 속칭 '건강 식품'이라 하여, 의약품과는 다른 루트로 유통되는 것이 있는데, 어쩌면 우리들도 단약을 복용하여 생명을 단축한 당나라의 황제들과 같은 실수를 범하고 있는 것은 아닐까?

당 왕조 시대였던 659년에는 850종의 약물 기록이 게재되어 있는『신수본초新修本草』가 만들어졌는데, 줄여서『당본초唐本草』라고도 한다. 본권이 21권에 약도 25권, 도경 7권, 목록 1권의 전54권으로 된 약의 규격서다. 말하자면 나라에서 정한 첫 약의 규격서로 오늘날의 약전Pharmacopoeia 같은 존재다.

고대 중국의 광물과 약을 배합한 처방 중에는 「오석산五石散」이라는 것이 있었다. 이것은 위나라의 하안何晏(190? ~ 249)이 고안한 약으로 병을 치료하는 것 뿐 만이 아니라 기분을 상쾌하게 한다고 한다. 하지만 독성이 강한 약으로 주의가 필요하며 약효가 나타나는 것을 산발散發이라 하는데 산발이 나타나면 중독을 막기 위해 열심히 몸을 움직여야 했으며. 이러한 행위를 행산行散이라고 했다.

후한 말에는 화타華陀(145? ~ 208)라는 명의가 있었다. 화타는 『삼국지』에서 유명한 조조曹操(155 ~ 220)의 주치의이기도 했지만 후에 조조에게 살해당한다. 뒤에서 논하겠지만 에도시대의 하나오카 세이슈華岡青洲는 화타가 만든 마취약인 마비산麻沸散, 또는 麻痹散에 매료돼 마비산과 비슷한 전신 마취약인 통선산通仙散을 만들었다.

4. 고대 일본의 독과 약

"무양하신가?"

고대 일본의 경우, 당연하겠지만 덴노天皇, 일왕나 덴노 주변 관련 내용을 담은 기록이 많다.

스이코 덴노 15년인 607년, 제33대 덴노였던 스이코 덴노推古天皇 (554 ~ 628, 재위 592 ~ 628)과 쇼토쿠 태자聖德太子(574 ~ 622, 제31대 요메이 덴노用明天皇의 황태자)는 수隨 왕조(581 ~ 619)의 시대였던 중국 대륙에 견수사遣隨使로 오노노 이모코小野妹子를 파견하여 수나라의 황제인 양제煬帝(569 ~ 618)에게 보낸 내용 중에 쇼토쿠태자가 보낸 국서의 한 구절인「해 뜨는 곳의 천자가 해 지는 곳의 천자에게 글을 전하니, 무양하신가?日出處天子致書日沒處天子無恙云云」라는 것이 유명하다. 하지만 이 문서는 대등하다 못해 중국의 황제, 즉 천자를 하대하는 느낌의 문장이었기에 수양제는 크게 노하였다고 한다.

여기서 말하는「무양하신가無恙云云?」란 말은 일본어로「恙無しや」라고 하며 현재도 사용되는 표현이다. 「恙병 '양', 근심할 '양'」이란 한자는 병이나 재난의 의미로 사용되지만 원래는 털진드기恙虫, 또는 털진드기에 물려 발생하는 쓰쓰가무시병을 말한다. 이 시대 사람

들의 병에 대한 개념은 현대인의 관점에서 봤을 때 대단히 조잡하게 보이지지만 질병에 관한 기술이 오랜 옛날부터 있었던 것은 참으로 흥미깊은 일이다.

쓰쓰가무시병은 미생물 병원체인 리케차rickettsia의 매개로 알려진 털진드기에 물려 일어나는 전염병이다.

일본에서는 니가타新潟, 야마가타山形, 아키타秋田 각 현의 하천 지역과 후지산 기슭, 이즈伊豆 반도 등에서 발생하는데, 병원체인 리케차는 환부에 괴저를 일으키며 물린 자리에는 딱지가 앉는다. 잠복기는 7~10일로 39~40도의 고열을 일으키고 이후 점차 열이 내려간다. 일본 특유의 풍토병으로 환자에 따라서는 치명적으로 악화되는 일도 있었다. 하지만 현대에 들어서서는 항생제 투여로 확실히 치료할 수 있게 되었다.

『만요슈』와 약

『만요슈萬葉集, 만엽집』은 제16대 닌토쿠 덴노仁德天皇의 황후가 부른 노래를 시작으로 덴표호지天平宝字 3년(759)까지의 노래 4,500수 정도를 수록한 시가집이다. 이 중에는 668년(덴지 덴노 7) 5월 5일의 약초 채집 행사 때 누카타노오키미額田王(출생 불명확)와 오아마노미코大海人皇子, 이하 오아마 황자(? ~ 686)가 부른 노래가 유명하다.

여기서 약초 채집행사란 스이코 덴노 19년(611)에 행해진 것이 효시가 된 행사로 음력 5월 5일에 치러졌다. 원래는 약으로 쓰이는 녹용을 채취하기 위한 행사였지만 여기서는 약초이면서 염료로도 쓰이던 지치Lithospermum erythrorhizon의 뿌리를 채취했을 것이다. 누카타노오키미는 처음에는 후에 덴무덴노天武天皇가 되는 오아마 황자에게 시집가서(덴노의 식사 시중을 들던 하급궁녀였다는 설도 있다) 토치노十市 황녀가 태어났지만 이 노래를 부르던 시절에는 덴지 덴노天智天皇의 후궁이었다. 하지만 이 부분은 여러 가지 설이 있어서 너무 깊이 다루지는 않도록 하겠다.

누카타노오키미는 다음과 같이 읊었다.

> あかねさす紫野行き標野行き野守は見ずや君が袖振る
>
> 붉은 노을에 물든 자초꽃 들판에 가 이리 저리 걷고 있는데 들
>
> 지기가 보지 않으려가요 그대가 소매 흔드는 것을(권1-20)

이에 대한 오아마 황자의 대답은 다음과 같다.

> 紫草のにほへる妹を憎くあらば人妻ゆゑに我恋ひめやも
>
> 자초꽃처럼 향기로운 그대를 미워했다면 남의 아내인 그대를
>
> 그토록 사랑했을까(권1-21)

이 노래의 해석에는 여러 가지 설이 있는데, 그 중에는 고대 한국어의 문자 표기 체계인 이두吏讀를 응용하여 해석하면 엄청나게 에로틱한 의미가 된다는 설(이영희, 『또 하나의 만요슈』)까지 존재할 정도이다. 『의심방醫心方』을 현대어로 번역한 마키 사치코槇 佐知子는 「野守は들지기가」라는 부분을 「ノモリとは」라고 해석할 수도 있지 않겠느냐고 대담한 추리(마키 사치코, 『일본의 고대의술日本の古代医術』)를 내놓고 있는데,「野守は」라는 부분을 만요가나萬葉假名, 가나의 일종으로, 주로 고대 일본어를 표기하기 위해서 한자의 음을 빌려 쓴 문자. 한국의 이두와 비슷하다-편집자 주에서는 「野守者」라고 기록하고 있고 이를 「野守は」라고 읽을 수 있지만 「野守とは」라고도 읽을 수 있기 때문이다.

약간 시대를 거슬러 내려가서 다이도大同 3년(808)에 헤이제이 덴노平城天皇의 명으로 만들어진 『대동유취방大同類聚方』에는 「乃母里노모리藥」이란 처방이 있었다. 이것은 정신적으로 병에 들었을 때 사용되었으며 이 때문에 「ノモリ」라는 말은 「御乱心미치다」의 대명사로도 쓰였다. 즉,「野守は見ずや들지기가 보지 않으련가요」라는 부분은 문자 그대로 「들지기가 보지 않으련가요」라고도 읽히지만 「미친 것으로 보이지 않으련가요」라고도 해석되며, 다시 말해 「미칠 것만 같습니다」란 의미도 가질 수 있는 것이다. 이 노래가 불려졌을 당시, 이미 「노모리」라는 처방이 나와있었으며, 만약 이 노래에 왕실 약초 밭의 들지기, 즉 덴지 덴노에게 '보이면(들키면) 어쩌려고 그러시나요'라는 말의 이면에 '미칠 것만 같습니다'라는 또 하나의

의미가 담겨있다고 한다면, 참으로 깊은 맛의 언어유희라고도 할 수 있을 것이다. 하지만 누카타노오키미는 이미 30대 후반의 나이였기에, 깊은 연애 감정을 담은 노래라기 보다는 인생의 쓴맛과 단맛을 다 보아 세상 물정을 잘 알고 있는 남녀가 노래를 통해 가벼운 농을 주고받은 정도라고나 할까? 당시 덴지 덴노와 황태제(弟)인 오아마 황자 사이의 권력관계를 생각한다면 아무리 과거에 친밀한 사이였던 여성이라고는 하나 정면으로 연애감정을 털어 놓을 상황은 아니었을 것이다.

이 노래를 주고받고 불과 4년 뒤인 672년, 덴지 덴노의 사후 황위계승권을 둘러싸고 덴지 덴노의 아들인 오토모 황자(648 ~ 672)와 오아마 황자 사이에 고대 일본사에서 최대의 내란이라 알려진 진신의 난壬申の乱이 일어나, 여기서 패한 오토모 황자는 자결하고 승리한 오아마 황자가 덴무 덴노(재위 673 ~ 686)로서 왕위에 올랐다.

지치의 뿌리는 고귀한 색이라 여겨진 보라색으로 천을 염색하는데 사용되었는데, 당시의 예복은 색의 존귀함의 순서에 따라 보라-적색-녹색-남색으로 구분되었으며, 이 가운데 보라색이 가장 고귀한 신분임을 나타냈다. 한편 지치를 한방에선 자초紫草라 하며 그 뿌리를 사용했는데, 오늘날에도 화상이나 치질 등에 사용돼는 자운고紫雲膏의 주요 원료이기도하다. 지치꽃은 흰색의 작은 꽃으로 그리 눈에 띄지는 않는다. 따라서 「자초꽃처럼 향기로운 그대」

라는 부분은 지금까지의 전통적 해석보다는 「형(덴지 덴노)의 후궁이 되어 고귀한 보라색으로 물들인 옷을 입은」으로 해석하는 것이 훨씬 이치에 맞는다.

또한 자초 뿌리의 색에서 일본어로 무라사키ムラサキ, 紫, 즉 보라색의 이름이 나왔지만 자초를 기리키기도 하는 「ムラサキ」라는 이름은 같은 발음의 「群ら咲き」에서 온 말이다. 많은 무리群를 지어 꽃을 피웠던咲く 것에서 이 식물의 이름이 만들어진 것이다. 하지만 이 식물의 야생품종은 지금에 와서는 멸종위기종으로 지정되었을 정도로 적게 남아있을 뿐이다. 한편 일본어로 아카네茜, あかね라고 하는 꼭두서니의 뿌리도 염료 이외에 생리통, 해열, 강장 등에 듣는 약재이며 한방에서는 천초茜草 또는 천초근茜草根이라고 불린다. 일본어의 자주색茜色도 이 식물의 이름에서 나온 색채명이다.

이 이름은 「赤い根」에서 나왔지만 '붉다'는 뜻의 「아카이赤い」라는 말은 밝다는 뜻의 「아카루이明るい」에서 유래되었다고 한다. 또한 이 색은 저녁노을의 색이기도 하기에 한자로는 서녘 '서西'자에 부수로 초두머리艹를 결합하여 '茜'이라 쓰며, 우리는 이 한자를 꼭두서니 '천'이라 부른다.

이상이 가장 대표적인 노래들이라 할 수 있겠지만, 만요슈 속의 여러 시인들은 이 외에도 식물들을 소재로 한 노래를 많이 읊었다. 식물을 즐기는 마음도 있었겠지만 이 시대에 이미 여러 가지 식물이 식재료나 약재로 사용되었기에 대단히 친숙한 것이었을 것이다. 식물 중에서 독과 약 사이에 속하는 존재로는 조미료가 있는데 만엽시대의 일본에는 이미 조미료로 생강, 산초, 양하襄荷, 고추냉이 등이 알려져 있었다.

이나바의 흰 토끼와 부들의 꽃가루

일본에서 가장 오래된 역사서로 알려진『고지키古事記, 고사기』에는 덴무 덴노의 명으로 히에다노 아레稗田阿礼, 히다노 아레라고도 한다-편집자 주(생몰년도 불명)가 송습誦習한『제기帝紀』와 선대의『구사舊辭』를 겐메이 덴노元明天皇(661 ~ 721, 재위 707 ~ 715)의 명을 받고 오노 야스마로太安万侶(? ~ 723)가 편찬, 와도和銅 5년인 712년에 헌상했다.『코지키』의 상권은 천지개벽에서 우가야후키아에즈노미코토鵜葺草葺不合命까지, 중권에서는 진무 덴노부터 오진 덴노까지의 역사를 다루고 있으며, 마지막으로 하권에서는 닌토쿠 덴노에서 스이코 덴노까지의 역사가 기록되어 있다.

『고지키』에는 신화, 전설 등 많은 가요가 포함되어 있는데, 전편에 덴노 가계를 중심으로 하는 국가 통일의 사상이 내포되어 있다. 그리고 왕실의 정통성이 덴지 덴노에서 덴무 덴노 쪽으로 바뀐 후의 기록이어서 그 내용은 덴무 덴노 쪽에 힘이 더 실렸다고도 볼 수 있다. 모토오리 노리나가本居宣長(1730 ~ 1801)는『고지키』를「후루코토부미ふることぶみ」라고 읽었다. 또한 1979년에 나라 시의

차밭에서 우연히도 오노 야스마로太安万侶의 무덤이 발견되었는데, 무덤 주인의 행적 등이 기록된 묘지墓誌가 함께 출토되어 화재가 되기도 했다.

일본에서 식물성 약재의 사용기록으로 가장 오래된 것 중 하나로『고지키』에 있는 「이나바의 흰 토끼因幡の白兎」이야기를 들 수 있다. 가죽이 벗겨진 흰 토끼가 지나가던 오쿠니누시大国主로부터 부들의 꽃가루 사용법을 배워 살아남았다고 한다. 부들의 꽃가루는 한방에서 포황蒲黃 또는 향포香蒲라 불리며 외상 부위에 발라 출혈을 멎게 하는 데 쓰인다.

또한 와도 6년(713)에는 겐메이 덴노의 명으로 전국 군향郡郷의 명칭과 그 유래, 지형, 산물, 전설 등을 기록하고 찬진撰進한 지리지, 풍토기風土記도 편찬되었다. 이 가운데 현재까지 남아 있는 것은 이즈모出雲, 현재의 시마네 현, 히타치常陸, 현재의 이바라키 현, 하리마播磨, 현재의 효고 현, 분고豊後, 현재의 오이타 현, 히젠肥前, 현재의 사가 현의 5국으로 그 중 완본으로 남아 있는 것은『이즈모국 풍토기出雲國風土記』밖에 없다. 이 시대에 편찬 된 풍토기는 헤이안시대나 에도시대에 편찬된 풍토기와 구별하기 위해서「고풍토기古風土記」라고도 한다.

요로 율령과 3독

요로 율령養老律令은 요로養老 2년(718)에 후지와라노 후히토藤原不比(659 ~ 720)가 편찬을 시작, 덴표호지 원년(757)에 손자인 후지와라노 나카마로藤原仲麻呂(706 ~ 764)의 제안으로 시행됐다. 그 내용은 후지하라노 후히토 등에 의해 다이호大寶 원년(701)에 시행된 다이호 율령大宝律令과 대부분 같은 내용이었다.

요로 율령에는 3가지 독三毒에 대하여 기재되어 있었는데, 여기에는 이들 독을 판매하거나, 소지, 사용할 경우에 대한 처벌이 나와 있다. 3독이란 부자附子, 짐독鴆毒, 야갈冶葛을 일컫는 것으로, 이 가운데 부자는 미나리아재비과에 속하는 투구꽃의 뿌리를 건조한 것으로 독성이 강한 것으로 알려져 있다. 투구꽃 종류는 500종 이상이나 되며 일본에서 한반도와 중국대륙을 지나 유럽에 이르기까지 널리 분포하고 있다. 투구꽃이라 불리는 것은 고깔 모양의 보라색 꽃이 사용되는 투구를 연상시키기 때문이다. 한편 영어권에서는 '수도사의 두건'이라는 뜻으로 「Monk's Hood」라 하는데, 이 또한 꽃의 모양에서 유래한 명칭이라 할 수 있다.

한편 짐독이란 짐새鴆鳥의 독을 말한다. 전승에 따르면 이 새는 독사를 주로 잡아먹었는데, 체내에 독이 축적된 것이 바로 짐독이라고 한다. 짐새에 대해서는 의학에 사용된 동식물이나 광물 등에 대해서 16세기 말에 정리한 『본초강목本草綱目』에도 게재되었으며 도판까지 실려 있었다. 본초강목에 실린 그림을 보면 짐새를 뱀잡이수리 *S. serpentarius*와 비슷한 대형 조류로 묘사하고 있다. 원래 맹독을 나타내는 것으로 알려진 아비산을 얻기 위해서는 황비철석을 가열하여 승화법으로 정제했는데, 이 승화된 아비산을 모으기 위해서는 황비철석을 가열하고 있는 위쪽에 새의 깃털을 걸어놓고 그 새의 날개에 들러붙은 아비산의 결정을 채취하는 것이 일반적이었다. 따라서 '짐새'라는 새가 따로 있는 것이 아니라 이런 목적으로 사용 되어 아비산이 붙은 새의 깃털을 짐새라고 하는 독조의 깃털이라 한 것이 아니겠는가 하는 설도 있다. 그리고 어쩌면 이것이 사실일지도 모른다. 게다가 독을 지닌 새라는 것이 세상에 존재 할 리가 없다는 말도 이어지고 있다.

그런데 독이 있는 새는 실제로 존재했다. 제2장에서 자세히 서술하겠지만 1992년 뉴기니아에서 발견된 피토휘라는 새가 그것으로 유독성분의 정체도 밝혀졌다.

야갈의 경우에는 오랫동안 수수께끼로 남아있었으나, 근래에 들어 용담목 겔세미움*Gelsemiaceae*과에 속하는 단장초斷腸草의 뿌리라는 것이 밝혀졌다. 이것에 대해서는 제1장 후반의 쇼소인 약물 편에서 자세히 다루고자 한다.

약사여래신앙과 야쿠시지의 건립

약사여래藥師如來신앙은 아스카 시대飛鳥時代부터 있었는데, 쇼토쿠 태자는 아버지인 요메이 덴노의 쾌유를 기원하며 약사여래상을 건립했다. 약사여래상은 약통을 들고 있는 것이 특징 중의 하나이지만 야쿠시지藥師寺, 약사사의 약사여래 등 오래된 상의 경우에는 약통을 들지 않은 것도 있다. 약사여래신앙은 아직 의술이 주술이었던 시대에 싹트기 시작하여 오늘날까지 이르고 있다.

나라奈良의 대불이 건립되기 얼마 전이던 덴무 덴노 9년(680), 덴무 덴노의 황후로 후에 지토 덴노持統天皇가 되는 우노노사라라 황녀鸕野讚良皇女(645 ~ 702, 칭제 686 ~ 689, 재위690 ~ 697)가 병환에서 쾌유하기를 바라며 야쿠시지의 건립을 발원했다. 하지만 686년에 덴무 덴노가 사망하면서 야쿠시지의 건립이 황후에게로 승계, 지토 덴노 8년(694)에 후지와라노 쿄藤原京로의 천도가 이루어진 뒤, 697년 7월 29일에 야쿠시지의 본존불(688년에 주세불이 완성 됐다는 설도 있다)로 모셔지게 되었다. 그리고 이틀 뒤인 8월 1일에 지토 덴노가 손자인 가루 황자輕皇子, 珂瑠皇子라고도 함에게 양위하고 상왕의 자리로 물러나면서 몬무 덴노文武天皇(683 ~ 707, 재위 697 ~ 707)가 탄생했다. 698년에는 야쿠시지의 주요 가람伽藍이 거의 완성되었는데 이 야쿠시지를 모토야쿠시지本藥師寺라고도 하며 헤이안 시대까지 이어졌지만 현재는 추춧돌만이 남아 있을 뿐이다. 와도 3년(710)에 헤이조 천도平城遷都에 따라 지금의 자리로 옮겨졌으며, 덴표天平 2년(730) 경에 동쪽 탑이 건립되고 주요 가람이 거의 완성되었다.

야쿠시지의 본존인 약사여래에는 의왕여래醫王如來라는 별명이 있는데, 불상의 높이는 2.54m에 일반적인 약사여래상이 들고 있는 약통이 없으며 양 옆에는 일광보살日光菩薩과 월광보살月光菩薩이 모셔져 있다. 약사 3존의 본존 대좌에는 명백하게 해외에서 전래된 것이라 생각되는 내용이 그려져 있는데, 제일 위 테두리에는 그리스의 도편 당초 문양과 그리고 그 밑에는 페르시아의 연꽃문양이 보인다. 또한 각 면의 중앙에는 인도에서 전해진 호법신의 나체상이 부조되어 있는데 그 모습은 명백하게 일본인의 그것이 아니다. 게다가 밑 테두리에는 중국의 사방신인 청룡(東), 주작(南), 백호(西), 현무(北)가 조각되어있다. 이 같은 문양과 조각은 당시 문화가 그리스나 페르시아에서 인도나 중국을 거쳐서 일본에 전래되었다는 것을 시사한다. 다시 말해 일본이 실크로드의 극동지역 종착점이란 사실을 강하게 주장하고 있는 것이다.

또한 현재 야쿠시지에 모셔진 3존이 후지와라노 쿄에 있던 야쿠시지(모토야쿠시지)의 본존을 이전한 것인지 아니면 현지에서 새롭게 만들어 진 것인지에 대해서는 메이지 시대 이래로 계속 역사학계의 논쟁 거리로 남아 있다.

나라의 대불과 수은중독

쇼무 덴노聖武天皇(701 ~ 756, 재위 723 ~ 749)의 염원으로 만들어진 도다이지의 르샤나불상盧舍那仏像은 흔히 말하는 '나라의 대불大佛'로 덴표쇼호 원년(749)에 준공되어 덴표쇼호 4년(752)에 완성되었다. 이 대불은 금동불로 원래는 전신이 금색으로 빛나는 불상이었다고 한다. 하지만 대불개안 공양회 당시에는 아직 머리까지만 도금이 된 상태였다고 알려져 있다.

금동불은 금의 아말감 즉 금을 수은에 녹인 것을 금속 표면에 바르고 열을 가해서 수은을 증발시키는 방법으로 제작되었는데, 총중량 380t인 나라의 대불 제작에는 약 437kg의 금과 약 2.5t 정도의 수은을 사용했던 것으로 추정되며 이 작업은 752년부터 쇼무 덴노가 죽은 뒤인 덴표호지天平寶字 원년(757)까지 5년에 걸쳐서 이루어졌다고 한다. 수은 자체로는 인체에 쉽게 흡수되지 않아 독성을 나타내지 않지만 산화제이수은이 되거나 수은 증기로 변하면 인체에 흡수되면서 독성을 띠기 시작한다. 특히 도금 작업 과정에서 증기가 된 작은 수은 알갱이는 인체에 흡수되어 장기간에 걸쳐서 독성을 발휘하기 때문에 이 도금작업에 종사했던 사람들 중에서 수은 중독자가 많이 나왔을 것으로 짐작된다.

후지와라 4형제의 죽음과 고묘 황후

645년의 다이카 개신大化改新 당시, 후에 덴지 덴노가 되는 나카노오에 황자中大兄皇子의 오른팔로 활약한 나카토미노 가마타리中臣鎌足(614 ~ 669)는 죽기 전날, 덴지 덴노로부터 후지와라藤原라는 성을 부여 받아 후지와라노 카마타리藤原鎌足가 되었다. 그 아들인 후지와라노 후히토도 조정의 중신이 되었으며 그 네 명의 아들들도 후히토의 위광을 등에 업고 각각 당시의 중앙 정부에서 좌대신 또는 참의參議로 활동했다. 그리고 딸인 미야코宮子(양녀?, 680 ~ 754)는 몬무 덴노의 부인이자 쇼무 덴노의 생모가 된다. 또 다른 딸인 고묘시光明子(701 ~ 760, 후에 고묘 황후光明皇后, 고묘 황태후로 고켄 덴노孝謙天皇의 생모)는 쇼무 덴노의 황후가 된다. 고묘 황후는 덴노 가문이 아닌 신분 출신이 황후가 된 첫 예로, 고묘 황후는 덴표 3년(730)에 시약원施藥院을 만들고 같은 시기에 비전원悲田院원을 설립하여 병자나 가난한 사람들을 보호하고 구제했다고 한다.

덴표 9년(737), 천연두로 후지와라 후히토의 아들 4형제가 잇달아 병으로 사망했다. 처음으로 희생된 아들은 참의였던 마로麻呂(43세)와 같은 달인 25일에 좌대신인 무치마로武智麻呂(58세), 그리고 8월 5일에는 역시 참의였던 우마카이宇合(44세)가 차례대로 사망했다. 서로 병문안을 다니던 중에 전염되었을 것이다 하지만 4

형제 모두 천연두의 전염으로 사망했음에도 불구하고 그들의 병문안을 갔을 지도 모를 미야코와 고묘 황후에게 병이 옮았다는 기록은 없다.

고켄 상황과 간호선사 도쿄

당시에는 병이 나면 기도를 하는 것이 주요한 '치료법'이었다. 그리고 고묘황후의 딸로 준닌 덴노淳仁天皇(733 ~ 765, 재위758 ~ 764)에게 양위하고 상황으로 물러난 고켄 상황후에 준닌 덴노를 밀어내고 다시 왕위에 올라 쇼토쿠 덴노라 칭하게 된다이 병에 걸렸을 때 간호선사看護禅師로 가까워 진 것이 도쿄道鏡(? ~ 772)였다. 도쿄는 모노노베씨物部氏의 일족인 유게씨弓削氏 출신이었기에 유게노 도쿄弓削道鏡라고도 불린다. 이미 고켄 상황의 주변에는 고묘 황태후가 봉납하여 현재 쇼소인 약물正倉院薬物이라 불리는 당시 최고 수준의 약품도 있었을 것이다. 그 약들을 사용했는지 아닌지는 불명확하지만 덴노의 병을 치료하는데 간호선사가 연관되었다는 것을 보았을 때, 기도나 주술이 이 시대 의료 시술의 주류였다는 것을 강하게 시사한다 할 수 있을 것이다.

덴표호지 6년(762), 고켄 상황의 병이 나으면서 상황의 신임을 얻은 도쿄는 소승도少僧都(763), 태정대신선사太政大臣禅師(765), 법왕法王(766)의 자리에 오르며 출세의 계단을 밟게 되었다. 한편 후

쇼소인正倉院

지와라노 나카마로藤原仲麻呂는 고켄 덴노의 왕위를 물려받은 준닌 덴노에게서 에미노 오시카쓰惠美押勝라는 이름을 부여받았다. 하지만 그는 결국 에미노 오시카쓰의 난(764)에서 패하고 살해당한다. 원래 이 내란은 고켄 상황과 도쿄의 관계를 에미노 오시카쓰가 준닌 덴노를 중간에 두고 비난하는 중에 일어났다. 일설에 의하면 나카마로는 사촌인 상황이 아직 황태자로 아베 내친왕安倍內親王이라 불리던 때 깊은 관계였었던 때도 있었다고 한다.

그리고 결국에는 부젠국豊前国(현재의 오이타 현)의 우사하치만궁宇佐八幡宮에서 덴노 자리를 도쿄에게 물려주라는 말을 받고 이 신탁의 진위를 밝히기 위해 칙사가 파견되기도 했다. 진고케이운神護景雲 3년(769) 쇼토쿠 덴노의 측근으로 비구니였던 호킨法均(와케노 히로무시和気広虫, 730 ~ 799)이 칙사로 지명되었지만 호킨은 병약하여 그 남동생이었던 와케노 기요마로 和気 清麻呂(733 ~ 799)

가 이를 대행했다. 하지만 와케노 기요마로가 들고 온 신탁 결과가 도쿄의 뜻과 맞지 않다는 이유로 남매는 와케베 히로무시메別部広虫売와 와케베 기타나마로別部穢麻呂로 개명당하고 각각 빈고국備後国(현재의 히로시마 현)과 오스미국大隅国(현재의 가고시마 현)에 유배당했다. 하지만 두 남매는 770년에 쇼토쿠 덴노가 죽으면서 다시 상경하여 와케노 기요마로는 뒤에 간무조桓武朝에서 실무관료로 중용되어 고관이 되었으며 그의 아들인 와케노 히로요和気 広世는 대학별당大學別當이 되고 그 뒤 와케씨 일족은 대대로 의료 관계에 종사하게 된다.

한편 도쿄는 쇼토쿠덴노 사후 시모쓰케국下野国(현재의 도치기 현)으로 좌천되어 772년에 몰락했다. 하지만 도쿄가 황위를 노린 구체적인 증거는 부족하여 이 때 좌천된 이유도 들지 않았다고 한다. 또 이상의 이야기는 후세에 유교의 영향으로 여성의 몸으로 덴노 자리에 있었던 고켄 덴노를 폄훼하기 위해 꾸민 이야기라는 설도 있다.

이 일련의 사건도 병이나 약이 역사를 바꾼 예일 것이다. 만약 고켄 덴노의 병에 간호선사가 관여되지 않았다면 후지와라노 나카마로의 실각도 없었을지 모른다.

간진의 내방과 쇼소인약물

　덴표쇼호 5년(753), 당나라에서 간진鑑真(688 ~ 763)이 일본으로 건너오면서 대량의 약도 같이 전해졌다고 한다. 당시의 간진은 이미 시력을 잃었지만 냄새만으로 각종 생약을 구별했다고 한다. 사실의 진위는 불명확하지만 이 같은 말이 전해질 정도로 간진은 생약에 대한 지식이 풍부했던 것으로 보인다. 불교의 수입은 당시 의학의 최신정보 수입이기도 했을 것이다.

　한편 간진이 일본에 온 3년 후인 덴표쇼호 8년(756), 쇼무 덴노의 49일 기일 때, 고묘 황태후가 나라 도다이지의 쇼소인에 헌납한 60종의 약재 목록『슈주야쿠초種々薬帳』는 지금도 남아 있으며, 목록에 오른 생약도 현존하고 있다.『슈주야쿠초』의 말미부분에는 후지와라노 나카마로와 후지와라노 나가테藤原 永手(714 ~ 771)의 서명이 있다.『슈주야쿠쵸』의 전면에 덴노의 교지가 있어 미스터리 중의 하나라고 전해지지만 이것은 나카마로가 교지를 손에 넣기 위한 구실이었다는 설도 존재한다

　쇼소인에 헌납된 이 약물은「쇼소인 약물」이라 불리기도 하는데, 현재까지 약 창고에 보관되어 온 생약 중에서는 세계에서 가장 오래된 것이 아닌가 생각된다. 또한 시기적으로 봤을 때, 그 안에는 간진이 일본에 가져온 생약도 다수 포함되어 있음이 분명하다. 게다가『슈주야쿠쵸』에 기재된 생약 중에는 당시 당나라에서 간행

된, 말하자면 당시의 약전에 해당하는『신수본초』에도 기록된 것이 많았다.

그 중에서도 인삼, 대황大黃, 감초는 특히 많은 양이 봉납된 것으로 보인다.『슈주야쿠초』에 따르면 대황의 양은 991근 8량(약 594.9kg)에 달했고, 1927년의 칭량稱量 기록을 보더라도 완전한 형태가 2포(14.625kg)에 쓰고 남은 부스러기藥塵도 3포(16.687kg)나 되었다고 한다. 현대의 기술을 동원하여 분석한 결과, 이 3종의 생약에는 1200년 이상 지난 지금도 여전히 유효성분이 남아있다는 것이 도쿄대학명예교수인 시바타 쇼지柴田 承二(1915 ~)를 중심으로 한 그룹의 연구를 통해 증명되었다(후나야마 신지船山信次『Pharmacia』28권, 1131p, 1992).

또한『슈주야쿠쵸』에 있는 생약 중에 야갈이란 것이 있었는데, 이것은 앞에서 언급한 요로 율령에서 규정한「3독」가운데 하나였다. 하지만 그 정체가 무엇인지는 오랫동안 명확히 밝혀지지 않았는데, 1996년에 보존되어 있던 야갈에서 유출한 엑기스에서 한 성분이 분리되었다. 이 화합물을 최신 기기 분석법을 통한 연구로 해석한 결과 알칼로이드의 일종인 겔세민Gelsemine인 것을 알게 되면서 야갈의 정체가 겔세미움과에 속하는 단장초Gelsemium elegans의 뿌리인 것으로 결론이 났다. 치바 대학의 아이미 노리오相見 則郎 교수(당시) 그룹의 업적이다(M. Kitajima et al., Proceedings of the Japan Academy, 74B (7), 159 (1998)). 중국 남부, 동남아시아에 자생하는 이 식물에는 유독성분인 겔세민이 함유되어 있다. 쇼소인 약물이 어떤 루트를 거쳐 일본에 도달했는지를 생각하면 마음이 숙연해진다.

그리고 쇼소인에는 『슈주야쿠쵸』에 기재되지 않은 약물로 웅황雄黃(「석웅황石雄黃」이라고도 한다)이라는 것이 있다. 이것은 비소의 황화물인 계관석鷄冠石, Realgar을 주성분으로 하며, 외형은 마치 새의 알과 같은 모양으로 형성되어 있다. 비소의 황화물 중에는 안료로 쓰이거나 불꽃놀이에 응용되는 것도 있지만, 쇼소인에 헌납됐을 석황은 과연 어디에 사용된 것이었을까?

견당사나 간진을 통해 들어온 당나라의 의약 지식은 일본의 의약문화에 실로 큰 영향을 끼쳤으며, 이후 일본에서 저술된 약물 관련 기록도 중국에서 전래 된 내용에 많은 영향을 받았다. 그리고 이후 대륙에서 건너온 본초서의 해석과 그 안에 수록된 식물이 일본의 어떤 식물에 해당하는가 하는 것이 본초학이라고 하는 의약 연구의 주류가 되었고, 이 같은 흐름이 거의 1000년 이상이나 이어졌다. 본초서 중에서도 특히 헤이안 시대平安時代 말기에 중국에서 전해진 『대관본초大觀本草』나, 에도시대 초기에 수입된 『본초강목』은 큰 영향을 준 것으로 유명하다.

구스코의 변과 투구꽃

　후지와라노 구스코藤原藥子는 중납언中納言, 추나곤 후지와라노 다네쓰구藤原種繼(737 ~ 785)의 딸로 헤이안 초기의 여관이었다.

　후지와라노 구스코는 소납언少納言, 쇼나곤 후지와라노 다다누시藤原繩主(760 ~ 817)에게 시집을 가서 3남 2녀를 두었다. 헤이제이 덴노가 아직 황태자였을 때, 구스코의 장녀가 입궁하였으며 구스코 자신도 황태자의 말을 아래에 전하는 선지宣旨 벼슬에 올라 황태자의 총애를 받았다. 하지만 황태자와 구스코 모자의 관계를 좋아하지 않았던 간무 덴노桓武(737 ~ 806, 재위 781 ~ 806)는 구스코를 추방했다.

　하지만 간무 덴노가 죽고 황태자였던 헤이제이 덴노가 즉위하면서 구스코는 다시 궁정에 복귀했다. 다이도大同 원년(806) 9월에 상시尚侍, 쇼지 또는 나이시노가미라고도 한다 직책에 올랐는데, 헤이제이 덴노는 몸이 약했기에 얼마 되지 않아 왕위를 동생인 사가 덴노嵯峨天皇(786 ~ 842, 재위 809 ~ 823)에게 물려주었다. 하지만 그 뒤 다시 건강을 회복해서 다시 권력욕을 보이기 시작한 헤이제이 상황에게 구스코는 오빠인 후지와라노 나카나리藤原仲成(764 ~ 810)와 함께 복위할 것을 권했다. 그리고 고닌弘仁 원년(810) 9월 6일, 헤이제이 상황은 갑자기 헤이조노 쿄로 천도한다는 조칙을 내린다.

　이 일을 알게 된 사가 덴노는 곧바로 구스코의 관직을 박탈하고

궁중에서 쫓아냈다. 810년 9월 10일, 나카나리는 잡히고 다음 날인 9월 11일에 처형됐다. 같은 날 구스코는 헤이제이상황과 가마를 같이 타고 하구길을 가며 후일을 기약하고자 아즈마국東国으로 향한다. 사가 덴노는 대납언大納言, 다이나곤인 사카노우에노 타무라마로坂上田村麻呂(758 ~ 811)에게 명하여 뒤를 쫓게 했는데, 결국 9월 12일 헤이제이 덴노는 삭발하고 승려가 되는 길을 택했으며 구스코는 독을 먹고 자결했다. 이 때 복용한 독이 투구꽃의 뿌리를 말린 것인 부자라고 전해지는데 명확한 증거는 없다. 이러한 일련의 사건을 역사서에서는 「구스코의 변薬子の變」이라 한다. 원래 구스코는 「구스코くすこ」 또는 「구스리코くすりこ」라고 읽는데, 이는 토소屠蘇라 하여 정초에 한해의 재액을 떨쳐내고 행운과 무병장수를 기원하는 의미로 여러 약재를 넣은 술을 덴노에게 바치기 전에 독 있는지 없는지를 먼저 살피는 동녀를 의미하기도 하다. 이런 이름을 가진 구스코가 독을 먹고 죽은 일은 조금 아이러니한 일이라 할 수 있을 것이다.

일본에 본격적으로 독의 문화가 들어온 것은 좀 더 후대인 아즈치모모야마安土桃山시대로, 이 시대에는 짐새나 짐독에 의한 독살에 대한 이야기가 자주 나오게 된다. 하지만 독의 사용이 역사적 사실로 기록된 것의 효시라 할 수 있는 것은 역시 「구스코의 변」일 것이다. 구스코의 변에 대해서는 엔랴쿠延曆 11년(792)부터 ~ 덴초天長 10년(833)의 역사를 기록한 『일본후기日本後紀』(840)와 가마쿠라 시대鎌倉時代 초기에 쓰여진 『미즈카가미水鏡』에 관련 기록이 남아있다.

하지만 헤이안 시대 이전의 일본에서도 672년에 일어난 「임신의 난」 전의 약 채집이야기가 나오는 만엽가나 야쿠시지 본존개안과 약에 대한 기록이 있는 『고지키』, 737년에 발생한 후지와라 4형제의 천연두로 인한 죽음, 753년의 간진의 일본 내방, 756년 쇼소인에 봉납된 약재의 목록 『슈주야쿠초』, 757년에 시행되었으며 3독(부자, 짐독, 야갈)에 대한 규정과 취급에 대하여 다루고 있는 「요로 율령」, 770년에 고켄 상황의 간호선사로서 은밀히 활약한 도쿄의 실각, 그리고 「구스코의 변」과 같이 독과 약에 관한 역사를 많이 찾아볼 수 있다.

『다케토리모노가타리』와 불로불사의 약

일본에서 가장 오래된 이야기로 9세기 말, 헤이안 시대 초기에 성립된 것으로 알려진 『다케토리모노가타리』에도 약에 관한 이야기가 나온다. 이 이야기는 나라 시대의 쇼소인이나 고묘 황태후 등, 약과 관련된 사물이나 인물과 깊은 관계가 있을 가능성이 있다. 이야기에 등장하는 구라모치노 미코車持皇子, 구라모치 황자는 후지와라노 후히토가 모델이라고 하는데, 앞에서 언급한 바 있지만 미야코는 후지와라노 후히토의 딸이다. 미야코의 동생이 바로 고묘

시, 후에 고묘 황태후가 되어 대량의 약재를 포함, 쇼무 덴노가 남긴 유품을 쇼소인에 봉납한 인물이다. 그리고 앞에서 언급한 것과 같이 『슈주야쿠쵸』의 말미에는 후히토의 손자인 나카마로의 서명이 있다. 게다가 미야코의 간호선사가 되었으며 미야코에게 호의를 품은 구절이 있는 겐보玄昉(? ~ 746)가 있었다. 이 겐보라는 승려는 717년에 견당사와 함께 중국 당나라에 갔다가 735년에 일본으로 돌아온 인물이다. 『다케토리모노가타리』의 중심이 되는 부분과 마지막 부분에 약에 대한 이야기가 나오는 것이 매우 인상적이라고 생각되는데, 당시 약의 문화와 가장 깊이 관련된 이 인물들이 만약 『다케토리모노가타리』와도 관련이 있다고 한다면 충분히 납득이 가는 일이라 할 수 있을 것이다.

이 이야기에서는 가구야 히메かぐや姫가 자신에게 청혼한 5명의 귀족들에게 "내가 보고 싶은 것을 가져오는 사람과 결혼하겠습니다."라는 말을 전한다. 이 중에서 구라모치 황자에게는 봉래산蓬萊山에 있는 옥가지를 가지고 오도록 말했다. 봉래산의 옥가지란 「뿌리가 은으로 되어 있으며, 줄기는 금이고 백옥으로 된 열매를 맺는 나무」의 가지로 불로불사의 약이 된다고 했다. 구라모치 황자는 가짜 옥가지를 만들어 바쳤지만 결국 들통이 나고 말았다. 이후 아름답게 성장한 가구야 히메가 8월 15일에 달로 돌아갈 때 불사의 약을 두고 갔으나 덴노는 "사랑하는 사람이 없는 세상에서 영원의 생명 따위 무슨 소용이 있겠는가."라며 부하를 시켜 가장 하늘

과 가까운 산 정상에서 태웠다. 그리고 그 산은 일본어로 '불사不死'와 발음이 같은 후지富士 산이라고 부르게 되었는데, 불사의 약을 태운 산 정상에서는 지금도 연기를 뿜고 있다고 적고 있다. 이 같이 불로불사의 약과 봉래산의 기록이 일본의 옛 이야기에서도 나타나고 있는 것과 앞에서 말했던 진의 시황제가 서복에게 불로불사의 묘약을 찾아오도록 후지 산으로 보낸 이야기를 연관지어 생각해보면 실로 흥미로운 일이라 할 수 있겠다.

또 이 이야기에는 「불 쥐의 털옷」이라 하여 아스베스트asbest, 즉 석면을 연상케 하는 것에 대한 기록도 있다. 에도시대의 과학자이자 본초학자였던 히라가 겐나이平賀源内는 석면을 화완포火浣布라는 이름으로 소개했는데, 이 부분은 제3장에서 자세히 다루도록 하겠다.

이야기의 무대 스케일이 크다는 점과 불로불사의 약, 그리고 석면을 떠올리게 하는 이야기에 대해 쓴 것에서 미루어 생각해보았을 때, 당시의 시점에서 매우 지식이 풍부했으며 중국에서의 유학 경험이 없었다면 불가능하지 않았을까 생각되는데 과연 어떨까?

『의심방』과 단바 야스요리

일본에서 가장 오래된 최고의 의서로 알려진 『의심방』은 헤이안 시대의 침박사鍼博士, 하리 하카세였던 단바 야스요리丹波康頼(912 ~

995)가 쓴 것으로 모두 합쳐 30권에 달하는 책이다. 『의심방』은 수나라와 당나라의 의서 수백 권에서 인용한 것을 정리한 것인데, 원본은 에이칸永觀 2년(984), 조정에 헌상되어 궁중에 소장되었으나 전국시대에 오기마치 덴노正親町天皇가 전약두典藥頭, 덴야쿠노카미로 와케우지和気氏의 의사 일족인 나카라이 즈이사쿠半井瑞策에게 하사되었다. 이후 일본 문화청에서 1982년에 나카라이 일족으로부터 다시 책을 매입하여 1984년부터 국보로 보존하게 되었다.

참고로 단바 야스요리는 메이지 시대에 도쿄대학의 약학과 교수로 시모야마 준이치로下山 順一郎, 나가이 나가요시長井長義와 함께 일본 근대약학의 기초를 닦은 사람 중에 하나인 단바 게이조丹波敬三(1854 ~ 1927)의 선조이며, 배우 단바 데쓰로丹波哲郎(1922 ~ 2006)는 단바 데이조의 손자다.

『의심방』 제14권에는 도소주屠蘇酒에 대한 이야기가 나오며, 또한 이미 이 시대에 광물성 약재를 사용했을 때 나타나는 피해에 대한 기록이 있는 것에는 놀라움을 금할 수 없다. 중국 고대의 약인 「오석산」의 경우 독성으로 인한 해를 입지 않기 위해서는 계속 걷지 않으면 안 되며, 이를 「행산」이라 했는데 산보라는 단어가 여기서 나왔다고 하는 것은 이미 앞에서 다룬 바와 같다.

『겐지모노가타리』, 『마쿠라노소시』와 당시의 의료

『겐지모노가타리源氏物語』는 무라사키 시키부紫式部(978 ~ 1016 추정)가 헤이안 중기에 쓴 소설로, 세계에서 가장 오래된 장편소설이다. 54권에 달하는 『겐지모노가타리』 가운데 제17권에 해당하는 에아와세絵合권에는 『다케토리모노가타리』가 「이야기가 만들어진 뿌리」라고 소개하고 있다. 무라사키 시키부의 다른 작품으로는 간코寬弘 5년(1008) 가을부터 1010년 정월에 걸쳐서 쓴 『무라사키 시키부 일기紫式部日記』가 있는데 여기에는 1008년 가을에 『겐지모노가타리』에 대하여 적은 기록이 있어, 이 소설이 성립된 시기를 추측하는 근거가 되고 있다. 또한 그녀의 일기에는 동시대의 세이 쇼나곤清 少納言(966 ~ ?)을 혹평한 기록이 남아 있는데, 무라사키 시키부는 아래와 같이 적고 있다.

「清少納言こそしたり顔にいみじう侍りける人。さばかり
さかしだち、真名まな書きちらして侍るほども、よく見れば、
まだいと足らぬこと多かり」

세이 쇼나곤은 득의양양한 얼굴로 잘난 척하는 사람. 하지만 그렇게 잘난 척을 해도,

한자는 마구 휘갈겨 쓴 글씨에 자세히 보면 모자란 부분이 너무도 많더라.

무라사키 시키부와 세이 쇼나곤은 각각 이치조 덴노—条天皇(980 ~ 1011, 재위986 ~ 1011)의 중궁中宮으로 후지와라노 미치나가藤原道長의 장녀였던 후지와라노 쇼시藤原彰子(988 ~ 1074)와 후지와라노 미치타카藤原道隆의 장녀였던 황후 후지와라노 데이시藤原定子(976 ~ 1000)를 섬기는 궁녀였기에 당대의 여류 문인으로서는 물론 정치적인 면에서도 일종의 라이벌 관계였으며, 당시는 황후와 중궁, 즉 두 명의 황후가 존재하는 이례적 시기였다. 원래 이치조 덴노가 성인식을 치르고 얼마 되지 않은 시점인 990년에 먼저 간택되어 궁에 들어간 것은 데이시였지만 아버지 미치타카의 죽음으로 입지가 약해지면서 새로이 부각된 것이 바로 쇼시였다.

『마쿠라노소시枕草子』는 이 가운데 데이시를 섬기는 궁녀였던 세이 쇼나곤이 쓴 책이다. 이 책의 제22단과 제46단, 제93단에는 구스다마藥玉 이야기가 나오는데, 이것은 요즘 말하는 허브, 즉 향초를 몇 종류 모은 뒤 천으로 둥글게 감싸고 다시 색실로 묶어 공처럼 만든 다음 리본 같은 장식을 단 것이다. 구스다마는 음력 5월 5일 약초 채집일에 새로운 것을 장식하여 역시 음력 9월 9일인 중양重陽이라는 절기에 국화 꽃잎을 면포에 감싼 것으로 바꿀 때까지 방에 걸어 두었던 장신구였다고 한다. 하지만 『마쿠라노소시』에서는 이러한 구절 또한 전해지는데,

「又薬玉は菊のをりまであるべきにやあらむ。されどそれ

は、皆、糸を引き取りて、物結ひなどして、しばしもなし」

　또한 이 구스다마는 다음 9월 9일 중양절에 국화를 바칠 때 까지 그대로 보존해 두어야 하지만 모두가 (구스다마를 묶은) 색실을 뽑아서는 다른 물건을 묶거나 장식하는데 써버리기에 금방 없어지고 마는구나. (제36단)

라고 하는 구절도 있다. 아무래도 (젊은 후궁들이) 9월 9일까지 기다리지 못하고 구스다마에 사용했던 색실이나 리본 등을 다른 무언가를 묶거나 장식하는데 사용해 버리는 바람에 얼마 가지도 못하고 없어져 버린다는 것을 꼬집어 얘기한 것인데, 헤이안 시대 궁정 후궁들의 현대인들과 별 다를 것 없는 조금 성급하면서도 생기 넘치는 생활상을 단편적으로 엿보는 것 같아 재미있다.

　『마쿠라노소시』의 「병은病は」이라는 제목의 단에서는 가슴병을 앓는 여방女房을 위해 승려를 불러 경을 읊어주는 이야기가 나온다.

　「上にもきこしめし、御読経の僧の声よき賜はせたれば、几帳ひき寄せて据ゑたり。ほどもなき狭さなれば、とぶらひ人あまた来て、経聞きなどするも隠れなきに、目をくばりてよみゐたるこそ、罪や得らむとおぼゆれ」

　그 여방이 아프다는 것을 듣고 덴노가 보내신 독경승이 휘장을 사이에 두고 앉아 경을 읊고 있었다. 그리 넓지 않은 방을 가득

메운 문병객들이 경을 읊는 소리를 듣고 있는데 , 어찌된 일인지 독경승이 자꾸 (여자)문병객 쪽으로 한눈을 파는 것이 아닌가? 혹시라도 그 독경승이 벌을 받지는 않을까 걱정이 되더라.(제183단).

또한 「마음이 놓이는 것たのもしきもの」이라는 제목의 단에서도,

「ここちあしきころ、伴僧あまたして、修法したる。
　ここちなどのむつかしきころ、まことまことしき思ひ人の、言ひなぐさめたる」
　병이 났을 때 용한 스님 여럿이 같이 경을 읊어주는 것.
　마음이 우울할 때 사랑하는 이가 위로해 주는 것(252단)

이라고 하는 구절이 있다. 아직 이 시대까지는 약보다도 기도가 주된 치료법이었음을 보여준다.

곤지키도와 아오모리 노송나무

이와테 현 히라이즈미 마치에는 헤이안 시대 말에 오슈奥州의 패권을 거머쥔 후지와라노 기요히라藤原 淸衡(1056 ~ 1128)가 덴지天治 원년(1124)에 건립한 주손지中尊寺 곤지키도金色堂가 있다. 이후

가마쿠라 시대에 곤지키도를 보호하기 위해 사야도覆堂, 건물을 풍파로부터 보호하기 위해 세워지는 간이 건축물-편집자 주가 세워졌다. 곤지키도와 사야도에 사용된 목재는 아오모리 히바青森ヒバ, 즉 아오모리 노송나무로 당내에 안치된 아미타 여래좌상과 관음보살, 지장보살도 아오모리 노송나무로 만들어졌다. 게다가 아미타 3존상이 놓여진 수미단須彌壇 밑에 안치돼 있는 후지와라노 기요히라藤原淸衡, 모토히라基衡, 히데히라秀衡 3대의 유골도 아오모리 노송나무에 금박을 입혀서 관에 보관돼 있고 4대 야스히라泰衡의 수통首桶은 아버지인 히데하라의 금관에 모셔져 있다.

놀라운 것은 외부 덮개인 사야도에 의해 외부의 풍파로부터 보호를 받았다고 하더라도 1124년에 건립된 이래, 1962 ~ 67년에 실시된 대규모 개수공사에 이르기 까지 840년이라는 긴 세월 동안 흰개미나 목재부식균의 침해를 받지 않았다는 사실인데, 한층 더 경이로운 것은 수미단 밑에 안치되어 있던 있었던 3대의 유체와 4대인 야스히라의 머리가 특별한 보존법으로 가공된 흔적이 전혀 없었음에도 불구하고 그대로 미이라가 되어 있었다는 점이다. 이것은 아오모리 노송나무에 함유되어 있는 히노키티올hinokitiol 등, 7원자 고리인 트로폴론tropolone계 화합물이 흰개미나 목재부식균은 물론 집 진드기나 각종 다른 미생물에 대한 생육억제 및 항균작용을 한 때문이라는 것이 밝혀졌다. (Y. Inamori *et al., Biocontrol Science*, 11, 49 (2006)).

현대에 들어와서, 위와 같은 화학성분이 포함돼 있기 때문에 아오모리 노송나무가 대단히 유용한 건재라는 것을 알게 되었는데, 과연 헤이안 시대의 사람들은 어떻게 해서 이런 좋은 재료를 발견했을까?

『대관본초』와 『약종초』

다음 두 그림을 비교해 보자. 한쪽은 『약종초薬種抄』이고 다른 한쪽은 『대관본초大観本草』에 나오는 인삼 그림이다. 『약종초』는 스케노아자리 겐이助阿闍梨謙意(1072 ~ ?)가 지었다고 추정되는 책으로 헤이안 시대 말기(1156)에 만들어졌다. 한편 『대관본초』는 경의관經醫官 애성艾晟 등이 주도하여 만든 관본官本으로 북송 왕조의 대관大観 2년(1108) 10월에 간행된 『대관경사증류비급본초大観經史證類備急本草』를 말한다. 원래 이보다 약 20년 전에 당진미唐眞微(1040? ~ ?)가 쓴 『경사증류비급본초經史證類備急本草』(1090경)를 원본으로 하고 있으나 이 책은 소실되어 전해지지 않고 있다.

두 그림을 보면 잎사귀의 모양과 뿌리가 나있는 방향 등이 무척이나 닮았다는 것을 알 수 있다.

둘 중에서는 『약종초』쪽이 약 50년 정도 앞서 있지만 『대관본초』의 그림보다 훨씬 실물에 가까운 느낌이 든다. 적어도 『약종초』의 그림이 『대관본초』의 그림을 그대로 베낀 것으로는 보이지 않

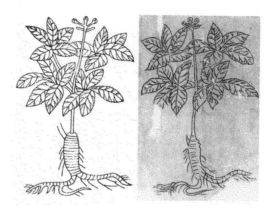

『대관본초』에 수록된 「노주潞州인삼」의 그림(왼쪽: 『대사代謝』 1973년 5월 임시증간호) 과 『약종초』에 수록된 「인삼」의 그림(오른쪽: 천리도서관 선본업서 『향요초 · 약종초』)

는다. 『대관본초』에 실린 인삼의 뿌리 모양은 매우 도안적이다. 『대관본초』의 그림도 아마 다른 책을 보고 베낀 것일 것이다. 그리고 양쪽 모두가 똑같은 그림은 아마도『대관본초』의 원본 이었던 『경사증류비급본초』의 그림을 원본으로 하고 있었을 것이다.

일본에 있어 인삼이라는 약초는 이 책이 정리되었을 때, 이미 쇼소인에 봉납된 것을 통해 그 존재가 알려져 있었을 테지만 그리 간단히 볼 수 있는 것은 아니었을 테고, 보존되어 있었던 것 또한 뿌리 부분만을 건조한 것이었다. 약용 인삼이 재배되는 것은 이보다 훨씬 훗날의 이야기이기에 당시에는 싱싱한 인삼을 본 적이 없었을 것이다.

고대의 『신농본초경』, 도홍경의 『본초경집주』, 당나라때 쓰여진

『신수본초』등의 본초서는 전대의 서적에 수록된 것에 더하여 더 많은 약재를 수록하여 만들었다. 하지만 원서 자체는 이미 소실된 뒤이기에, 그 내용은 앞서 말한 『경사증류비급본초』에 인용되어 있는 부분에서 추정복원 된 것들이다. 『경사증류비급본초』도 원본은 전해지지 않아, 현재는 원본이 간행되고 약 20~30년 후에 관본으로 나온 『대관경사증류비급본초』나 『정화신수경사증비본초』(1116경)가 남아있는 상태다.

제 2 장   중 세 의   독 과 약

일본사에서 중세란 가마쿠라 시대의 성립에서 조큐 承久 3년 (1221)에 일어난 조큐의 난 承久の乱 을 지나 그 뒤 무로마치 시대에 서 아즈치 모모야마 시대 安土桃山時代 을 지나 게이초 慶長 8년(1603) 에 에도 막부가 성립되기까지의 기간을 말한다. 덧붙여서 호겐 保 元 원년(1156)의 호겐의 난 保元の乱 으로 중세의 막이 열린 것이라는 설도 있다. 여기서 말하는 중세의 일들은 대체로 1156년 또는 겐 큐 建久 3년(1192)에서 1603년 사이의 내용들이다.

일본에서는 오래도록 조정이 지배하고 있었지만 미나모토노 요 리토모 源頼朝 (1147 ~ 99)의 등장으로 무사계급이 두각을 나타내기 시작했으며, 조큐의 난을 지나 요리토모의 부인인 호조 마사코 北 條政子 (1157 ~ 1225)의 본가인 호조 北條 가문이 실권을 잡으면서 막 부가 조정을 보다 우위에 서게 되었다. 말 그대로 무사계급의 세 상이 된 것이다. 이전에는 가마쿠라 막부가 성립에 된 것을 1192 년으로 보고 있었지만, 오늘날에 와서는 분지 文治 원년(1185)에 헤 이케 平氏 의 잔당과 미나모토노 요시쓰네 源義経 의 체포 명목으로 수호, 지두가 생기고 무사 계급의 지배권이 전국으로 퍼진 때라는 설이 유력하다.

이어서 무로마치 시대에는 독특한 일본 문화가 형성됨과 함께 의 각종 문화도 일본에 전래 되었다. 그 중에서는 담배나 차, 대포, 아편, 고추 등이 있다. 한편 일본에서의 중세 특히 가마쿠라 시대 는 불교 시대라고 보는 시각도 있다. 임제종 臨濟宗 과 조동종 曹洞宗,

정토종 淨土宗, 정토진종 淨土眞宗, 일련종 日蓮宗 등이 시작됐다.

일본에서의 중세는 중국의 송나라(960 ~ 1279)와 원나라(1271 ~ 1368) 및 명나라(1368 ~ 1644) 시대에 해당된다. 칭기스칸成吉思 汗(1167 ~ 1227)이 내외 부족을 통일(1206)한 것도 이 시기다.

유럽의 경우에는 대항해 시대에 해당하며 향신료를 구하기 위해 해외로 많이 진출하게 된다. 콜럼버스의 미 대륙 발견(1492) 또한 바로 이 시기다. 담배와 함께 콜럼버스 일행이 신대륙에서 가져온 매독은 유럽과 전 세계로 퍼졌다. 중세 유럽인들을 괴롭힌 대표적 역병으로는, 13세기의 나병, 14세기의 페스트, 그리고 16세기의 매독을 들 수 잇는데, 그 중에서도 특히 일명「흑사병」이라고도 불렸던 페스트는 전 세계 인구에 영향을 끼쳤을 정도로 심각한 것이었다. 또한 오늘날 맥각 알칼로이드 중독으로 밝혀진 질병은, 당시에는「성 안토니오의 불 St. Anthony's fire」이라 불리기도 했다.

현대의 세계 3대 음료로서 커피, 차, 코코아를 들 수 있는데 이 음료가 세계로 퍼져 나간 것도 중세 시대의 일이었다.

중세에는 고대 이집트에서 일어나 아라비아를 거친 연금술이 유럽으로 퍼진 시기이기도 하다.

연금술이란 비금속卑金屬을 금으로 바꾸거나 불로불사의 영약을 만들어 내는 것을 말한다. 결국 이 같은 목적은 실현되지 못했지만 연금술을 통해서 각종 화학물질을 취급하는 기술을 이끌어 낸 것은 분명하다.

중세에는 동식물에 대한 지식도 풍부해지고 대학이 창설되기 시작한 시기이기도 하다. 인류의 의료에 관한 관심은 아마도 인류 역사 그 자체와 같이 오래됐다고 할 수 있지만 의료가 의학으로 성립되기 시작한 것은 14세기에 들어서라고 생각되며 그것은 대학에서의 의학 성립시기이기도 하다. 이 시대의 독과 약에 대한 지식의 축적과 전파에는 일본은 물론 유럽에서도 종교인들이 많이 관여하고 있었다.

1. 마녀와 독초

마녀와 암흑시대

마녀란 중세인 15세기 중기부터 근세에 걸쳐, 그리스도교 국가에서 벌어진 종교재판으로 이단자로 몰려 화형 등으로 학살된 사람들을 말한다. 그들은 마녀로 둔갑해 특별한 힘을 부여받아 작물과 가축에게 해를 입힌다고 하여 갖은 박해를 받았다. 마녀로 지목당한 사람들 중에는 민간요법사 외에 단순히 원한이나 질투를 산 사람들도 많이 있었다.

만드라고라*Mandragora officinarum*는 지중해 연안에 분포하는 가짓과 식물로 로제트rosette, 즉 근생엽根生葉이 지면에 햇살모양으로 퍼진 형상의 다년초인데, 「만드라고라mandrake」, 또는 「사랑의 사과love apple」, 「악령이 깃든 사과apple of evil spirit」라고도 불린다.

이 식물은 예부터 유럽에서 불가사의한 효능이 있는 것으로 여겨졌으며, 마녀와 관련이 있다고 일컬어지는 일도 많았다. 만드라고라의 모식도를 보면 의인화되어 얼굴은 물론 손과 발까지 그려지는 일이 많았는데, 이 식물은 뽑히면 비명소리를 내며 그 소리를 들은 사람들은 곧 죽는다는 전설이 있었다. 때문에 만드라고라를 뽑기 위해서는 개를 만드라고라에 묶어서 멀리서 귀를 막고 개를 불렀다고 한다. 즉 만드라고라는 뽑히고 개는 죽는다. 이것을 그럴싸하게 꾸미기 위해서 죽은 개를 같이 묶어 만드라고라를 파는 사람까지 있었다고 한다.

만드라고라의 열매나 뿌리에서는 동공을 확장시키는 작용 외에 대량투여할 경우 향정신작용을 나타내는 알칼로이드인 아트로핀atropine을 얻을 수 있다. 아트로핀은 마찬가지로 가짓과에 속하는 벨라돈나, 흰독말풀, 스코폴리아 등에서도 얻을 수 있는데, 불가리아에서는 벨라돈나를 불가리아에서는 미치광이 풀이라는 의미의 「루드 비례」라 불렀으며 일본에서는 흰독말풀을 일명 만다라화曼陀羅華라 불렀고 스코폴리아의 경우 일본어 명칭인 「하시리도코로ハシリドコロ」(ハシリ에는 '달리다'의 의미가 있다)에서 알 수 있듯, 해

당 식물을 섭취한 사람이 야산을 미친 듯이 마구 뛰어다닌 적이 있었던 것을 본다면 이 같은 식물성 독소인 아트로핀이 어떤 성질을 지녔는지 알 수 있을 것이다.

잔 다르크와 만드라고라

잔 다르크Jeanne d'Arc(1412 ~ 31)는 영국과 프랑스의 백년전쟁(1337 ~ 1453)의 최종국면에 혜성처럼 나타났다. 영국의 공격으로 프랑스가 최후의 방파제로 삼고 있던 오를레앙이 부르고뉴군에 포위 됐을 때 그녀는 '신의 계시'를 듣고 출진했다. 이 때 프랑스는 만약 오를레앙이 함락되면 국토 전체가 영국의 지배하에 들어가 버리는 위기에 몰려 있었다.

당시 프랑스는 1380년에 샤를Charles 5세가 죽고, 샤를 6세도 병사하면서 북부 지방 전체가 영국의 수중에 떨어지고 말았다. 그리고 샤를 7세(1403 ~ 61, 재위1422 ~ 61)가 즉위하기는 했으나 제대로 대관식도 치르지 못하고 있었다. 죽은 샤를 6세의 왕후인 이자보 드 바비에르La reine Isabeau de Bavière(1371 ~ 1435)가 있었지만 이자보는 사실 프랑스를 영국에 팔아넘기려는 여성이기도 했다. 샤를 7세는 샤를 6세의 아들이지만 이자보의 아들은 아니었다. 이 때 나타난 것이 17세의 잔 다르크였는데, 그녀는 불과 4개월 만에 전국을 전환시키며 오를레앙을 해방시켰다. 그리고 샤를 7세는

1429년에 겨우 정식으로 대관식을 올릴 수 있었다. 이 대관식을 역대 프랑스 국왕이 대관식을 올린 프랑스 북동부의 랑스Lens에서 거행해야 한다고 주장한 것은 다름 아닌 잔 다르크였다. 후에 샤를 7세는 승리왕le Victorieux이라 불리게 된다.

1430년 5월 잔 다르크는 부르고뉴군에게 붙잡혀 영국군에 넘겨졌으며 프랑스 북부의 루앙Rouen에 있는 성에 유폐되어, 1431년 5월 30일에 종교 이단자(이때는 아직 마녀란 개념이 확립되진 않았다)로 화형에 처해진다.

잔 다르크에게 이단이라는 혐의를 뒤집어씌우기 위해 여러 가지 거짓 고발이 이루어졌는데, 그 중에는 만드라고라와 관련된 항목도 있었다. 잔 다르크를 고발하기 위해 작성된 70개조 고발장 가운데 제7조가 그것으로, 「잔 다르크가 손에 든 만드라고라의 힘으로 부나 현세적 행복을 얻으려고 하고 있다.」라고 적고 있었다. 즉 이 소녀의 초능력이나 영국군을 패하게 만든 것, 예언의 능력, 통솔력, 눈부신 전과가 모두 악마의 약초 만드라고라 덕분이라는 것이었다.

하지만 뒤에 이 조항을 포함한 많은 항목이 삭제되고 고소장 내용은 2개 조항이 됐다.

결국 잔 다르크와 만드라고라의 관계를 입증하지 못했지만 이 유명한 사건에까지 만드라고라가 관계되어 있다는 것은 당시의 만드라고라에 대한 세상 사람들의 생각을 엿볼 수 있는 흥미로운

만드라고라(니시무라 유코, 『마녀의 약초상자魔女の藥草箱』에서)

일이라 하겠다.

그 뒤 잔 다르크가 붙잡혔을 때 전혀 구해 줄 생각도 하지 않았던 샤를7세의 명령으로 1450년에 이르러서야 겨우 잔 다르크 재판조사가 이루어졌다. 그 결과 로마 교황은 재판을 다시 행하도록 명하였고 1455년에는 잔 다르크의 어머니가 호소하여 잔 다르크의 복권재판이 열렸는데, 1456년에 잔 다르크가 화형된 루앙에서 처형 재판의 파기가 선고되었다. 게다가 450년 이상 지난 1920년에는 로마교황청에 의해서 성녀의 반열에 올라서게 된다.

2. 대항해시대의 독과 약

콜럼버스와 담배 그리고 매독

일본에 전래되었을 당시, 담배에는 약의 이미지가 있었으나, 오늘날에는 건강을 해치는 것이라고 여겨지고 있다. 담배에서 유래한 독성 화합물로는 니코틴이나 발암작용이 있는 벤조피렌 등이 잘 알려져 있다.

1492년에 미국대륙을 '발견'한 콜럼버스는 카리브해안의 원주민이 유럽인이 모르는 식물의 잎을 건조시켜 말아서 피고 있는 것을 목격했다. 또 아메리카 원주민들은 연기를 폐까지 빨아 들였다. 선원들은 이 식물의 사용방법을 배워 유럽으로 돌아왔다. 그리고 16세기에는 담배 재배가 유럽, 아프리카, 그리고 아시아까지 퍼졌다고 한다.

일본에 담배가 전해진 것은 에도 시대 중기의 데라지마 료안寺島良安(생몰년도 불명)이 쓴 『화한삼재도회和漢三才図会』(1712경)에 따르면 덴쇼天正 연간(1573 ~ 92)이라고 한다.

아마도 포르투갈이나 스페인 무역상에 의해 전래되었거나 필리핀을 점령했던 스페인이 거기서 담배를 재배하여 이 담배를 만능의 영약이라며 일본인에게 팔았을 것이라 생각된다. 영어로는 담

배를 「tobacco」라 표기하는데, 포르투갈어나 스페인어로는 「taba-ko」라고 표기한다. 일본어로 담배를 「다바코タバコ」라 하는 사실에서 우리는 담배가 어떤 루트를 거쳐 일본에 전래되었는지 확실히 확실히 알 수 있을 것이다(오쿠마 키쿠오大熊規矩男, 『담배タバコ』)

담배는 가짓과에 속하는 담배Nicotiana tabacum의 잎을 건조(이 사이에 일종의 발효가 일어남)시켜, 가공한 것으로 중세 유럽에서는 두통, 치통이나 역병에 효과가 있는 것으로 믿고 있었다. 하지만 지금에 와서는 단순한 기호품으로만 취급되고 있다. 담배 잎에는 대량의 니코틴이 포함돼 있지만 니코틴은 곤충의 접촉독이며 황산니코틴으로 추출, 농업용 살충제의 원료로 사용된다.

니코틴nicotine에는 특이한 냄새가 있고 맛은 쓰다. 또 니코틴은 사람에게는 체중 1kg 당 1~4mg으로 중독 증상이 나타나고 강직성 경련tonic cramp을 일으키며 호흡정지와 심장마비로 사망한다. 시중에서 흔히 구입 가능한 담배 1개비에는 약 16 ~ 240mg의 니코틴이 함유되어 있는데, 이것은 소아에게는 담배 약 1개비, 성인이라도 약 2 ~ 4개비에 함유된 니코틴으로 생명이 위험하다는 것을 말해주고 있다. 가정용품 관련 건강피해보고(일본 후생성, 1996)에 따르면 유아들이 잘못 물건을 삼켜 발생하는 사고 가운데 가장 많은 것이 담배를 삼키는 일로, 전체의 절반 가까이를 차지한다고 한다. 니코틴은 물에 잘 녹아서 어린이가 실수로 먹었을 경우 당황하며 물이나 우유를 줘서는 안 된다. 담배에서 니코틴이

녹아나오기 때문이다.

종래 독이라 여겨졌던 것이 머지않아 식품이나 약으로 상용화되는 예는 많았지만 그 반대의 경우는 의외로 적은데, 담배는 그 좋은 예의 하나라고 할 수 있다.

차와 커피 그리고 코코아

세계의 각국에는 각각 특유의 기호 음료가 있다. 그 중에서도 차(홍차나 우롱차 등도 포함)와 커피 그리고 코코아는 현재 세계적으로 널리 사랑받고 있는 기호음료로 세계 3대 음료라고 해도 과언이 아닐 것이다.

이 3가지는 각각 전혀 다른 식물에서 유래하고 있다. 그리고 원래 각기 다른 지역에서 사랑받은 음료이지만 카페인과 테오브로민, 테오필린 등의 알칼로이드가 함유되어 있다는 공통점을 지니고 있다.

이들 알칼로이드 성분들은 1820년경에 이미 각각 독립된 물질로 분리하는데 성공했다. 이 가운데 카페인Caffeine에는 가벼운 중추신경 흥분작용이 있어서 우울증 개선에 도움이 된다. 또한 카페인에는 꽤 높은 독성이 있어서 미국에서는 대량의 카페인을 복용하고 자살하는 예가 많다고 한다.

녹차나 홍차, 우롱차는 공통적으로 동백나무과인 차나무*Thea sin-*

*ensis*의 잎을 원료로 한다. 이 중에서 녹차는 차나무 잎을 딴 직후에 찌거나 덖어서 열을 가해 효소작용을 억제하는 방법으로 제조된다. 한편 홍차는 차나무 잎을 발효시켜 독특한 향과 색을 낸 것이며, 우롱차는 녹차의 중간형이러한 유형의 차를 반발효차라 한다의 제조법으로 만든다.

차나무의 원산지는 중국의 윈난성雲南省 부근이며 일본에 전래된 것은, 불교 선종의 일파인 임제종臨濟宗을 전한 에이사이栄西(1141~1215)가 저술한 『끽다양생기喫茶養生記』(초판본初治本은 1211년, 개정판再治本은 1214년. 후루타 쇼킨古田紹欽 전역주, 『에이사이 끽다양생기栄西御茶養生記』)에 따르면 에이사이 선사가 당시 송나라에서 종자를 가져와 재배를 시작했다고 한다. 에이사이는 닌안仁安 3년(1168)과 분지文治 3년(1187)에 두 번에 걸쳐서 송나라에 다녀왔는데, 첫 번째는 4월에서 6월까지였기에 아마도 종자를 가져온 것은 두 번째로 송나라에 갔다가 귀국했을 때인 겐큐建久 2년(1191) 7월의 일일 것이라 생각된다.

에이사이는 『끽다양생기』의 서문에서 「茶也、末代養生の仙薬、人倫延齡之妙術也(차라고 함은 불로장생의 선약이며, 사람의 명을 늘리는 묘술일지니)」라고 적고 있는데, 기호품이 아닌 불로장수의 묘약, 다시 말해 약으로서의 차의 효능을 말하고 있다.

차의 이용에 관하여 나카오 사스케中尾 佐助(1916~93)는 『재배식물과 농경의 기원栽培植物と農耕の起源』에서 「차는 식용으로 시작한다.」고 상정한 한편 오카구라 덴신奥倉天心(1862 ~ 1913)은『차의 책茶の本』(영문, 1906)에서「차는 의약으로 시작, 세월이 흐르면서 음료가 되었다.」라고 했다.

일본에서는 차에 불로장수의 작용이 있다고 믿어왔다. 또한 차는 선승들이 좌선을 할 때 졸음을 방지하는 효과가 있다는 것이 에이사이의 책에도 기재되어 있었으며 이는 도입 당초부터 알려진 사실이었다. 차가 지닌 각성효과를 나타내는 주성분은 바로 카페인이다. 화합물 중에서 이처럼 각성작용이 있는 것은 비교적 적은데, 카페인 이외에 잘 알려져 있는 화합물로는 코카인과 같은 일부 알칼로이드가 이 같은 작용을 가지고 있는 것으로 알려져 있는 정도다. 하지만 코카인 등이 지닌 각성 효과는 카페인에 비교할 만한 것이 아니었다. 차가 유럽에 전해진 것은 16세기 후반의 일이며 주로 홍차로 마셨다.

한편 커피는 꼭두서니과의 식물인 아라비카*Coffea arabica*의 종자에서 제조된다. 아라비카는 아프리카가 원산지이지만 현재는 중남미나 하와이등 열대지방에서 대규모로 재배되고 있다. 커피는 에티오피아에서 발견되어 6 ~ 9세기경 아라비아 반도로 전해졌다. 처음엔 으깬 열매를 둥글게 빚은 것과 생두를 쪄낸 즙이 들어왔지만 13세기경부터는 원두의 배전焙煎, 요즘 말하는 로스팅roast-ing이 이루어지게 되었다. 하지만 당시는 아직 일부 종교인이 명상이나 기도 때 졸음 방지 특효약으로 쓰이는 것이 고작이었다. 일반인들이 커피를 마시기 시작한 것은 15세기 중반부터의 일로, 터키에는 16세기, 유럽에는 17세기에 전해졌다. 일본에 커피가 전해진 것은 나가사키의 데지마出島에서 네덜란드 상인들이 자신들의 기호품으로 들고 온 것이 시초였다고 하니, 대략 17세기 중반 이후일 것이다. 그리고 본격적으로 커피가 수입된 것은 안세이安政 5년(1858)의 미일 수호통상조약Harris Treaty, 日米修好通商条約이 체결된 이후의 일이었다.

코코아는 중·남미 원산으로 아욱목 벽오동과에 속하는 카카오 *Theobroma cacao*의 종자에서 만들어진다. 코코아는 카카오 종자를 발효시킨 후 껍질과 배아를 제거한 것을 갈아서 으깬 뒤, 설탕과 우유, 따뜻한 물을 넣은 음료다. 따뜻한 코코아는 핫초코라고도 한다. 식물명 또는 식품의 원재료로는 카카오라는 단어를 사용되고 식품명으로서는 코코아가 사용된다. 코코아는 콜럼버스일행이 1502년에 스페인에 전했다고 한다.

카카오에 많이 함유된 테오브로민theobromine은 알칼로이드의 일종으로 초콜릿이나 코코아의 쓴맛을 내는 성분이다. 사람은 테오브로민 물질대사 효소를 충분히 가지고 있기 때문에 문제가 없지만 개는 테오브로민의 물질대사속도가 느린데, 소형견의 경우에는 50g정도의 초콜릿만으로도 소화불량과 탈수증상, 과도한 흥분 등의 중독증상을 나타낼 수 있으며 최악의 경우엔 간질 발작을 일으켜 죽음에 이를 수 있으므로 각별한 주의가 필요하다.

세계 3대 음료에 함유된 카페인은 물론 담배에 함유된 니코틴 모두가 분자 안에 질소 원소 'N'이 들어 있는 알칼로이드의 일종이다.

세계를 바꾼 가짓과 식물

이탈리아의 베네치아 공화국의 마르코 폴로Marco Polo(1254 ~ 1324)가 16세부터 26년간에 걸쳐서 여행을 한 목적 가운데 하나는 바로 향신료를 찾는 것이었는데, 귀국 후 그의 구술을 토대로 『동방견문록Livres des merveilles du monde』이 만들어졌다.

고추capsicum annuum는 멕시코가 원산지라는 설이 유력하지만 남미의 볼리비아 원산이라는 설도 있다. 당시 이곳을 침략했던 스페인은 이 식물을 자기 나라로 가져갔을 것이다. 일본어로 도가라시唐辛子라 불리는 고추는 매우 인기 있는 향신료의 한 종류이며 한방에서는 번초蕃椒라고 부르고 있다. 매운맛의 주성분은 알칼로이드의 일종인 캡사이신Capsaicin이다.

'唐'이라는 한자가 들어가기 때문에 중국 당나라 시대에 일본으로 전해진 것이 아닌가 생각하기 쉬우나 사실은 한참 후대의 일이며 중국대륙에 전파된 것은 그보다도 훨씬 뒤의 일이었다. 고추가 일본으로 전래된 기록은 1542년에 포르투갈의 선교사가 현재의 기타큐슈 일대를 지배했던 오토모 요시시게大友義鎭(1530 ~ 87,

오토모 소린(宗麟)에게 헌상한 것이 최초였다고 한다. 이것은 다네가시마種子島에 철포鐵砲, 즉 조총이 전래된 것(1543)과 같은 시기에 해당된다.

고추는 그 뒤 일본을 거쳐 한반도에 전해졌는데, 도요토미 히데요시豊臣秀吉(1537 ~ 98)가 일으킨 임진왜란壬辰倭亂, 文禄·慶長の役 (1592 ~ 98) 때로 추정된다. 일설에 따르면 상대의 눈을 공격하는 일종의 화학 무기로 쓰기 위해 들여갔다고도 한다. 한반도에서의 고추 사용이라면 역시 김치를 생각하게 되는데, 김치에 고추가 사용된 기록은 17세기 후반이 되어서부터라고 한다. 원래 김치란 침채沈菜, 즉 채소 절임을 말하는 것이었다.

중국에는 1640년경에 전해졌다. 16세기 말에 만들어진 『본초강목』에는 고추에 관한 기록이 없다. 또 16세기 중반에는 인도에도 전래되어 카레의 향신료로도 사용되었다한다. 이전까지의 카레는 후추를 통해 매운 맛을 냈다.

그리고 피망과 고추는 식물학적으로 동일한 것이다. 매운 맛 성분을 가지고 있는 것이 고추, 없는 것을 피망으로 부르는 것에 지나지 않는다. 하지만 타바스코의 제조 원료에는 캡사이신의 양이 고추의 약 3배나 된다. 고추와 같은 속이지만 다른 종인 아프리카고추C. frutescens가 사용된다.

여기서 말한 고추나 피망 외에 앞에서 말한 담배도 가짓과 의 식물이며 역시 앞에서 말한 아트로핀을 얻을 수 있는 만드라고라도 가짓과에 속하는 식물이다. 또한 식료품으로서 중요한 위치를 차지하는 감자나 토마토도 가짓과 식물인데, 가짓과 식물은 식료는 물론 독과 약의 측면에서 세계를 바꿨다고 해도 과언이 아닌 식물군이라 할 수 있을 것이다.

3. 르네상스, 연금술, 과학과 화학의 여명

레오나르도 다빈치

레오나르도 다빈치Leonardo di ser Piero da Vinci (1452 ~ 1519)는 이탈리아의 르네상스기를 대표하는 천재로 알려져 있다. 여러 가지 발명 외에 그림을 그리고 인체해부를 하는 등 다채로운 방면에서 재능을 발휘했는데, 당시 크게 유행했던 흑사병에 대한 대비책으로 공중 위생 측면에서 당시로서는 혁신적인 도시 설계안을 내놓기도 했다. 유명한 레오나르도의 수기는 약 5,000장이 현재까지도 프랑스, 이탈리아, 영국 등에 남아있는데, 이것은 실제로 그가 남긴 수기의 약 3분의 2정도고 남은 3분의1은 인멸 됐을 것이라 추정된다. (스기우라 민페이杉浦明平 역, 『레오나르도 다빈치의 수기ㄴ

　방대한 기록을 남긴 레오나르도 다빈치였지만 독과 약에 대해서도 많은 기록을 남겼는지에 대해서는 들어본 적이 없다. 그와 그가 살아갔던 시대에는 아직도 대부분의 독과 약에 대한 지식이나 개념이 제대로 잡혀있지 않았던 것일까? 어쩌면 그가 독과 약에 대하여 그다지 흥미가 없었던 것일지도 모르겠다. 그의 손으로 기록된 메모 중에서 독과 관련될 가능성이 높은 식물 메모는 고작 8건 뿐이며 그나마도 식물과 관련된 일반적인 내용이 많다. 어쩌면 지금은 전해지지 않는 기록 중에 방대한 메모가 있었을 지도 모르는 일이다.

파라켈수스와 연금술

　연금술사란 비금속을 금이나 은 등의 귀금속으로 바꾸거나 불로불사의 영약을 만들거나 하는 일(연금술)을 시험하는 사람들을 말한다. 연금술은 고대 이집트에서 발생하여 아라비아를 지나 유럽으로 전해진 기술이다. 또한 「현자의 돌」이라는 것은 중세의 연금술사들이 얻고자 한 궁극의 물질 가운데 하나였는데, 이것에는 비금속을 귀금속으로 바꾸거나, 불로불사의 약으로서의 힘이 있다고 믿어졌다.

　결국 비금속을 귀금속으로 바꾸거나 불로불사의 약으로 만들어

내는 것은 불가능했으나 연금술은 각종 화학물질을 취급하는 기술의 발달을 불러일으켰다. 그런 와중에 등장한 인물이 바로 파라켈수스Philippus Aureolus Paracelsus (1492 ~ 1541)였다.

파라켈수스는 스위스의 취리히 부근의 아인지델른Einsiedeln 태생으로 본명은 필립푸스 아우레올루스 테오프라스투스 봄바스투스 폰 호헨하임Philippus Aureolus Theophrastus Bombastus von Hohenheim이라고 한다.

그는 신설된 튀빙겐 대학에서 의학을 배우고 조용하며 학구적인 생활을 보내고 있었다. 하지만 35세경부터 파라켈수스라 자칭하며 유럽 각지를 돌아다니면서 의료나 저작활동을 시작했는데 이 파라켈수스란 이름은 고대 로마 의학저술가인 켈수스Aulus Cornelius Celsus(BC 25 ~ AD 50)를 능가한다는 자부심으로 가득한 칭호였다. 파라켈수스는 당시 의학계를 지배하고 있었던 히포크라테스의 그리스 의학과 고대 로마의 갈레노스 등의 전통의학에 의심을 품고 현장에서의 관찰과 치료경험을 토대로 새로운 의학을 일으키려 했는데, 비소나 수은 같은 독물이야 말로 가장 효과가 좋은 약일 것이라 확신하기에 이르렀다. 파라켈수스는 디오스코리데스의 『마테리아 메디카』에 있는 말을 인용하여 「모든 물질은 독이며, 독이 아닌 물질은 존재하지 않는다. 어떤 물질이 독이 될지 약이 될지는 사용하는 양에 따른다(독은 약이 된다)」라고 주장했다.

이 때 연금술사 중에서도 오로지 약만 만드는 것을 생각하는 사

람인 의화학자가 나타났으며 파라켈수스는 바로 의화학자iatro-
chemist의 선조였다. 그는 「연금술의 목적은 금이나 은을 만드는 것
이 아니라 의학을 만드는 것이다.」라고 말했다. (G. Sonnedecker,
History of Pharnacy)

이처럼 파라켈수스는 연금술사이면서 의화학의 아버지라고도
불린다. 연금술은 근대 화학의 여명기를 맞이하는 19세기 초까지
영향을 주었고 근대과학과 화학이 탄생되는 기초가 됐다.

동서의 약의 지식과 『본초강목』의 편찬

일본의 경우, 독학과 약학을 비롯한 각종 고급 지식을 중국에서
수입해 오는 일은 견수사나 견당사가 담당했다. 하지만 중세에 들
어서면서 에이세이가 차를 중국 송나라에서 가져온 것과 같이, 종
교인들이 지식의 중심에 있었다. 승려는 최고의 과학 전달자였기
때문이다. 일본에 있어의 이 시대는 중국의 선진 지식 도입이 번
성하고 있었지만 점점 일본 독자의 문화가 만들어지는 시기이기
도 했다.

한편 유럽에서는 『마테리아 메디카』가 라틴어로 번역된 이래,
16세기에 이르기 까지 약학의 세계에 있어 일종의 경전처럼 사용
되었다. 이에 따라 유럽의 도시나 수도원에는 『마테리아 메디카』
에 기록된 약초를 재배하는 약초원이 만들어지게 되었는데 이 같

은 약초원에서 의학전반의 교육 또한 이루어졌다. 오늘날의 식물학의 계보를 거슬러 올라가보면『마테리아 메디카』가 식물학의 여러 기원 가운데 하나라고 한다. 또한 플리니우스의『박물지』도 오래도록 유럽의 의학과 약학에 영향을 줬다.

세계에서 가장 오래된 본격적 식물원은 이탈리아에서 만들어졌다. 1543년에 세워진 피사대학식물원이 그것으로, 1545년에는 피렌체 대학에도 만들어 졌다. 이탈리아의 식물원은 그 뒤 유럽 각지에 만들어진 식물원의 모델이 되었다.

이 시대의 일본에는 나가타 도쿠혼永田徳本(생몰년도 불명)이 있었는데 그는 스루가駿河, 지금의 시즈오카 현 중앙부, 가이甲斐, 지금의 야마나시 현, 사가미相模, 지금의 가나가와 현, 무사시武蔵, 현재의 도쿄 도, 사이타마 현과 가나가와 현 일부 지역에 해당 등을 순례했으며, 그 중에서도 가이에 머무른 시간이 길어서「가이의 도쿠혼甲斐の德本」이라 불렸다. 그는 일복일팔문一服一八文(일육문一六文 이라하기도 함)이라고 쓴 종이봉지를 목에 걸고, 소 등에 탄 채로 각지를 순례했다고 하는데, 본초학에 정통했으며 약초채집을 위해 야산을 다니고 경험적 실증주의를 추구하여 상한론傷寒論 의학 보급에 힘썼다. 뒤에 일본식 한방의 기초인「고의방파古醫方派」의 선구적 존재라 하기도 한다. 간에이寬永 7년(1630)에 118세를 일기로 세상을 떠났다고 전해지며 이는 경이적인 장수라 할 수 있다.

중국 명나라의 이시진李時珍(1518 ~ 93)은 1578년에『본초강목』

을 완성했다. 이 책은 52권이나 되는 대작으로 약물을 1892종, 약
방을 8161종으로 모아서 설명하고 있다. 이 시기는 일본의 에도시
대 직전에 해당하며, 독과 약의 세계에 있어 이 책의 출간은 마치
근세라는 새로운 시대의 개막을 알리는 신호와도 같다는 느낌이
든다.

「본초」란 의약에 사용되는 천연물(식물, 동물과 광물)로, 『본초
강목』은 그 때까지 발간된 본초에 관한 여러 가지 책 내용을 정리
한 것이었다. 중국 사서의 서술에서 제목이나 큰 줄기가 되는 설
명을 「강綱」이라 하며, 이 「강」의 세부 설명에 해당하는 것을 「목目」
이라 하는데, 이러한 서술방식을 강목체綱目體라 한다. 『본초강목』
의 제목은 여기에서 연유한 것이다. 하지만 결국 이 책의 출판은
이시진의 생전에 이루어지지 못했으며 실제로 출판된 것은 사후 3
년이 지난 1596년이었다. 『본초강목』에는 현재까지 50종류이상의
판본이 있다고 하는데, 최초의 판본을 금릉본金陵本이라 한다. 그 뒤
1603년에는 강서본江西本, 1640년에는 무림본武林本이 간행되었다.

일본주의 양조와 불 조절

14 ~ 15세기는 술의 양조기술이 발달된 시기기도 하다. 전 세계
에는 여러 가지 술이 존재하지만 사람을 취하게 하는 술의 성분은
에틸 알코올ethyl alcohol이다. 적당한 알코올의 섭취는 몸에 좋다고

하며 약 중에서 으뜸가는 것이라는 의미로 「백약의 장百藥之長」이라 불리기도 하지만 잘못된 방법 또는 지나친 양을 마실 경우, 때에 따라서는 정신을 잃거나, 목숨을 잃게 되는 경우도 있다. 즉 술은 사용방법에 따라 「독」도 「약」도 될 수 있는 전형적인 예인 것이다.

알코올은 인체 내부의 효소에 의해 아세트알데히드acetaldehyde로 변하는데, 이 화합물에는 약간의 독성이 있다. 우리가 술을 마셨을 때 얼굴이 붉어지거나 두통과 구토를 동반한 숙취를 일으키며 심장 박동이 빨라져 심할 경우에는 생명에 지장을 초래할 수 있게 하는 것이 바로 아세트알데히드이다. 하지만 인체에는 이 아세트알데히드를 무해한 아세트산으로 바꾸는 효소도 존재하는데, 덕분에 대개의 경우에는 적당한 양을 천천히 즐기면서 마신다면 큰 문제가 일어나지는 않는다. 하지만 세상에는 아세트알데히드를 아세트산으로 잘 바꾸지 못하는 사람도 있다.

이 같은 경향은 유럽인이나 흑인의 경우에는 드문 편이지만 일본인에게서는 자주 찾아볼 수 있는데, 같은 아시아라도 중국보다는 주로 한반도와 일본 열도에 걸쳐서 이런 경향이 두드러지게 나타난다고 한다.

이렇게 술에 약한 사람을 일본어로는 「게코下戶」라고 하는데, 이런 사람들의 경우에는 소량의 술이라도 곧바로 아세트알데히드가 체내에 축적되기 때문에 불쾌함을 느끼게 될 뿐 아니라 심한 경우에는 생명에 지장을 초래할 수도 있다. 술에 약한 사람들에게 있어 알코올은 그야말로 '독'이라고도 할 수 있다. 따라서 타인에게 술을 무리하게 먹이거나 단번에 마시도록 강요해서는 안 된다.

그건 그렇고 전 세계에는 실로 여러 가지 술이 있고 술은 각 민족의 지표라 할 수 있다. 그 가운데 여기서는 일본인들이 가장 많이 마시는 와인, 맥주 그리고 일본주에 대해서 간단하게 얘기해볼까 한다.

이러한 술 가운데 양조법이 가장 단순한 것이라면 와인(포도주)일 것이다. 포도를 으깨어 즙을 내면, 포도 껍질 등에 붙어있던 효모가 포도즙 속의 포도당으로 알코올 발효를 시작하면서 와인이 만들어진다. 와인은 인류 역사상 가장 오래전부터 즐겨왔던 술 가운데 하나가 아닐까? 하지만 제조법이 단순하다고 해서 맛과 풍미까지 단순하다고는 할 수 없다.

한편 맥주는 보리를 발아시킨 맥아로 만든 것인데 보리에 함유된 전분을 당(맥아당)으로 바꾼 것이 알코올 발효에 사용된다. 맥주의 역사 또한 오래되어 BC 8000 ~ BC 4000년경까지 거슬러 올라갈 수 있는데, 맥주의 양조는 이집트 피라미드의 벽면에도 보이는 것처럼 오랜 역사기록을 가졌다. 하지만 당시 맥주 맛은 지금의 맛과는 꽤 차이가 있었을 것이다. 왜냐하면 당시의 맥주에는 독특한 쓴맛과 풍미를 주는 홉hop을 사용하지 않았기 때문이다.

맥주에 홉을 사용하기 시작한 것은 아마도 14세기 무렵의 일이었을 것이다. 원래 맥주는 각종 약초를 담가 강장제 등의 약용으

로도 사용되어 왔는데, 이러한 약초 중에서 뽕나무과 한삼덩굴속에 속하는 홉을 사용하면 궁합이 잘 맞는다(맛있다)는 것을 알게 되면서 널리 퍼졌다고 한다(하루야마 유키오春山行夫, 『맥주의 문화사ビールの文化史』). 또한 홉을 가미하게 된 계기로 술이 변질되는 것을 방지하기 위해서 였다는 설도 존재한다(사카구치 긴이치로坂口謹一郎, 『주학집성酒学集成』1).

일본주의 양조는 누룩을 이용한 전분의 당화, 효모에 의한 알코올 발효를 동시에 진행시키는, 세계적으로도 복잡하고 보기 드문 방법으로 이루어진다. 일본주의 알코올 농도는 탱크에서 짜낸 원액으로 진한 것은 20 ~ 22퍼센트나 되며 이 농도는 발효액 자체로 봤을 때, 세계에서 제일 높은 알코올 농도인데 당화와 알코올 발효가 동시에 진행되는 것이 그 이유라고 한다.

일본주의 양조 과정에서 원치 않는 미생물이 증식하여 제품이 되지 못하는 것을 「히오치火落ち」라고 한다. 그리고 이 현상을 방지하기 위해서 일본에서는 무로마치 시대 말기인 16세기경부터 발효가 끝난 일본주를 비교적 낮은 온도로 비교적 짧은 시간동안 가열, 살균 처리하는 것이 이루어 졌는데, 이것을 「히이레火入れ」라고 한다. 발효 중인 술을 가열할 때는 중간중간에 적절히 조정하기는 하지만 대체로 50 ~ 60도 사이라고 추정된다고 한다. 한편 와인 등을 비교적 저온에서 단시간 처리하며 미생물의 번식을 억제시키는 것을 파스퇴라이제이션Pasteurization, 즉 저온살균법이라 한

다. 이 방법은 루이 파스퇴르Louis Pasteur(1822 ~ 95)에 의해서 1866년에 고안되었다. 구체적으로는 병 속의 와인을 55도로 수분 간 열처리를 하여 품질 저하 없이 유해 미생물 증식을 억제하는 것인데, 현재는 와인 뿐 만아니라 맥주나 사과주, 식초, 우유 등 부패하기 쉬운 음료에도 적용되고 있다. 일본의 「히이레」는 바로 이런 저온 살균법에 해당되는 기술이라 할 수 있으며 파스퇴르가 19세기 말에 고안한 식품 처리법이 일본에서는 이미 300여년 전부터 쓰이고 있었던 것이다.

인간이 입에 넣는 것(식료품이나 의약품등)에 대한 미생물의 움직임 중에 인류에게 도움이 되는 경우를 발효라고 하며 반대로 해가 되는 경우를 부패라고 한다. 이것은 무언가 생물활성이 있는 것 가운데 사람에게 도움이 되는 경우엔 약, 해가 되는 경우엔 독이라 부르는 것과 많이 닮아있다.

일본의 경우, 일본주를 시작으로 미소와 간장, 낫토, 쿠사야 등의 건어물, 어초, 절임야채 등 미생물의 움직임을 교묘히 응용시킨 전통적인 발효식품이 아주 많다. 또 전통적인 염색법에 있어서도 색소 발현에 미생물의 움직임을 잘 응용하고 있다. 즉 쪽Persicaria tinctoria에 함유된 인디고를 로이코 인디고로 바꾸는 과정에서도 미생물 발효가 사용되고 있다. 직물에 로이코 인디고를 염색하는 중에 공기(산소)에 노출되면 로이코 인디고가 산화되어 쪽빛이 인디고로 바뀌는데, 이렇게 만들어진 인디고는 물에 잘 녹지 않게 된다. 물론 오래전엔 미생물의 존재 따윈 알 도리가 없었을 테니 미생물의 움직임은 그저 신비한 것으로 보이지 않았을 까? 하지만 한편으로 오래전부터 이러한 미생물의 작용에 따른 현상을 잘 관찰하여 대책을 세우거나 반대로 이용해왔던 선인들의 지혜는 그저 놀라울 따름이다.

현대 의학에 있어 큰 역할을 하고 있는 항생물질도 미생물이 만들어낸 산물이다. 즉 항생물질의 분야는 미생물의 힘을 이용하는 발효의 응용분야의 하나라고 할 수 있다. 오늘날의 일본은 새로운 항생 물질의 발견과 생산의 대국이라 할 수 있는데 예로부터 여러 방면에서 미생물의 힘을 이용해왔던 선인들의 유산이 그 배경이었다고 한다면 좀 지나친 비약일까?

유럽의 대학과 약국의 등장

대학을 뜻하는「유니버시티University」에 해당하는 라틴어는「우니베르시타스Universitas」이며, 그 의미는 '하나가 됨'이라고 한다. 유럽의 대학은 대단히 오랜 역사를 자랑하는데, 시대구분이라는 측면에서 봤을 때, 일본사로 따진다면 중세라기 보다는 고대의 말기 정도에 해당한다. 세계최초의 대학이 세워지기 시작한 것은 11세기경으로 이탈리아의 볼로냐 대학은 학생조합이 중심이 되어 1088년 설립되었다. 옥스퍼드 대학(1167)이나 케임브리지(1209), 파리

(1211), 프라하(1348), 빈(1365), 하이델베르크(1386) 등도 대략
이 시대에 설립된 대학이다.

이 시대의 대학은 모인 학생들이 교원을 초빙, 의뢰하는 형태로
성립되어갔다. 파리의 경우 학생들이 조합을 만들어 이를 「유니버
시티」로 부른 것과 학생 기숙사를 「개라지garage」라 부른 것이 현재
명칭의 어원이라 한다.

당시의 대학은 인문학부 외에 대부분 신학, 법률학, 의학까지 4
개의 학부로 구성되어 있었다. 그 중에서 독과 약에 관련된 학문
은 오랫동안 의학의 영역에서 취급되어 왔지만 시대가 흐르면서
점차 독립된 영역으로 바뀌었다. 파리 대학에서 약학부가 설립된
것은 18세기의 일이었다. 여기서의 「약학」이란, 법학, 의학, 문학,
종교등과 같이 하나의 독립된 「지식」이라고 인식되기 시작한 것을
의미한다. 현재의 파리 대학은 학부제를 취하진 않지만 약학에 관
한 연구와 교육단위는 파리 제5대학에 있다.

한편 유럽에서는 고대에서 중세에 걸친 비교적 오래된 시기에
약국이 탄생했다. 로마의 경우 1016년, 베네치아에서는 1172년,
파리에서는 1336년 그리고 런던에서는 1345년에 약국이 만들어
졌으며, 약국에는 약제사가 상주하게 됐다. 또한 1240년에는 신성
로마황제로 시칠리아 섬을 통치한 프리드리히2세(1194 ~ 1250)가
약에 관한 법률을 제정했는데 첫 번째 법률로 이미 의약분업을 들
고 있었다.

4. 맥각, 짐새, 아편

맥각과 성 안토니우스의 불

자낭균의 일종인 맥각균*Claviceps purpurea*이 호밀 등에 기생하면 뿔 또는 쥐똥 모양을 하고 있으며 맥각ergot이라 불리는 균핵이 생긴다.

오랜 옛날, 맥각은 공포의 대상이었다. 왜냐하면 이 균에 감염된 호밀을 먹은 사람들이 차례차례 수족이 썩는 기이한 병에 걸렸기 때문이다. 맥각을 섭취하면 혈관이 수축하면서 팔과 다리와 같은 인체 말단부의 혈행이 원활하게 이루어지지 않는데, 이 때문에 맥각 중독에 빠지면 수족이 타들어가듯 검게 변하면서 괴저가 발생, 끝내 팔과 다리를 잃게 된다. 참고로 이때 나타나는 초기 증상으로 사지에서 느껴지는 강한 열감을 들 수 있는데, 환자들이 오스트리아 빈 교외에 있는 성 안토니우스 사원으로 순례를 가던 중, 사원에 가까워지자 병이 나았더라는 이야기와 합쳐지면서 이 병을 중세에는 「성 안토니우스의 불」이라 불렀다. 이 병으로 많은 사람들이 죽었지만 옛 기록으로는 기원전 600년경 아시리아의 점토판에 맥각에 대한 경고가 새겨져 있었다고 한다. 또한 중세이래로 성 안토니우스의 불과 관련된 기록은 1581년부터 1928년까지 350

년 가까운 세월 동안 계속 이어졌다.

맥각이 위험한 것이라는 것을 알고 있었음에도 한편으로는 유럽의 산파들은 자궁의 수축을 촉진하기 위한 목적으로 맥각을 오래전부터 이용해 왔다. 그 때문에 맥각의 자궁수축작용성분의 연구가 이루어졌는데, 그 결과로 얻은 화합물이 에르고메트린ergometrine이다. 에르고메트린을 투여하면 자궁이 신속하고 강력하게 수축한다. 그 때문에 이 화합물은 산후의 출혈방지(태반배설의 제3기 진통시에 투여)나 부전유산(잔유물의 완전배설, 출혈방지)에 이용된다. 맥각 알칼로이드는 리세르그산lysergic acid을 공통의 모핵으로 하는데, 이 리세르그산에서 반합성으로 얻은 화합물 가운데 하나가 바로 LSD다. 이 LSD에 대해서는 뒤에 다시 다루도록 하겠다.

맥각도 독과 약이 같은 곳에서 나온 것임을 나타내는 좋은 예라 할 수 있겠다.

짐새와 짐살

독자 여러분은 이미 앞에서 고대 일본의 「구스코의 난」에서 후지와라노 구스코가 독을 먹고 자살한 기록에 대하여 다뤘다는 것을 기억할 것이다. 중세에 들어 독살이 문헌으로 나타난 예로는 『태평기太平記』(1370년경)를 들 수 있는데, 이 기록에 따르면 아시카가 다카우지足利 尊氏(1305 ~ 58)의 1살 어린 동생인 아시카가 다다요시足利直義(1306 ~ 52)가 다카우지에게 독살 당했다고 한다. 단이외에도 다다요시의 죽음에 관해서는 또 다른 설도 있다는 것을 말해두겠다. 일본에 본격적으로 독살의 문화가 들어온 것은 중세 말기인 아즈치 모모야마 시대라고 하며(스기야마 지로杉山二郎, 야마자키 미키오山崎 幹夫, 『독의 문화사毒の文化史』) 이 시대 이후에 일본 전통극인 교겐狂言의 러퍼토리 가운데 하나인 「부스附子」나 가부키歌舞技인 「메이보쿠센다이하기伽羅先代萩」 등에서도 독과 독살 이야기가 자주 등장하게 되었다.

제1장에서 서술한 것과 같이 일본 및 중국에는 짐독이라는 단어가 있는데 이것은 '짐'이라 불리는 독조의 깃털에 있는 독이라고 전해진다. 이 독조는 앞서 말한 『본초강목』에도 뱀잡이수리와 같은 대형 조류라고 기재되어 있다. 『본초강목』에 따르면 이 새는 남방에 서식하는데, 독사를 잡아먹고 그 독을 체내에 축적하면서 독을 지니게 된 것이라고 한다

짐독으로 암살하는 것을 짐살이라 하며 중국이나 일본의 옛 이야기에 자주 등장하는 단어다. 일본에서도 옛날에는 원인 불명의 죽음에 짐독을 예로 많이 들었다. 하지만 오랫동안 이 같은 독조의 존재가 황당무계한 것이 아닌가라는 설이 있었다. 그리고 짐독도 진짜 새가 지닌 독이 아니라 승화시킨 아비산을 모은 새의 깃털이 아닌가라는 설이 유력했다.

일반적인 동물 중에서 독을 지닌 동물은 대체로 진화 계통에

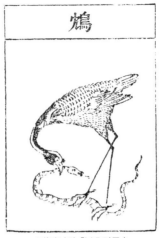

짐(이시진, 『본초강목』)

서 비교적 하등 단계에 속하는 동물이었기에 독을 지닌 새라는 존
재는 계속 의문의 대상이 되어왔다. 하지만 그런 와중에 1992년
에 독조가 실제로 존재한다는 사실이 시카고 대학의 연구원들로
부터 보고 되었다(J.P Dumbacher, *et al., Science*, 258, 799-801,
(1992)). 이들의 연구에 따르면 뉴기니아에 서식하는 새 가운데
날개, 피부, 근육 등에 유독물질을 함유하고 있는 것을 알게 됐다.
이 새는 모두 때까치딱새과에 속하는 *Pitohui*속의 새로 hooded
pitohui, variable pitohui, rusty pitohui의 3종이 존재한다. 그 중
에서 hooded pitohui는 현지에서는 'rubbish bird'라고 불리며 껍
질을 제거하고 특별하게 조리하지 않는 한 먹지 못한다고 한다.

이 새들의 유독성분은 실험용 생쥐를 대상으로 하는 독성을 지표로 분리, 가스 크로마토그래프 질량분석법(GC-MS)과 박층 크로마토그래프법(TLS, thin layer chromatography)으로 조사되었다. 그 결과 이 성분은 콜롬비아산 독화살개구리가 지닌 스테로이드성 알칼로이드 바트라코톡신batrachotoxin의 부성분으로 이미 단리 보고된 호모바트라코톡신homobatrachotoxin과 일치한다는 걸 알았다. 호모바트라코톡신은 hooded pitohui(체중 65g) 한 마리 분의 피부에 15 ~ 20μg, 깃털에는 2 ~ 3μg이 함유되어 있는데, 이것은 조류에서 그것도 상당히 강력한 유독물질이 발견된 최초의 예라고 할 수 있을 것이다. 독을 가진 새가 이 세상에 존재한다는 것이 증명된 사례에서 지금은 짐새나 짐독의 이야기는 단순한 전설이나 황당무계한 이야기로 치부할 수 없게 됐다. (후나야마 신지, 『파마시아』 29권, 1144p, 1993) 『본초강목』에 기록된 동식물은 기본적으로 실존하는 것들이었는데 그렇다고 한다면 짐새 또한 역시 실존했었던 것이 아닐까?

또 독 개구리는 신경세포의 나트륨 채널이 바트라코톡신에 반응하지 않기 때문에 스스로는 독의 영향을 받지 않는 것으로 알려져 있다. 하지만 pitohui속의 독조가 자신이 가진 유독성분에서 어떻게 해서 자신의 몸을 지키고 있는지에 대해서는 지금 단계에서는 명확히 밝혀지지 않았다. 또한 이 독조에서는 화살독개구리가 지닌 독소의 주성분이었던 바트라코톡신 쪽은 검출되지 않았으며 검출된 호모바트라코톡신도 어떻게 생성된 것인지 불명확현재로서는 먹이로 잡아먹는 딱정벌레의 독을 축적하는 것으로 추측하고 있다-편집자 주하다.

아편 양귀비와 그 전래

일본에 아편 양귀비가 전래된 것은 무로마치 시대 말기로 처음 전해진 곳은 쓰가루번령津輕藩領, 현재의 아오모리 현 북서부 지역이었다. 그리고 그 뒤 에도 막부의 8대 쇼군이었던 도쿠가와 요시무네德川吉宗 (1684 ~ 1751, 재위 1716 ~ 45)시대에 일본에서 유일하게 아편생산을 했었던 곳이 쓰가루 번이었고 '쓰가루'는 아편의 또 다른 이름이기도 했다. 아편은 메이지明治 10년(1877)에 금지되기 전까지 쓰가루 번에서 판매하던 약인 「일립금단一粒金丹」의 배합에 사용된 재료 가운데 하나이기도 했다.

현재 향정신성의약품에 해당하는 모르핀Morphine 또는 코데인co-deine이 함유되어 있다는 이유로 재배가 금지된 양귀비는 *Papaver somniferum*와 *P. setigerum*, *P. bracteatum*로 다른 양귀비류는 재배가 가능하다. 흔히 개양귀비*P. orientale*를 마약에 쓰이는 양귀비로 착각하는 경우가 종종 있지만 개양귀비는 합법적으로 재배 가능한 양귀비다. 양귀비 중에는 우미인초*P.rhoeas*나 아이슬랜드 포피 *P.nudicaule*처럼 재배 가능한 양귀비도 적지 않다. 다만 조심해야 할 것은 아편 양귀비와 원예용의 양귀비와의 교잡종도 드물게 보인

일관종 양귀비(도쿄 도립 약용식물원)

다는 점이다.

아편 채집용의 양귀비로는 재배품종으로 「일관종—貫種」과 「터키종」이 있다. 일관종은 일본에서 아편 채집용으로 개량된 양귀비로 키가 1.5미터나 되는 대형 양귀비다. 1반反, 약 10a 또는 1,000㎡에 해당하는 면적 단위에서 1관문貫匁(약 4kg)의 아편을 얻을 수 있는데서 그런 이름이 붙었다.

질병과 독과 약

인류의 역사는 질병과의 사투의 역사라고도 할 수 있다. 중세 유럽의 대표적인 역병을 들자면 13세기의 한센병과 14세기의 페스트, 그리고 16세기의 매독이다.

특히 흑사병이라 불리며 두려움의 대상이었던 페스트는 당시의 세계 인구에까지 영향을 끼쳤을 정도였다. 그 뒤에도 17 ~ 18세기의 천연두, 19세기의 콜레라와 결핵, 20세기의 인플루엔자와 에이즈까지 인류의 존망을 위협하는 질병과 인류의 전쟁은 오늘날까지 이어지고 있다. 당연한 얘기겠지만 이 전쟁에서 독과 약은 매우 큰 역할을 수행해왔다. 여기서는 중세를 중심으로 인류에게 공포를 준 역병에 대해서 정리해볼까 한다.

· 한센병

안면이나 수족의 말단이 마비되거나 안면에 나타난 결절結節이 뭉그러지는 병으로 나병癩病 또는 문둥병이라고도 불린다. 쇼와昭和 시대의 일본에서는 레프라Lepra라고 불렸는데, 오늘날에는 나균의 발견자인 노르웨이의 한센Gerhard Henrik Armauer Hansen(1841 ~ 1912)의 이름에서 따와 한센병Hansen's Disease이라 한다. 그리고 현재 나병, 문둥병이란 단어는 환자들의 인권 문제로 기피되고 있다. 또한 일본의 경우 환자의 강제격리정책 등 각종 문제점이 있었던 「라이예방법らい予防法」(1931)이 1996년 4월에 시행 된 「라이예방법의 폐지와 관련된 법률らい予防法の廃止に関する法律」에 의해서 폐지되었다.

1941년에 특효약인 프로민Promin이 개발되어 2차 대전 종전 이후 이 약제는 도쿄대학 약학부의 이시다테 모리조石館

守三(1901 ~ 96)가 합성해서 사용하게 됐다. 현재는 프로민에 클로파지민clofazimine과 리팜피신rifampicin 등의 항생제를 함께 사용하는 병합 요법이 사용된다. 또한 클래리스로마이신clarithromycin이나 미노사이클린minocycline와 같은 항생물질도 효과가 있다는 것을 알게 되면서 한센병은 약을 통해 완치 가능한 병으로 바뀌었다.

· 페스트

혹사병Plague이라고도 부르는 페스트도 큰 두려움을 샀던 질병이었다. 중세 유럽에서는 1346 ~ 1351년 사이에 크게 유행했으며 유럽 전체 인구의 4분의 1에 해당하는 2500만 명(일설에 의하면 4500만 명)이 사망했다고 한다. 새의 부리모양이 붙은 기묘한 가운을 덮어쓰고 페스트 치료를 했었던 그림이 남아 있는데, 아마도 감염을 방지할 수 있다고 생각했었던 것이 아닐까?

페스트균은 콜레라균과 같이 독소를 내어 인체에 해를 입히는 것이 아니라 균이 증식하면서 조직을 침식시켜 해를 입힌다. 1894년에 일본의 세균학자인 기타사토 시바사부로北里紫三(전염병 연구소)와 아오야마 다네미치青山胤通(도쿄제국대학)의 두 그룹이 페스트가 발생한 홍콩으로 파견되어 키타사토는 페스트균을 발견한 반면, 아오야마는 페스트에 감염되어 명운이 갈렸던 일이 잇었는데,. 근래에 들어서는 딱 100년 후인 1994년 9월에 인도 남서부의 항만 도시인 수라트Surat에서 유행, 4793명이 감염되었으며 51명이 사망했다. 페스트는 쥐에 기생하는 벼룩을 매개체로 발병한다. 페스트에는 전신의 림프절에 균이 들어가 발생하는 선페스트bubonic plague와 폐렴성 페스트라고도 불리는 폐페스트pneumonic plague가 있는데 선페스트가 발병하여 폐로 옮겨가면 중증 폐페스트가 된다. 폐페스트는 증상이 진행되면서 환자의 기침이나 가래를 통해서도 감염될 수 있다. 페스트의 치료에는 테트라시클린tetracycline이나 스트렙토마이신streptomycin 등의 항생물질이 효과적이다.

· 매독

매독Syphilis은 주로 성교를 통해 매독 트레포네마Treponema pallidum에 감염되어 일어나는 병이다. 매독이 유럽에서 극성을 부리기 시작한 것은 16세기 부터였다. 매독의 기원에 대해서는 여러 가지 학설이 있지만 15세기 말에 콜럼버스 일행이 신대륙에서 매독 트레포네마를 유럽으로 들여왔다는 설이 가장 유력하다.

항생물질이 없던 시대의 매독은 확실한 치료법이 없어 많은 사망자를 낸 병이었다. 앞에서 언급한 바 있는 파라켈수스는 매독 치료에 수은을 응용하기도 했다.

현재 매독 트레포네마는 페니실린 등의 항생물질의 높은 효과에 힘입어 조기에 치료하면 완치할 수 있게 되었다. 하지만 감염되고서 3년 이상이 지나면 장기나, 뇌, 척수, 신경에까지 매독균이 침범하면서 마비성 치매, 신경매독neurosyphilis을 일으키고 결국 죽음에 이른다. 매독에 걸리는 환자 수는 감소하고 있지만 그렇다고 아직 근절된 것은 아니다.

· 천연두

예로부터 천연두smallpox는 걸리면 목숨을 잃을 수 있는 병으로 많은 두려움을 샀다. 앞서 언급한 바 있겠지만, 일본사를 살펴보면 후지와라노 가마타리의 손자로 당시 중앙정권의 중추였던 4형제가 천연두로 잇달아 사망했던 일이 있었다.

에도시대 초기 센다이仙台의 초대 번주 다테 마사무네伊達政宗(1567 ~ 1636)는 외눈이어서 독안룡獨眼龍이라 불렸는데 그가 한쪽 눈을 잃게 된 것도 바로 천연두 때문이었다. 하지만 천연두에 대해서는 1980년 5월에 스위스의 제네바에서 개최된 WHO세계보건기구 제33회 총회에서 박멸선언이 나왔다. 이것은 종두(우두)법이라 하는 면역요법의 발전 덕분이었다. 하지만 지금은 생물병기로서 천연두 바이러스가 사용될 우려가 있어 경계되고 있다.

· 콜레라

　콜레라는 원래 갠지스 강 하류 지역의 풍토병이었다. 일본에는 분세이文政 5년(1822)에 처음으로 유행했는데, 콜레라를 일본에서는 고로리ゴロリ라 불렀으며, 오가타 고안緒方洪庵(1810 ~ 63)이 쓴 『고로리치준虎狼痢治準』과 아사다 소하쿠浅田宗伯(1815 ~ 94)의 『고로리코古呂利孝』에 그 기록이 남아있다. 아사다 소하쿠는 한의사이며 에도막부의 오의사奧醫師와 동궁시의東宮侍醫를 맡았는데, 기침을 멎게 하며 목이 부은 것을 가라앉혀주는 사탕의 일종인 「아사다 아메浅田飴」를 처음 만든 것으로도 알려져 있다. 콜레라에는 진성 콜레라, 엘토르El Tor 콜레라(파라콜레라), 비브리오 콜레라의 3종류가 있다. 콜레라는 단백질 독인 콜레라독소Cholera Toxin가 일으키는 질병이지만 현재는 콜레라독소의 본체는 자세하게 밝혀져 있다. 또한 콜레라에 의한 탈수증상이 일어나도 대증요법으로 경구수액요법ORT, oral rehydration therapy을 취하면 생명에 지장을 초래하는 일은 줄어들게 된다.

· 결핵

　결핵Tuberculosis은 결핵균Mycobacterium tuberculosis에 감염되

어 일어나는 만성전염병으로 꽤 오랜 역사를 가졌는데, 기원전 1000년 경의 이집트 미이라에서도 결핵으로 인한 척추카리에스tuberculous spondylitis의 증후가 발견되었을 정도라고 한다. 또한 데카르트나 루소, 실러, 칸트도 결핵으로 생명을 잃었다. 산업혁명으로 많은 사람들이 농촌에서 산업지대로 유입되고, 중노동에 더하여 위생적이지 못한 주거와 영양불량은 결핵이 만연하는 원인이 되었다. 일본의 경우에도 『여공애사女工哀史』(호소이 와키조細井和喜蔵, 개조사改造社, 1925)에서 묘사된 것을 통해 알 수 있듯 결핵이 만연했다.

독일의 코흐Robert Koch(1843 ~ 1910)가 결핵균을 발견한 것은 1882년의 일로, 화학요법이 개발된 것은 1943년, 결핵균에 유효한 항생물질이 널리 사용된 것은 1950년대였다. 그리고 1970년대에 들어서 드디어 화학요법제인 아이소나이아지드isoniazid와 항생물질인 리팜피신rifampicin의 병용을 통해 결핵의 완전한 약물요법치료가 가능하기에 이르렀지만(시마오 타다오島尾忠男, 『결핵과의 싸움에서 무엇을 배웠는가?結核との闘いから何を学んだか』), 이후 이런 의약품에 내성을 지닌 결핵균이 나타난 것이 알려지면서 결핵 화학요법은 새로운 국면을 맞이하게 되었다.

· 인플루엔자

　1918년부터 1919년에 걸쳐 유행한 스페인 독감Spanish in-fluenza의 유행으로 인한 사망자는 전 세계를 통틀어 4,000만 ~ 5,000만 명이나 됐다고 한다. 이것이 얼마나 무서운 것이 었는지에 대해서는 제4장에서도 논하겠지만, 현대에 들어 와서는 특히, 이후 조류 인플루엔자에서 파생된 신형 인플 루엔자로 인한 판데믹Pandemic으로 이어질 우려가 있다.

　인플루엔자 바이러스에 맞서기 위해서는 사전에 인플루 엔자 백신을 투여하는 것이 좋다. 하지만 이제까지 유행했 었던 적이 없었던 신형 인플루엔자에 대한 백신을 여러 사 람들에게 투여할 수 있도록 준비하는 데는 시간이 많이 걸 린다. 또 바이러스에 직접 효과가 있는 의약품은 적다. 하 지만 항 바이러스제 중에서 근래 들어 타미플루Tamiflu가 비 교적 자주 사용되고 있는데, 이 의약품을 복용한 미성년자 들에게서 이상행동이 보여 새로운 불안을 야기하고 있다.

· 에이즈

　에이즈는 1980년대가 되어서야 알려진 비교적 새로운 질 병이다. 에이즈AIDS란 Acquired Immune Deficiency Syn-drome후천성면역부전증후군의 약어로 HIV바이러스에 감염되면 바이러스가 면역세포를 숙주로 삼고 결국 면역세포를 파괴, 면역부전을 일으키는 병이다. 이렇게 되면 각종 질병들을 치료하기 어렵게 된다. 원래는 성생활에 의해서 감염이 퍼졌지만 일본에서는 혈액제제를 통해 감염이 확산되면서 큰 문제가 됐다. 에이즈는 현재 화학합성약인 아지도티미딘azidothymidine 등, 2~3종류의 약제를 섞어 투여하는 HAARThighly active antiretroviral therapy, 이른바 '칵테일 요법'을 통해 병의 진행을 크게 늦출 수 있게 되었다. 다시 말해 발병을 늦출 수 있는 치료법에 의해서 당뇨병처럼 일반적인 만성질환으로 바뀌었으며, 관리 여하에 따라서 장기 생존도 가능하게 되었다.

제2차 세계대전 종결 전년인 1944년, 결핵균에 효과가 있는 스트렙토마이신이 발견됐다. 이러한 항생물질의 발견은 결핵이라는 병에 대한 통념을 바꿨고 한센 병이나 매독, 임질 등에 대한 공포도 크게 경감시켰다. 하지만 현대에는 에이즈 외에도 에볼라 출혈열EHF, Ebola Hemorrhagic Fever, SARSSevere Acute Respiratory Syndrome, 중증급성호흡기증후군, 소해면상뇌증BSE, Bovine Spongiform Encephalopathy등의 새로운 감염증이 나타나면서 새로운 공포가 대두했다. 또한 항생물질에 다중 내성을 가진 결핵균 등이 나타나면서 신형 인플루엔자가 발생할 우려도 있어, 이런 것에 대한 대처가 절실히 요구되고 있다.

제 3 장   근세의 독과약

일본사에 있어 근세는 게이초 8년(1603)의 에도 막부 성립부터 1867 ~ 68년의 메이지유신까지로, 사실상 에도 시대(1603 ~ 1867) 전체가 여기에 해당한다. 세계사로 본다면 프랑스 혁명(1789 ~ 99)이나 산업혁명(18세기 후반 ~ 19세기 전반)이 일어난 것도 이 시기다.

화학 분야에서는 18세기 말 프랑스의 라부아지에Antoine-Laurent de Lavoisier(1743 ~ 94)가 종래의 플로지스톤설phlogiston theory을 부정, 산소를 독립된 원소로 보는 새로운 원소 설을 만들었다. 플로지스톤설에서는 물과 3종의 흙(수은성의 흙, 유성의 흙, 석성의 흙)을 원소로 보고 유성의 흙을 플로지스톤(연소)이라 했는데, 플로지스톤은 가연성을 대표하는 원소이며, 연소란 가연성물질에서 플로지스톤이 날아가 버리고 재를 남기는 현상이라고 했다. 즉 가연성물질은 재와 플로지스톤의 화합물이라는 것이다. 하지만 라부아지에는 위대한 화학자인 동시에 1768년부터는 징세청부업자로도 악명을 떨쳤기에 결국 프랑스 혁명이 한창이던 1794년 5월 8일, 단두대의 이슬이 되고 말았는데, 라부아지에의 친구였던 수학자 라그랑주Joseph Louis Lagrange(1736 ~ 1813)가 "그들이 그의 목을 치는 것은 일순간에 지나지 않겠지만, 그와 같은 두뇌를 얻는 데는 100년의 세월도 모자랄 것이다. Il ne leur a fallu qu'un moment pour faire tomber cette tête, et cent années peut-être ne suffiront pas pour en reproduire une semblable"(에두아르 그리모, 『라부아지에』)라며 그의 죽음을 애통

하게 여긴 발언이 유명하다.

스웨덴의 약제사인 셸레Karl Wilhelm Scheele(1742 ~ 86)가 산소를 발견한 것은 1772년경이라고 하지만 이 사실이 알려진 것은 1892년에『셸레의 실험 노트』가 편집 출판되면서 부터다. 셸레는 산소를 「불의 공기」라 불렀다. 그리고 셸레는 「이 기체는 냄새도 맛도 없는 보통의 공기보다 더욱더 촛불 연소를 도와준다.」라고 기록했다.

19세기에 이르러서는 1805년에 아편의 유효성분인 모르핀의 분리가 보고되었으며 아편을 둘러싸고 영국과 청나라 사이에 아편전쟁(1840 ~ 42)이 발발했다. 한편 1825년에는 패러데이Michael Faraday(1791 ~ 1867)가 벤젠을 발견했으며 1828년에는 요소가 화학 합성 되었다. 또한 1865년에는 벤젠의 화학구조식이 나오는 등, 근대유기화학의 싹이 트기 시작했다. 일본에서는 모르핀이 분리된 분카 2년(1805)에 전신마취 수술이 이루어졌고 요소가 합성된 분세이 11년(1828)에는 약초이면서 독초이기도 한 미치광이풀과 관련된 지볼트 사건シーボルト事件이 일어났다.

유럽 근대사에 등장하는 역병으로는 17 ~ 18세기의 천연두와 발진티푸스, 19세기의 콜레라와 결핵일 것이다. 하지만 당시 사람들은 아직 이 같은 질병이 미생물에 의해 일어나는 것인 줄 몰랐고 효과적인 대처법도 마련되어 있지 않았다. 하지만 1976년에 영국의 제너Edward Jenner(1749 ~ 1823)의 우두접종법이 실용화 되면서 과학의 힘으로 이러한 질병에 대처하기 시작한 시기이기도 했다.

이 시대에 들어서면서 유럽과 동아시아 간의 원거리 교류가 활발해지기 시작했는데 콜레라나 결핵은 바로 이 시기에 전 세계적으로 유행했다. 그리고 동서 교류가 활발해 짐에 따라서 독과 약에 대한 역사 또한 지역에 국한하여 따지는 것은 더 이상 의미가 없게 되었다.

1. 『본초강목』과 본초학의 발전 및 남만의학의 도입

일본으로 유입된 『본초강목』

하야시 라잔林羅山(1583 ~ 1657)은 게이초 12년(1607)에 나가사키에서 손에 넣은 『본초강목』을 도쿠가와 이에야스德川家康(1542 ~ 1616)에게 헌상했다. 앞서 말했던 것처럼 이 책은 당시 중국 명나라에서 막 출판된 것이었다. 『본초강목』의 유입은 이후 일본의 본초학에 대단히 큰 영향을 주었으며 에도 시대의 일본 본초학에 하나의 방향성을 부여했다고 해도 과언이 아닐 것이다. 예를 들어 가이바라 에키켄貝原益軒(1630 ~ 1714)의 『대화본초大和本草』(1708)

나 이노 자쿠스이稻生若水(1655 ~ 1715)의 『서물유찬庶物類纂』(미완) 등의 저작에도 크게 영향을 줬기 때문이다.

간에이寬永 15년(1638), 3대 쇼군인 도쿠가와 이에미쓰德川家光 가 오야쿠엔御薬園을 열었는데, 이것이 바로 지금의 고이시카와 식 물원小石川植物園이다. 뒤에 8대 쇼군인 도쿠가와 요시무네德川吉宗는 여기에 양생소養生所를 개설했다. 또 도쿠가와 이에야스와 같은 시 대를 살았던 센다이 번주 다테 마사무네도 약초목에 흥미를 가졌 는데, 속이 좋지 않았을 때 자신의 주치의인 다카야 마츠오高屋松俺 (1600 ~ 79)에게 「밥알을 구로야키黒焼き, 질그릇 등에 넣고 검게 구운 것한 것 에 황백黄柏, 황벽나무 껍질 더한 것을 조제해주게」라고 쓴 편지가 남아 있다(센다이 시 박물관소장). 이 편지에는 왼쪽 절반부분에 「묘약」 이라든가 「구로야키한 밥」, 「황백 가루」, 「조합」등의 문자를 읽을 수 있다.

한방, 난방과 본초학

에도 시대에 특히 큰 발달이 이뤄진 약학을 본초학이라 한다. 본 초학은 원래 중국에서 전래된 자연산 약재의 연구를 뜻하는데, 일 본의 본초학은 박물학적 색채를 강하게 띠고 있었다. 연구 대상은 약으로서의 응용 유무에 한정되지 않고 자연에서 얻을 수 있는 동 · 식물이나 광물 일반에 이르기 까지 넓혀졌다. 한편 이 시대에는 네덜란드 의학이 도입되면서 이를 「난방蘭方」이라 부르는 것에 대응하여 중국에서 전래된 오래된 의학을 「한방」이라 부르게 되었다.

한방에서는 병명을 정하는 것이 아니라 「증証」을 찾는 것이다. 이 「증」이란 바로 약 이름이므로 사용할 약제 또한 자동적으로 정해진다. 따라서 현대의학에서 말하는 부정수소indefinite complaint 와 같이 원인불명의 신체적 불편 증상에 대해서도 약제 투여가 가능하다. 덕분에 현대에 들어와서는 특히 부인과 등에서 그 유용성이 입증되고 있다. 한방에서 사용된 생약의 혼합물을 「한방약」이라 하며 각 한방약의 혼합에 사용되는 대황大黃이나 갈근葛根 같은 개개의 생약은 굳이 말하자면 「한방용 약」이라 부를 수 있다. 이에 비해 한방에는 사용되지 않는 생약을 일본에서는 「민간약民間藥」이라 하며 이질풀이나 자주쓴풀, 감 잎 등이 이에 해당한다. 개중에는 어성초처럼 민간약으로도 사용되지만 이름을 바꾸어(이때는 십약+藥이라 불린다) 한방약으로 사용되는 생약도 있다. 한방의 약물치료에서는 다수의 생약을 혼합하여 사용하는 것이 보통이며 본초학에서는 오로지 한방에 사용된 개개의 생약이 연구되었다.

이 시대에는 각지에 약초를 재배하는 포장圃場, 약초원도 생겼다. 간분寬文 10년(1670)에는 아이즈 번의 2대 번주 호시네 마사쓰네保科正経가 약초원(후일의 「오야쿠엔御藥園」)을 설립했다. 또 도쿠가와 이에야스는 약용인삼 종자를 손에 넣어서 인삼 재배를 명했는데, 약용 인삼을 오타네닌진御種人参이라 부르게 된 것은 이 때문이다.

막부 말에 가까운 분세이 10년(1827)년에는 오와리 번尾張藩의 번사 기요하라 시게다카淸原重臣(1779 ~ 1847)가 쓴『유독초목도설有毒草木圖說』이 간행되었다. 이 책에 삽입된 그림에는 당시의 저명한 본초가인 미즈타니 토요부미水谷豊文(1779 ~ 1833)의 그림도 사용되었다.

해외에서는 영국의 외과의사인 제너가 1796년에 우두종두법을 발명했다.

그리고 에도 시대 약에 관한 특이한 화제로 미이라 이야기를 들지 않을 수 없을 것이다.『본초강목』은 크게「부部」로 나뉘어 있었는데, 동·식물이나 광석 등을 다룬 부 외에 사람에 대한 부도 있고 거기에는 사람의 분변이나 비듬, 피, 땀과 그 효용에 대한 것이 적혀있었다. 그리고 그 정수를 보여주는 것이 미이라木乃伊였다. 미이라의 복용은 5대 쇼군 도쿠가와 쓰나요시의 치세였던 엔포延寶 8년(1680)경에 유행했으며 8대 쇼군 도쿠가와 요시무네의 시대였던 교호享保 원년(1716)경에도 크게 유행했다고 한다. 물론 이는 뼈는 물론 살까지 갖추어져 있었던 것으로, 뒤에 지식인들에게서 「且犬不 食 犬而人食 人可呼개는 개를 먹지 않는데 사람이 사람을 먹어서 되겠는가」(나스 쓰네노리奈須恒德,『본조의담本朝醫談』. 1822)라는 혹평이 나왔다. 이집트 쪽에는 미이라 수출업자가 있었던 것인지 대부분 이집트에서 수입되었다고 하는데, 이집트 미이라 수는 기원전 4000년경부터 서기 600년경까지 약 7억 구가 있었던 것으로 추정되고 있

다. (하루야마 유쿠오春山行夫, 『약 기담クスリ奇談』)

하라가 겐나이와 석면

　에도 시대의 약초목 연구는 거의 대부분 한방의들로 이루어졌
다. 하지만 예외적으로 산업과 연결된 물산학物産學 방면으로 약초
목 연구에 흥미를 가진 사람도 있었는데, 그 중의 한 사람이 바로
하라가 겐나이(1728 ~ 79)였다. 그는 약초목의 박람회(약품회)를
주최하기도 했으며 그 외에도 서양화를 그리고, 희곡에도 손을 댔
으며, 겐나이 빗源内櫛이라는 빗의 디자인을 하는 등 다재 다능한
재능의 소유자였다.

　겐나이는 사누키 다카마쓰 번讃岐高松藩, 지금의 가가와 현 다카마쓰 시의 최
하급 무사집안에서 태어났다. 21세 때(1749) 창고지기로서 리쓰
린 약원栗林藥園, 후의 리쓰린 공원 일을 맡게 되었다. 이것은 다카마쓰 번
주인 마쓰다이라 요리다카松平賴恭(1711 ~ 71)의 지시였다. 아마
도 약을 다루는 승려藥坊主의 조수 같은 일로 약용식물을 산에서 채
집하거나 원내에서의 재배 및 관리를 했을 것이라 생각된다. 이
와 비슷한 시기였던 호레키寶曆 4년(1754). 야마와키 도요山脇東洋
(1705 ~ 62)는 교토에서 인체 해부를 했다. 야마와키는 후에 일본
최초의 해부서인『장지藏志』(1759)를 출판한다.

　당시 겐나이는 1757년에 본초학으로 유명한 다무라 란스이田村

藍水(1718 ~ 76)와 함께 에도 유시마湯島에서 물산회를 개최했다. 다음 년도인 1758년에는 간다神田에서 개최했으며, 3번째인 1759년에는 겐나이가 주최자가 돼서 또 다시 유시마에서 개최했다. 게다가 1760년에는 마쓰다 쵸겐松田長元(생몰년도 불명)이 이치가야市ヶ谷에서 4번째를 개최했으며 다다음 년도인 1762년에는 5번째 물산회가 겐나이 주최로 유시마에서 열렸다. 특히 5번째 개최된 물산회가 대 성황이어서 일본 전역 30여 국에서 1300여 종의 물품이 수집되었다고 한다. 또 겐나이는 1760 ~ 61년 사이 약승으로서 다시 한 번 다카마쓰 번에서 일하게 된다.

이 5번에 이르는 물산회의 출전물은 2,000점에 달했으며, 겐나이는 이 중에서 흥미 깊은 것을 선출하여『물류품척物類品隲』6권을 편찬, 1763년에 출판했다. 이 책의 제1권은 수水, 토土, 금金, 옥玉, 제2권은 석石, 제3권은 초草, 제4권은 곡穀, 채菜, 과果, 목木, 충虫, 린鱗, 개介, 수獸, 제5권은 산물도감, 제6권은 조선인삼 재배법, 감자의 재배법과 정당법精糖法이 나와 있다. 주목해야 할 것은 제1권에서 제4권까지의 내용이『본초강목』의 분류법에 따라 작성되었다는 것이다.

겐나이는 화완포, 즉 불에 타지 않는 천으로 아스베스트, 즉 석면을 소개했다. 앞에서 다룬『다케토리모노가타리』에 나오는 불쥐의 털옷이 이것에 해당하지 않을까? 또한 현대에 들어와 석면이 폐의 중피종을 일으키는 위험한 존재임이 밝혀져 큰 문제가 된 것은 굳이 다시 말할 것도 없을 것이다.

본초학에서도 이름을 날린 겐나이가 조금만 더 상식적인 사람이었으면 일본에서의 약초나 생약에 대한 생각도 바뀌지 않았을까라고 말한다면 지나친 생각일까? 어쨌든 이 사람에 대해서는 그 묘비명에 친구였던 스기타 겐파쿠杉田 玄白가 1779년 12월에 다음과 같이 적은 것을 통해 알 수 있을 것이다.

> 「嗟非常人 好非常事 行是非常 何非常死」
> (자네는 상식과는 먼 사람으로 상식과는 틀린 것을 좋아하고
> 상식과는 먼 것을 하는 사람. 하지만 죽을 때 정도는 다다미 위에
> 서 평범하게 죽었으면 했거늘)

덧붙여서 여기서 비상非常이란 상식이 없는 것, 일상적이지 않다는 말이다. 겐나이는 1779년 11월에 2명을 죽이고 투옥되었으며 그 다음 달에 옥사했다. 하지만 노후에 관한 이설이 있는데 로주老中, 에도 막부에서 쇼군 직속의 정무 총찰 대명을 감독하던 직책였던 다누마 오키쓰구田沼意次(1719 ~ 88)의 보호 하에 천수를 누렸다는 설이 바로 그것이다.

그리고 이 시대에는 중국과 그 저편에 있는 천축국, 다시 말해 인도와 다시 그 너머에 있는 서양이 보이게 된 때이기도 하다. 또 「비단길」뿐만 아니라 「책의 길」이 나타난 시기라고 할 수도 있다.

덕분에 이전까지는 전혀 손에 넣을 수 없었던 서양의 서적을 손에 넣을 수 있게 되었다.

이 당시 히라가 겐나이는 재빨리 양서를 손에 넣었는데 이상한 것은 겐나이 개인이 양서를 소지할 수 있었다는 것이다. 왜 몰수당하지 않았던 것일까? 이런 점을 볼 때 그를 옹호하는 당시의 권력자의 그림자가 숨어있었던 것은 아니었을까?

에도 시대에는 여기서 말한 히라가 겐나이 외에 『대화본초』나 『화보花譜』, 『양생훈養生訓』등을 쓴 본초학자면서 유학자인 가이바라 에키켄貝原益軒 역시 한방의가 아니면서 생약과 관련된 연구를 한 인물이라 할 수 있다.

난방의학의 발전과 스기타 겐파쿠

이 시대의 의학을 말할 때 스기타 겐파쿠(1733 ~ 1817)의 존재를 무시할 수 없을 것이다. 그는 마에노 료타쿠前野 良沢(1723 ~ 1803)과 함께 『해체신서解體新書』를 번역, 안에이安永 3년(1774)에 간행했고 서양의학의 진보를 세상에 알렸다. 그리고 『해체신서』의 부록 그림은 앞에서 말한 히라가 겐나이의 지도를 받은 오다노 나오타케小田野 直武(1749 ~ 80)가 목판화로 그린 것이다.

또한 스기타 겐파쿠는 난학 초창기 당시를 회상한 『난학사시蘭學事始』의 저자로서도 유명하다. 본래 이 책은 80살이 넘은 말년의 겐파쿠가 난학 초창기 시절의 추억이 사라지는 것을 우려하여 제자인 오쓰키 겐타쿠大槻玄沢(1757 ~ 1827)에게 보낸 일종의 수기다. 이것은 분카 12년(1815)의 일로, 오츠키 겐타쿠는 이 수기를『난동사시蘭東事始』또는『난학사시』라 불렀다. 하지만 당시는 간행되지 못하고 복사본만이 유통되었다. 앞에서 말한「해체신서」의 번역자로서 마에노 료타쿠의 이름은 인쇄되지 못했지만,「해체신서」의 중요한 번역자로 료타쿠가 관여했었다고 하는 사실이 스기타 겐파쿠의 수기를 통해 밝혀진 것이다.

『난학사시』의 출판에는 드라마틱한 사연이 있다. 게이오慶應 3년(1867)년, 당시의 개성소開成所, 지금의 도쿄 대학교수였으며 메이지 10년(1877)년에 도쿄수학회사東京數學會士를 창립한 칸다 다카히라神田孝平(1830 ~ 98)는 우연히도 노점에서『화란사시和蘭事始』라는 제목이 붙은 사본을 발견했다. 그런데 우연의 일치였을까, 실은 이 복사본이야 말로 우연히도 그의 스승이었던 스기타 세이케이杉田成卿(1817 ~ 59)의 조부 스기타 겐파쿠가 쓴 책이었다. 후쿠자와 유키치福沢諭吉(1834 ~ 1901)는 이 책의 출간을 간하게 권하고 출판에 드는 경비까지 부담했다. 그리고 1869년(메이지2)에 오츠키 겐타쿠가 쓴 스기타 겐파쿠의 간략한 전기등을 첨부하여 목판 2권으로 출판되게 된다. 이 때 새롭게『난학사시』라는 제목이 지어졌다. 『난학사시』라는 원고는 실로 50여년의 시간을 지나 빛을 보게 된 것이다.

켐퍼, 툰베리와 지볼트의 내방

에도 시대의 식물학은 약용으로 사용되는 본초학에서 발전한 것으로 그 뒤의 일본 식물학에도 크게 영향을 끼쳤다. 예를 들면 일본에 자생하는 식물의 체계화를 완성했다고 해도 좋을 마키노 도미타로牧野 富太郎(1862 ~ 1957)의 식물기록을 보면 에도 시대 본초학기원의 흔적이 조금씩 보인다. 또 식물학은 원래 약초 연구라는 필연성에서 발전해 온 본초학에서, 식물 그 자체를 연구하는 식물학으로 발전해 왔다. 에도 시대의 식물학을 고찰해볼 경우, 세기를 건너 내방한 3명의 연구가의 이름을 언급할 필요가 있을 것이다. 그것은 17세기에 내방한 켐퍼와 18세기에 내방한 툰베리, 그리고 19세기에 내방한 지볼트이다.

켐퍼Engelbert Kaempfer(1651 ~ 1716)가 일본을 방문한 것은 겐로쿠元祿 3년인 1690년부터 1692년의 일이었다. 일본의 식물을 연구했고 많은 식물의 학명을 붙였다. 그리고『일본지Geschichte und Beschreibung von Japan』를 독일어로 편찬했다. 이 원고는 뒤에 영국에서 사들여 1727년에는 영어판으로도 출판되었다.

툰베리Carl Peter Thunberg(1743 ~ 1828)는 안에이 4년인 1775년부터 1776년 사이에 일본에 머물렀고 1784년에『일본식물지Flora Japonica』를 간행했다. 툰베리는 종種의 학명을 라틴어로 속명屬名과 종소명種小名 두 용어의 조합, 즉 2명식명으로 표현하는 방식인「2

명법binomial nomenclature」을 제창한 것으로 유명한 린네Carl von Linné (1707 ~ 78)의 제자였는데, 툰베리가 일본에서 새롭게 발견한 식물표본을 본국으로 보내면 린네가 여기에 이름을 지었기에 일본산 식물 학명의 명명자로 린네의 이름이 많이 보인다. 이 같은 식물은 학명 말미에 기재된 명명자명이 L.로 되어 있는데 이것은 린네가 명명한 것임을 나타내는 것이다.

한편 지볼트Philipp Franz Balthasar von Siebold(1796 ~ 1866)는 분세이 6년인 1823년에 내방, 지볼트사건을 거쳐 1829년 까지 일본에 머물렀다. 이후 30년이 지난 1859년에 다시 내방하여 1862년까지 머물렀다. 지볼트는 1829년에 귀국해 그 뒤 일본에서의 연구를 정리해서 집대성한 『일본Nippon』 전7권을 1832 ~ 57년에 순차적으로 간행했다. 또 1835년부터 1841년에 걸쳐서는 독일의 저명한 식물학자인 주카리니Joseph Gerhard Zuccarini(1797 ~ 1848)가 쓴 『일본식물지Flora Japonica』 제1권의 편집을 맡았고 1842년부터 70년에는 지볼트와 주카리니의 공저인 제2권도 간행되었다. 지볼트는 새롭게 발견한 식물의 이름을 주카리니와 공동으로 이룬 사례가 많아서 이 같은 식물의 학명 명명자는 「SIEB. et Zucc.」라고 되어 있다.

이상의 3명은 각기 당시의 쇼군을 알현했으며 이때의 에도 여행기가 켐퍼의 『에도참부여행일기江戸参府旅行日記』와 C·P·툰베리의 『에도참부수행기江戸参府随行記』, 그리고 지볼트의 『에도참부기행江戸参府紀行』이라는 제목으로 정리, 간행되었다(이상 모두 헤이본샤平凡社

의 동양문고東洋文庫, 저자명은 간행된 책의 저자명을 기준으로 함).

홍미로운 것은 이상의 3명 모두 네덜란드 상관ォランダ商館의 의사로서 내방했으며 모두 네덜란드 인이 아니라는 점이다. 켐퍼와 툰베리는 독일인이며 지볼트는 스웨덴 사람이었다.

그리고 막부 말기에 내방한 로버트 포춘Robert Fortune(1812 ~ 80)은 『에도와 베이징Yedo and Peking』에서 에도 사람들이 정말 식물을 사랑하며 민가의 입구에 여러 가지 식물을 키운 화분들이 장식되어 있는 것에 감동했다. 그리고 이런 것은 베이징에서는 결코 볼 수 없는 것이었다고 적고 있다.

지볼트와 뷔르거

일본에서 이 시대의 식물을 조사하고 서양의학을 가르친 선구자로 앞에서 말한 지볼트가 유명하지만 지볼트의 그림자 뒤에 숨겨져 그다지 밝혀지지 못한 인물이 있다. 바로 뷔르거Heinrich Bürger(1806 ~ 58)이다.

뷔르거는 독일 하멜른 태생으로 괴팅겐 대학에 입학해서 1825년에 벨트 블란덴에서 3등 약제사가 되었고, 같은 년도에 나가사키의 지볼트로부터 바타비아(지금의 자카르타)의 네덜란드 총독의 조수 요청을 받고 응하게 돼 내방하게 되었다.

지볼트는 지볼트 사건이 일어난 이듬해인 1829년에 귀국하면서

자신이 미처 가져오지 못한 연구 자료를 가져오도록 뷔르거에게
부탁했다. 뷔르거는 1839년에 네덜란드로 돌아가기 까지 3년 정
도 자바에 머물며 일본의 동·식물 표본을 자바 경유로 계속 보냈
다. 이것도 그의 큰 공적일 것이다. 뷔르거는 1834년에 일본에서
올린 공적을 인정받아, 레이던 자연사 박물관장이었던 테민크Co-
enraad Jacob Temminck(1778 ~ 1858)와 지볼트의 추천으로 훈장을 받
았다. 하지만 그 뒤 뷔르거가 1839년에 인도의 자연과학기술위원
회의 위원으로 임명되려고 하자 테민크도 지볼트도 손바닥 뒤집
듯「뷔르거에겐 그런 능력이 없다」라고 반대했다.

   이후 뷔르거는 1840년부터 4년간 유럽에서 지볼트의 일을 돕기
도 했는데 그 사이에 결국은 사이가 틀어졌던 것 같다. 앞에서 말
한 것과 같이 지볼트의 업적이라고 할 수 있는 일본의 동·식물 연
구도 뷔르거의 존재가 없었다면 불가능 했을 것인데 그의 공적은
대부분 말소되었다고 할 수 있다. 그 원인으로서는 내방 당시 뷔
르거는 지볼트의 조수였으며 너무 젊었기 때문인지도 모르고 지
볼트가 업적을 독차지 하려고 그를 말소하려 했다는 설도 있다.
앞서 말한 인도 자연과학기술위원회의 위원임명의 이야기에서 볼
수 있듯, 이 이야기도 나름 높은 개연성이 있을 지도 모른다.

   한편 뷔르거에게는 장사에도 뛰어난 재능이 있었는데, 일본 체
재 중에도 꽤 많은 재산을 모았으며 이 또한 질시를 불러일으킨 원
인 가운데 하나일 지도 모른다.

뷔르거는 1826년에 지볼트가 에도에서 근무할 때 동행했다. 『에도참부기행』의 색인을 보면 뷔르거란 이름이 31군데나 나오는데, 아마도 이 기행문을 정리할 즈음에도 꽤 많은 공헌을 했을 것이라는 것이 상상이 간다.

1806년에 태어난 그가 에도 근무에서 지볼트와 동행한 것은 자세하게 말하면 1826년의 2월 15일부터 7월 7일이었다. 마침 그가 20세의 문턱에 있었던 때이다.

『에도참부기행』에서 처음에는 풀 네임, 2,3회 째에는 뷔르거 씨라고 불렀으며, 4회 째부터 19회째와 27, 28회째는 뷔르거 군이라 불렀는데 짧은 시간에 점점 친해진 모습을 볼 수 있다. 그리고 20회째부터 26회째와 29회째부터 31회째에는 「독토르 뷔르거」나 「뷔르거 박사」(번역문 그대로)로 돼 있다. 아무리 그래도 「독토르」 또는 「박사」라 부르기에는 너무 젊고 박사자격 취득 사실도 없었음에도 짧은 시간 동안 뷔르거는 온천 분석을 하거나 암석의 감별을 하거나 해서 그 실력을 보여줘 지볼트를 감동시켰을 것이다. 이 책을 보면 뷔르거는 실로 여러 가지 과학 연구를 수행할 정도로 많은 능력을 갖춘 젊은이였음은 분명했다. 하지만 이 지볼트 역시 뷔르거의 호칭 변화를 보면 지볼트의 능수능란함, 칭찬을 해서 사람을 부리는 사람다루는 솜씨가 좋은 것을 볼 수 있는 것과 밑에서 일하는 사람에게는 아양을 떨게 만드는 요령 좋은 사용자임을 엿볼 수 있는 것 같다. 어떻든 뷔르거가 유능한 조수였음은 지볼

와타나베 가잔渡辺崋山이 에도 주거지에서 그린 뷔르거
(나가사키 대학 약학부 편찬, 『데시마의 약出島のくすり』[규슈 대학 출판회])

트에게선 너무나 행복한 일이었다. 하지만 한편으론 뷔르거의 일
본체류가 길어짐에 따라서 이대로는 뷔르거에게 공로를 빼앗기는
것이 아닌가라는 위기감이 들기 시작한 것이 아닐까?

결국 뷔르거는 일본 역사에 큰 이름을 남긴 지볼트의 수족에 지
나지 않았다. 뷔르거는 그 뒤 1855년 네덜란드로 귀화하여 1858년
에 자바에서 죽었다. 처음 약제사란 명칭을 달고 일본으로 내방한
사람으로 공식적으로 이름을 남기지 못한 것은 아무리 생각해도
안타까운 일이다.

2. 근대의학,
약학여명기의 독과 약에 관한 발견과 사건

위더링과 디기탈리스

현삼과에 속하는 디기탈리스는 원래 영국의 약초로 어떤 노파가 수종치료에 사용했다고 한다.

위더링William Withering(1741 ~ 99)이 디기탈리스의 임상시험을 한 것은 1775년의 일로 이는 마침 툰베리가 일본을 방문했던 시기이기도 하다. 이후 이 식물은 강심이뇨제로 사용되는데, 디기탈리스의 약효성분으로 디기톡신digitoxin 등이 분리되어 복잡한 화학구조가 분명히 밝혀진 것은 훨씬 훗날의 일이었다. 이 위더링의 임상시험은 실험약리학의 시작이라고 볼 수 있다.

디기탈리스가 일본에 전해진 것은 1879년경의 일이라고 한다. 이 식물은 1887년에 시행된 일본의 첫 약전부터 『제14개정 일본약국방第一四改正日本藥局方』(2001 ~ 05)까지 수록돼 있었지만 2006년부터 시행된 『제15개정 일본 약국방第一五改正日本藥局方』에서는 삭제되었다.

영국의 큐 식물원Royal Botanic Gardens, Kew은 1759년에 템즈 강 부근에 만들어진 왕립식물원이다. 넓이는 약 120헤타르. 큐 식물원에는 1981년 단계에서 석엽 표본이 500만 점 정도 보존돼 있다(코야마 오리오小山織夫, 『자원식물학資源植物学』)고 하며, 그 수는 세계 최대급이다. 그리고 디기탈리스는 유명한 독초지만 보라색과 흰색, 핑크색의 크고 아름다운 꽃을 피우며, 큐 식물원의 좋은 볼거리 가운데 하나다.

제르튀르너와 모르핀의 분리

19세기를 맞이하게 되면서, 이전까지 생약으로 전해지며 독과 약의 작용을 나타내는 약물에서 생물활성을 나타내는 화합물을 순수하게 분리하고 게다가 그 화학구조를 조사할 수 있게 되었다. 1805년 독일 약국에서 근무 했던 청년 제르튀르너Friedrich Wilhelm Adam Sertürner(1783 ~ 1841)는 아편에서 모르핀의 분리를 보고했다. 이 보고는 생약에서의 유효성분 분리의 효시였으며 대단히 중요한 전환기였다. 말하자면 이때부터 사람들은 약초 등이 무언가의 작용을 하는 것은 바로 약초 속에 함유된 화학성분에 의한 것임을 과학적으로 해석할 수 있게 된 것이다. 하지만 모르핀의 화학구조는 생각보다 복잡해서, 화학구조가 명확하게 밝혀진 것은 모르핀의 분리에서 150년 가까운 세월이 지난 1950년대의 일이었다.

이 제르튀르너의 모르핀 분리 보고에서 23년 후인 1828년에는 뵐러Friedrich Wohler가 요소를 실험실에서 합성, 새로운 유기화학시대의 막이 열리게 되었다. 이 때까지는 유기화합물 생성에는 생명체의 관여가 필수라고 믿고 있었기 때문이다. 근대 유기화학의 발전과 함께 약초 등 생약에서의 유효성분 분리와 연구는 더욱 발전했다.

모르핀의 분리는 인류에게 있어 축복이었다. 하지만 그림자도 도사리고 있었다. 모르핀이 분리되지 못했으면 인류는 모르핀의 화학유도체인 헤로인을 손에 넣을 수도 없었을 것이기 때문이다. 헤로인은 매우 탐닉성이 강한 마약이다.

한편 사이언티스트란 단어는 19세기 중반의 신조어라고 할 수 있으며 이때부터 일본에서도 직업적인 전문가로서 과학자가 나타났고 화학도 하나의 전문 분야로 인정되었다.

그리고 차례대로 전문 분야가 더욱 세분화되고 조직화·거대화된 현대에 이른다.

하나오카 세이슈와 전신마취약

기이紀伊 지금의 와카야마 현에서 태어난 하나오카 세이슈華岡青洲(1760 ~ 1835)는 교토에서 유학한 뒤 1785년(덴메이5)에 돌아와서 병원을 개업했다. 그러고 나서 20년에 걸쳐서 약용식물의 채집과 동물실험을 이어갔다. 그는 사실 그 시대로부터 1600년 전에 화타가 만든 마비산麻沸散 같은 마취약을 만들어 외과수술에 응용하려고 생각했던 것이다. 마비산이란 대마가 포함된 처방전이었다고 하는데, 그 처방은 남아 있지 않다.

거듭된 동물실험을 지나 조제한 약에 어느 정도의 확신을 가진 그는 부인인 카에加惠와 어머니인 오츠기於継에게 인체실험을 하고 전신 마취약인 「통선산」을 만들었다. 이 마취약은 독초로도 알려진 열대 아시아 원산의 흰독말풀의 잎이 주성분으로 사용되었다. 결국 이 약의 부작용으로 카에는 눈이 멀고 오츠기는 죽게된다.

이 안타까운 인체실험의 결과 그는 분카 원년이던 1804년에 통선산을 사용해서 세계 최초의 전신마취약을 사용한 외과수술로 유방암의 적출에 성공한다. 이 내용은 아리요시 사와코有吉佐和子의 소설『하나오카 세이슈의 부인華岡青洲の妻』에 정리돼 있다. 기묘하게도 1805년은 앞에서 말한 제르튀르너가 모르핀의 분리를 보고한 년도이기도 하다. 하나오카 세이슈우가 실시한 전신 마취 수술은 미국에서 아산화질소를 이용한 마취법이 시행된 1844년보다 40년이나 앞선 것이었다.

통선산에는 맹독을 지닌 초조두(투구꽃속 식물의 덩이뿌리)도 소량 조제됐지만 주성분은 앞에서 말한 흰독말풀(만다라화)였다. 그리고 하나오카 세이슈는 이 흰독말풀의 첨가량에 매우 고심했다고 한다.

또한 하나오카 세이슈는 자운고도 만들었다. 자운고는 중국 명나라의 진실공陳實功이 쓴『외과정종外科正宗』(1617)에 있는 「당귀윤

기고當歸潤肌膏」를 개량한 것이라 한다. 이 자운고는 화상이나 치질에 효과가 있고 지금도 자주 사용되고 있다.

지볼트 사건과 미치광이풀

지볼트가 일본에 내방했던 1827년에는 앞에서 말한 것과 같이 기요하라 시게다카가 쓴 『유독초목도설』이 간행되었다. 이 책의 미치광이풀 삽화는 당시 유명했던 본초학자로 오와리尾張, 지금의 아이치 현 서부의 관리였던 미즈타니 도요부미水谷豊文가 그린 그림이 사용되었다.

이 책이 간행되기 전년도인 1826년, 에도에 거주 중이던 지볼트를 방문한 안과의 하부 겐세키土生 玄碩(1762 ~ 1848)는 지볼트가 가지고 있었던 동공을 확장시키는 약(벨라돈나)을 좀 나눠줄 수 없는지 부탁했다. 지볼트는 흔쾌히 승낙했으며, 나눠받은 벨라돈나를 안과수술에 사용해보니 과연 동공이 역시 확장되는 것을 확인했다. 하지만 결국 받은 약을 다 써버리게 되었고 하부키는 다시 한 번 지볼트에게 약을 부탁했는데 이때 도쿠가와 가문의 문양이 새겨진 예복(쇼군에게 하사받은 것)을 줬다. 하지만 지볼트도 가지고 있던 약이 얼마 되지 않았기 때문에 더 나눠주지는 못했지만 「일본에도 같은 것이 있다」라고 하며 가르쳐 줬던 것이 독초로 잘 알려진 미치광이풀이었다. 실은 지볼트는 이미 미즈타니 토요

미치광이풀(기요하라 시게다카, 『초목성보 · 유독초목도설』에서)

부미가 보여준 미치광이풀의 그림을 봤을 때 지볼트는 그 그림을
한 눈에 보고 벨라돈나라고 판단했던 것이다. 그 그림은 아마도
앞에서 말한 책에도 사용했던 것이리라. 이것이 일본에서 미치광
이풀을 벨라돈나로 대체했던 것의 시초였다.

　2년 후인 1828년, 나가사키 항에 정박했던 네덜란드 배 코르넬
리스 하우트만Cornelis Houtman 호는 공교롭게도 거친 태풍을 만나
해안에 좌초, 대파되고 말았다. 그 때문에 이 배는 들어온 배로 취
급되어 귀국을 위해 이 배에 실렸던 지볼트의 짐도 전부 풀려져 막
부 관리들의 임검臨檢을 받게 된다. 그 와중에 천문방天文方이었던
다카하시 가게야스高橋景保(1785 ~ 1829)가 보낸『대일본연해여지

전도大日本沿海輿地全圖』(이노 다다다카伊能忠敬 작)의 복사본과 겐세키가 보낸 도쿠가와 가문의 접시꽃 문양 예복이 발견되었다. 둘 다 국외 반출이 엄격히 금지된 것이어서 큰 문제가 되고 말았다. 결국 겐세키와 다카하시는 당국에 붙잡혔으며 다카하시는 도중에 옥사했지만 그 사체의 목을 베는 식으로 처벌이 내려졌고, 겐세키도 모든 재산을 몰수당했다. 그들의 죄는 그 일족에게도 영향을 줬고 결국 지볼트의 문하생을 포함해서 50여명이 처벌을 받았다. 지볼트도 국외 추방과 재입국 금지 처분을 받아 결국 이듬해에 나가사키를 떠나게 된다. 이것이 유명한「지볼트 사건」의 진상이다. 그리고 지볼트의 물건이 검열을 받게 된 이유로 탐험가로 마미야 해협에서 이름을 남기는 한편 막부의 밀정이기도 했던 마미야 린조間宮林藏(1775 ~ 1844)가 고발했다는 설도 있다. 그리고 마미야 린조를 마미야 해협으로 보내 이를 발견케 한 인물이 천문방 다카하시 카게야스였다.

지볼트 사건은 긴 시간동안 지볼트와 지볼트의 가족을 갈라놓게 된다. 지볼트 거주 중 다키タキ와 맺어졌는데 타키는 소노기其扇라는 이름의 창녀로 데시마에 들어왔다. 당시 데시마에 들어 올 수 있는 것은 창녀뿐이었다고 한다. 타키의 풀 네임은 쿠스모토 다키楠本滝(1807 ~ 65)로 지볼트는 오타키상オタキサン이라고 불렀다. 거기서 지볼트는 이 이름을 수국의 학명을 *Hydrangea otarusa*라고 붙였다. 하지만 수국은 앞서서 붙여진 이름이 있었기 때문에 이

학명은 현재 남아있지 않다. 지볼트와 타키 사이에 태어난 딸이 바로 구스모토 이네이다.

구스모토 이네楠本イネ(1827 ~ 1903)는 1870년에 도쿄에서 산부인과를 개업하여 첫 일본 양식 산부인과 의사가 됐지만 1876년에 여성에게는 수험자격이 주어지지 않은 의술개업시험제도가 시행되면서 더 이상 산부인과 일을 할 수 없게 되었다. 1884년에는 여성에게도 이 시험의 수험자격이 부여되었지만 이네는 이미 57세였다. 그 때문에 산부인과 의사가 되는 것을 포기하고 산파로 개업했고 1889년에는 병원을 폐업하여 조용한 노후를 보냈다고 한다.

아편과 아편전쟁

아편이 중국으로 전해진 것은 13세기 초반의 일이었다. 하지만 일시적으로 이용이 중단되었는데, 다시 사용되기 시작한 것은 16세기 이후였으며 주된 사용 목적은 설사 치료약으로 사용양도 그리 많지 않았다. 하지만 청 왕조(1616 ~ 1912)시대였던 18세기 후반부터 19세기 전반에 걸쳐서 중국은 영국에서 인도산 아편을 수입, 흡연하기 시작했다. 그 결과 대량의 아편을 소비하면서 많은 중독자가 나왔는데, 약물의존의 경우 정신적 의존과 신체적 의존이 있지만 아편의 주성분인 모르핀은 양 쪽 모두 의존성이 높다.

영국은 중국에서 대량의 차 잎이나 비단, 도자기 등을 사들였는데 그 대금을 멕시코산 은으로 지불했기 때문에 영국의 은이 바닥나고 중국에는 많은 은이 유입되었다. 이러한 무역적자를 해소하고자 했던 영국은 인도에서 양귀비의 재배와 아편제조에 성공, 아편을 중국으로 수출하기로 했다. 피폐해진 인도의 벵골정부 재정에서 아편의 수입은 생명줄이라고도 할 수 있었다. 한편 영국은 인도에서 면화를 수입, 면직물을 수출했다. 이것을 삼각무역이라 하며 결국 중국은 차 잎 등의 수출만으로는 대금을 치를 수 없어 은을 유출하게 된다. 또한 아편을 피우는 습관이 퍼지면서 중국은 피폐해졌다.

청나라의 관리인 임칙서林則徐(1785 ~ 1850)는 수많은 중국인이 아편중독에 빠진 것을 우려하여 영국 상인에게서 아편 1425t을 몰수, 처분했다. 그 보복으로 영국이 중국을 공격하게 된 것이 바로 아편전쟁Opium War(1840 ~ 42)의 발단이었다. 1841년 1월에는 광동廣東 공격이 시작되었고, 하필이면 이때 임칙서는 「아편 흡입을 근절하지도 못하고 밀수를 뿌리 뽑지도 못했다」는 책망을 듣고 자신을 대신으로 임명시킨 도광제道光帝(1782 ~ 1850, 재위1820 ~ 50)로부터 파면 당한다. (뒤에 복직한다) 1999년에 중국으로 반환된 홍콩은 아편전쟁 패배로 남경조약(1842년 8월 29일)에 따라 영국에 할양된 산물이다.

전쟁까지 일으키게 만든 아편은 세계최악의 독이라고 할 수 있다. 아편전쟁에 대해서는 진순신陳舜臣의 『실록 아편전쟁実録 アヘン戦

争』이나 탄로미譚璐美의『아편의 중국사阿片の中国史』에서 자세하게 나온다.

말라리아와 키나나무·퀴닌

키나나무는 남미 페루에서 볼리비아에 이르는 안데스 산맥을 원산지로 하는 꼭두서니과의 나무이다. 현지에서는 퀴나퀴나kona-ki-na 또는 킹퀴나kinkina라고 부르는데서 이런 이름이 붙었다. 줄기나 가지 및 뿌리의 껍질은 말라리아 특효약인 퀴닌quinine제조의 원료다. 이 키나나무의 껍질은 17세기에 페루에서 유럽으로 들어가게 되었다. 키나 껍질은 열병에 탁월한 효과를 보였기에 유럽 전역에서 사용되었다.

1855년, 영국은 아마존지역을 탐험한 식물학자 리처드 스프러스Richard Spruce(1817 ~ 93)를 키나나무 채집에 보내기로 했다. 그는 고생 끝에 에콰도르에서 키나나무의 묘목과 종자를 손에 넣어서 영국에 보냈지만 영국에서는 키나나무 재배가 잘 되지 않았다. 그 뒤 1859년에 키나나무의 채집 책임자로서 클레멘츠 로버트 마크햄Clements Robert Markham(1830 ~ 1916)이 취임했다. 1860년에 페루에서 볼리비아에 이르는 도중에 각종 키나나무의 묘목과 종자를 채집, 인도의 마드라스로 보냈다. 이렇게 키나나무와 종자는 실론 섬을 시작으로 인도 각지와 미얀마 등으로 옮겨져 재배되었다.

현재는 키나나무의 대부분이 인도네시아의 자바 섬에서 재배되고 있다.

생약조제를 위해서는 수령 20 ~ 25년의 나무를 뿌리째로 뽑아서 줄기나 가지 및 뿌리 껍질을 그대로 채집한다. 알칼로이드 함량은 5 ~ 8퍼센트이며 주성분은 퀴닌이고 전체의 3분의 2를 차지한다. 그리고 퀴닌은 17세기에 페루 주재 스페인 총독 부인이었던 신콘 Chinchón 백작부인이 말라리아에 걸렸을 때 치료에 사용했다는 전설이 있지만 이 설은 이미 1940년에 완전히 부정당했다. (우치바야시 이사오內林政夫, 『파마시아』 38권)

퀴닌은 말라리아의 화학요법제로 사용된다. 말라리아는 대부분이 학질모기아과의 1속屬인 아노펠레스Anopheles를 매개로 하는 말라리아원충Plasmodium에 감염되어 일어나는 병이다. 말라리아는 mal(나쁜) 과 aria(공기)란 이탈리아어를 기원으로 한다. 사람에게 병원성을 옮기는 말라리아원충은 다음의 4종류이다.

P. vivax   3일열 말라리아원충

P. malariae   4일열 말라리아원충

P. falciparum 열대열 말라리아원충

P. ovale   난형 말라리아원충

환경보호를 위해 모기를 포함한 해충제거를 위한 살충제의 공중 살포를 중지했을 때부터 아이러니 하게도 말라리아가 또 다시 맹위를 떨치기 시작했다. 항말라리아제로는 퀴닌이외에 클로로퀸 chloroquine과 같은 화학합성제나 국화과 식물에서 추출된 아르테미시닌 Artemisinin 같은 약도 있지만 내성을 가진 원충의 출현이나 부작용의 문제, 그리고 원충의 발육시기에 따라서 효과가 있는 약물이 다르기 때문에 퀴닌도 말라리아의 화학요법제 가운데 하나로 여전히 중요한 위치를 차지하고 있다. 그리고 퀴닌은 근육과 분비선 등의 대사를 억제, 열의 발생을 저하시키고 체온을 내리는 작용을 한다.

제멜바이스에 의한 소독법의 발견

제멜바이스 Ignaz Philipp Semmelweis(1818 ~ 65)는 독일계 헝가리인이다. 빈 대학에서 의학을 공부하고 산부인과 학교 조교로 산부인과 병동의 하나인 제1산과병동의 담당의 였다.

그 당시의 출산은 항상 산욕열 puerperal fever의 위협에 노출되어 있었다. 제멜바이스가 부임한 후 1개월간 그가 담당한 병동에서는 208명의 산모들 중 36명이나 산욕열로 사망했는데, 그 뒤 1년간 산욕열로 인한 사망자는 451명에 이르렀다고 한다.

하지만 같은 시기 제2병동의 산욕열에 의한 사망자는 1년간 90명에 불과했으며, 1841년부터 6년간의 산모 사망률 또한 제1병동이 9.92퍼센트였는데 반해 제2병동은 3.38퍼센트였다.

제멜바이스는 이 숫자의 차이, 그리고 제1병동과, 제2병동의 차이에 대해서 생각했다. 그 결과 당시 제1병동은 의학생들이 실습생으로 참여했고, 제2병동은 조산부가 맡았다는 사실을 주목했다. 또한 의학생들이나 지도의사들은 이른 아침 시체해부를 한 뒤 항상 산부인과 제1병동으로 온 것에도 관심을 갖게 되었다.

제멜바이스는 우연히 동료가 시체해부 중에 실수로 자신의 손에 상처를 내고 그 부위가 곪아 패혈증으로 진전되어 사망하는 사태를 목격했다. 죽은 동료의 병리해부에도 참여하게 된 그는 감염부위가 산욕열로 죽은 산모들의 것과 너무나 닮았다는 것을 알았다. 거기서 그는 산욕열에 의한 사망도 패혈증이며 시체해부를 하고 난 의학생의 손이나 옷에 시체의 독이 묻어서 산모들에게 산욕열을 일으켜 사망에 이르게 된 것은 아닌가라고 생각한 것이다.

제멜바이스는 출산을 도운 의학생들에게 시체 냄새를 제거하는 물질(처음에는 염소수, 뒤에 차아염소산칼슘)로 손을 씻도록 지시했다. 그 결과 제1병동에서의 산욕열에 의한 사망률은 3.8퍼센트까지 감소했고, 여기에 더하여 병실과 기구, 침구 등도 전부 차아염소산칼슘으로 소독하면서 2년 이내의 사망률이 1.27퍼센트로 현저하게 감소한 것을 알 수 있었다.

그는 이 「소독법」을 1847년 빈의 학회에 보고하고 산욕열이 패혈증이라고 말했지만 산과학 이외의 학자로부터 약간의 지지를 얻었을 뿐, 대부분의 사람들로부터는 인정받지 못했다. 이 학설을 인정하는 것은 이때까지의 불명예스러운 기록(많은 산욕열에 의한 사망자들)을 암묵적으로 의료 과실이라 인정하게 되는 것이기 때문이었다.

1854년 제멜바이스는 실의에 빠져 빈을 떠나고 고향인 부다페스트로 돌아가 1855년에 부다페스트 대학의 산과학 교수를 역임했다. 거기서 1861년 「산욕열의 원인과 개념 및 예방법」이라는 소책자를 출판했지만 이 책도 받아들여지지 못했다. 얼마 지나지 않아 1864년경부터 그는 정신불안증세를 보이고 이듬해 7월에 정신병원에 입원, 1865년 8월 13일에 세상을 떠나게 된다. 그의 위대한 발견은 결국 생전에는 빛을 보지 못했던 것이다.

마취약의 발견

이미 말했던 것처럼 일본에서는 1805년에 하나오카 세이슈가 전신마취약인 통선산으로 유방암 적출 수술을 했었다.

해외로 눈을 돌려보면 1844년에 미국의 치과의사 H. 웰스Horace Wells(1815 ~ 48)가 웃음가스(N_2O) 마취를 이용한 발치를 실시했다. 하지만 처음 시도한 시술은 실패했다. 웰스의 사인은 자살이었다고 알려져 있다. 세계 의료사에서는 이 웃음가스를 이용한 마취가 세계 최초의 마취로서 기록되어 있는 경우가 많지만 사실은 이미 그보다 39년 전에 실시된 하나오카 세이슈의 전신마취가 최초라 할 수 있을 것이다.

이후 1846년에는 W.T 모던William Thomas Green Morton(1819 ~ 68)이 미국 보스턴에서 마취를 사용한 발치 수술을 실시, 성공했다. 한편 1847년에는 영국의 의사 심슨James Young Simpson(1811 ~ 70)이 클로로포름을 사용, 무통분만에 성공했다.

그리고 코카인에 국소마취작용이 있는 것을 발견한 것은 1884년의 일로 일본으로 말할 것 같으면 메이지 시대가 되고 나서의 일이었다.

3. 근대유기화학으로의 출발

뵐러와 요소의 합성

독 또는 약이 되는 것들의 대부분은 유기화합물이다. 그렇다면 유기화합물의 정의란 무엇일까?

1807년 당시, 화학의 대가였던 베르셀리우스Jöns Jakob Berzelius(1779 ~ 1848)는 생명현상으로 만들어지는 화합물을 유기화합물이라 정의했다. 이처럼 유기화합물은 생물만이 만들 수 있다는 이론을 「생기론vitalism」이라고 한다.

앞에서 잠시 말했지만 뵐러(1800 ~ 82)는 그때까지 생명작용으로만 만들 수 있을 것이라고 믿었던 요소를 실험실에서 화학 합성했다. 분명히 무기화합물인 시안산 칼륨과 황산 암모늄이온의 혼합물을 가열해서 유기화합물인 요소를 만든 것이다. 그것은 1828년의 일로 때마침 일본에서는 지볼트사건이 일어난 연도이기도 했다.

이 사실은 「생기론」을 부정하는 것이 되었다. 유기화합물의 인공합성에 성공한 것은 이 지구상의 물질세계를 바꾼 것이라고 해도 과언이 아니다. 뵐러는 어쩌면 자신의 업적이 그 뒤 그 정도로 화학 세계를 바꿀 것이라고는 생각지 못하고 일생을 마쳤을 지도 모른다. 하지만 그의 업적은 과장인 아니라 지구상의 큰 업적이었다. 지금에 와서는 유기화합물의 정의에서 그 생성에 생물의 관여가 필요한 일은 전혀 없다. 유기화합물이란 단순히 탄소를 골격으로 하는 화합물의 총칭이 되었다. 물론 분자 내에 탄소가 포함돼 있어도 이산화탄소나 시안화수소산 등은 예외적으로 유기화합물이라 보지 않지만 말이다.

그 후로 지금에 이르기 까지 실로 여러 가지 유기화합물이 화학 합성되었다.

이 같은 화합물 중에는 우리들 생활의 질을 크게 향상시켜 도움이 되는 것이 있는가하면 개중에는 사람에게 해를 주는 목적으로 만들어진 화합물이 아닌데도 결과적으로 우리들 생활의 질을 떨어뜨리거나 우리의 생명이 위기로 노출되는 원인이 되는 화합물도 있다.

본디 처음부터 사람에게 위해를 입히거나 생명을 빼앗는 목적으로 화합물을 만드는 것은 용서받을 수 없는 일이겠지만, 사람들의 행복을 위해서 만들어진 화합물에 대해서도 항상 주의를 기울일 필요가 있을 것이다.

뷜러와 리비히

리비히Justus von Liebig(1803 ~ 73)는 근대까지 이어져온 유기화학 관련 학술지『*Annalen der Pharmacie*』를 1832년에 창간했다. 그리고 실험을 통한 유기화학의 교육법을 실천하여 그 문하생들이 전 세계에 퍼져나갔다.

지금 활약하고 있는 유기화학 관련된 연구자의 스승을 거슬러 올라가 보면 꽤 높은 비율로 리비히에 도달할 것이다.

리비히는 앞에서 말한 뷜러 사이에 친하게 지낸 흔적이 있다. 이 두 사람이 1829년부터 1873년에 걸쳐서 1,500통의 편지에서 뽑은 왕복서간초(야마오카 노조무山岡望,『리비히 ~ 뷜러 왕복서간リービッヒ~ウェーラー往復書簡』)가 간행되었다. 이것을 보면 정열적인 리비

히와 온화한 성품의 뵐러의 관계를 잘 알 수 있는데, 서로 절차탁마하면서 진지하게 화학 연구에 임한 것을 알 수 있어 부럽기까지 할 정도다. 과격한 성격도 가지고 있었던 리비히였지만 1832년에 뵐러가 부인을 잃었을 때 리비히는 뵐러를 자신의 연구실로 불러들여 「같이 아몬드유와 아미그달린에 대해서 실험하자」라며 위로했다. 그 때의 편지(1832년 6월 15일, 리비히로부터 뵐러에게)에는 「친애하는 뵐러여, 모든 걸 제쳐두고 나에게로 와 주길 바라네. 자네를 위로할 수는 없겠지만 우리들은 자네의 견딜 수 없는 슬픔을 함께 견뎌낼 수 있지 않겠나. 카셀Kassel, 뵐러가 머물며 연구하고 있던 도시- 저자 주에 머물러 있는 것은 자네의 건강에도 좋지 못할 걸세. 내게로 와서 같이 연구하지 않겠나? (생략) 무작정 여행을 떠나는 건 별 소용이 없을 걸세 역시 일에 몰두하는 게 제일이지. 하지만 그냥 카셀에 머물러선 안 된다네. (생략) 그럼 꼭 와 주길 바라네. 주말을 기대하지.」(『리비히 ~ 뵐러 왕복서간』, 75 ~ 76p)라고 적혀있다.

우다가와 요안과 「사밀개종」

막부 말기의 일본에서 간행된 화학 관련 서적으로는 우다가와 요안宇田川榕庵(1798 ~ 1846)이 쓴 『사밀개종舍密開宗』이 있다.

요안은 분카 8년(1811)에 우다가와 겐신宇田川玄真(1769 ~ 1834)

의 양자가 된 인물이다. 우다가와 겐신은 앞에서 말한 스기타 겐파쿠의 양자가 됐지만 뒤에 절연당한 사실이 있다.

『사밀개종』의 간행은 덴포 8년(1837)에 시작되어, 요안이 죽은 뒤인 고카弘化 4년(1847)까지 10년간 이어졌다. 『사밀개종』은 1801년의 영국인 헨리William Henry(1774 ~ 1836)가 출판한 화학 입문서 『*An Epitome of Experimenatal chemistry*』의 독일어판을 다시 네덜란드어로 번역한 것을 토대로 만들어 진 것이다.

이 책은 단순한 번역서가 아니었는데, 서문에 따르면 24권의 책을 참고로 하고 있다. 말하자면 이 책에 있는 지식과 당시 일본에서의 지식을 모아서 정리한 것이라고 할 수 있다.

「사밀舍密」이란 네덜란드어로 화학을 말하는 「세미chemie」의 음역으로 요안이 만들어 낸 단어이다. 그리고 「개종開宗」은 제일 중요한 근본이 되는 책을 펼쳐 본다라는 의미가 있다. 그러므로 『사밀개종』을 현대어로 바꿔본다면 「화학개론」이 되지 않을까? 『사밀개종』은 내편 18권, 외편 3권으로 구성되어 있는데, 이 가운데 내편 권1 ~ 권3까지는 친화력, 기체, 용액 등의 물리화학적인 개념에 대해서 다루고 있었으며, 권4 ~ 권15까지는 무기화합물의 성질과 반응 등의 각론, 권16 ~ 권18까지는 식물성분에 관한 유기화학이 다루어져 있다. 그리고 외편 3권에는 광천분석법과 온천화학이 기술되어 있다.

사실은 『사밀개종』의 내편이 원서에서는 제1편에 그리고 외편이 원서의 제2편에 해당한다고 하지만 이 책의 원서에는 시약과 시험법을 다룬 제3편도 있다고 한다. 요안은 이 제3편에 해당하는 부분도 번역을 끝내고 순차적으로 출판 예정이었지만 요안의 죽음으로 세상에 알려지지 못했다. 제3편은 근래에 들어서 간행되었다(시바 데츠오芝哲夫, 『화학사연구化学史研究』 25권, 1998).

일본 화학의 역사에서 요안의 공적은 매우 컸다. 그는 『사밀개종』의 집필을 통해 에도 시대 말에 일본에서는 개념적으로 전혀 새로웠던 「화학」이라는 학문의 이식을 혼자서 해낸 것이다. 그리고 요안은 이 책의 간행으로 화학이라는 개념을 가져온 것 뿐 만이 아니었다. 이 책의 집필 과정에서 오늘날에도 우리가 화학에서 사용하고 있는 수소, 탄소, 산소, 질소, 황산, 원소, 시약, 성분, 연소, 산화, 환원, 온도, 결정, 증류, 여과, 용액, 승화, 장치 등의 용어를 만들어낸 것이다. 요안은 그때까지 본초학이라 불리던 학문을 근대화학으로 탈피하는 기회를 만들어낸 것이었다.

에도 시대의 일본에는 「화학」이라는 단어가 없었고 사밀학舍密学 또는 이합학離合学이라고 불렀다.

화학이란 단어가 사용된 계기는 막부 말기인 분큐文久 원년(1861)에 막부가 만든 양학학교로 양서번역도 하던 반쇼시라베쇼蕃書調所의 가와모토 고민川本幸民(1810 ~ 71)이 쓴 『화학신서』가 그 시초였다고 한다. 가와모트는 우다가와 요안의 뒤를 이어 일본에 화학을 도입한 인물이다. 그는 중국의 월간신문 『육합총담六合叢談』

(1857 ~ 58 간행)에서 「화학」이란 단어를 발견하고 이 단어를 책이름에 사용했다. 하지만 『화학신서』는 복사본으로만 전해지고 출판되진 못했다.

한편 「화학」이라는 명칭을 최초로 사용한 것이 우쓰노미야 사부로宇都宮三郎(1834 ~ 1902)라는 설도 있다. 우쓰노미야 사부로는 오와리 지방 무사인 가미타니神谷 일족의 3남으로 태어났지만 형이 호주 승계를 할 때 이름을 가미타니 일족의 옛 성인 우쓰노미야로 바꿨기 때문에 우쓰노미야가 되었다. 그의 출생지는 현재 나고야 시립중앙 고등학교가 되었다. 우쓰노미야는 에도 출장 때 무사를 그만두고 가쓰 린타로勝鱗太郎(후일의 가쓰 가이슈勝海舟)의 추천으로 막부의 반쇼시라베쇼에서 일하게 되었다. 메이지 유신 후에는 메이지 정부에 고용되어 시멘트, 내화벽돌의 일본 국산화와 쪽의 제조법 개량 등을 이루었으며 근대화학기술의 선구자로 많은 공헌을 했다. 그리고 우쓰노미야 사부로는 화학뿐만 아니라 생명보험 사업 설립에도 관여하여 일본에서의 생명보험 가입자 제1호가 되었다.

오가타 고안과 데키주쿠

오가타 고안은 난학자로 오사카에서 데키주쿠適塾(데키데키 사이주쿠適々斎塾, 1838 ~ 62)를 개설, 후쿠자와 유키치福沢諭吉나 오무라 마스지로大村益次郎(1824 ~ 69), 나가요 센사이長与専斎(1838 ~ 1902)등, 막부 말부터 메이지 유신에 걸쳐서 활약한 많은 인재를 길러냈다. 그리고 오가타 고안은 앞서 말한 우다가와 겐신의 제자이기도 했다.

데키주쿠에 재적했던 후쿠자와 유키치의『복옹자전福翁自伝』에는 「즈후 방ズーフ部屋」(네덜란드어-일어사전『Doeff-Halma』가 비치된 2층 공부방)에서 공부하거나 과학실험을 한 것 등이 생동감 넘치게 그려져 있다. 후쿠자와는 뒤에 기타사토 시바사부로의 후원자 중 한명이 되기도 했다.

막부 말기 즈음해서는 서양의학을 배우는 사람들이 많아졌는데, 덴포 10년(1839)년에 반샤노고쿠蛮社の獄라는 양학자 탄압사건이 일어났다. 반샤蛮社란 「야만적인 결사」의 약어로 양학을 배우는 결사단을 국학자들이 업신여기며 붙인 이름이다. 이 결사의 실제 이름은 상치회商歯会라고 하며 마을 의사나 번사, 관리 등의 유지가 해방海防을 목적으로 난학이나 일본 안팎의 정세를 연구하던 것이었다. 반샤노 고쿠에서는 상치회 그 자체가 탄압 당한 것은 아니지만 상치회에 관계된 와타나베 가잔渡辺崋山(1793 ~ 1841)이나 다카노 초에이高野長英(1804 ~ 50)가 막부비판의 죄로 처벌을 받고 카잔은 체포되어 투옥된 뒤 고향에서 근신(그 뒤 자살), 초에이는 자수 뒤 투옥되었다. 카잔은 앞에서 말한 지볼트의 조수였던 뷔르거의 그림을 그린 인물이기도 하다.

에도 시대에서 메이지 시대로 바뀌던 때, 의료 면에서는 큰 변혁이 이루어졌다. 이때까지 의료는 한방의학이 주류였지만 메이지 시대의 신정부는 한방의학 제도 대신 전체적으로 독일 의학을 도입했다.

이 당시에는 각기병이 유행했기에 각기병의 치료법으로 서양의학과 한방의학 치료법의 우열 비교가 이루어졌다. 이 비교는 「동서각기상복東西脚気相僕」 또는 「한양각기상복漢洋脚気相僕」이라 불리며 큰 주목을 받았다. 실제 결과로는 한방의학 쪽이 우세했지만 한방의는 그 치료법을 '비전'이라 하며 밝히지 않아 모처럼 성과를 올린 한방의의 존속으로는 이어지지 못했다.

케쿨레의 벤젠 화학 구조

중국에서 아편전쟁이 일어나고 일본에서는『사밀개종』의 간행이 시작된 때 독일 화학자 케쿨레Friedrich August Kekulé von Stradonitz(1829 ~ 96)는 1858년에 원자 간의 결합을 선으로 도식화하여 나타내는 방법을 제창하고 1865년에 벤젠의 화학 구조식을 발표했다.

현재 알려진 유독물질이나 많은 의약품은 유기화합물이다. 그 유기화합물의 표시방식을 정한 것과 수많은 유기화합물의 기본 중에 기본골격이라고 할 수 있는 벤젠 고리의 화학 구조를 만든 점에서 케쿨레가 근대유기화학, 나아가서는 독과 약의 과학 발전에

벤젠의 각종 화학 구조식 시안

이룬 성과는 실로 크다 할 수 있다.

벤젠(C_6H_6)은 분자 1개에 6개의 탄소가 존재하며 각각의 탄소가 1개의 수소원자와 결합한 화합물이다. 그림은 당시 제출된 각종 벤젠의 화학구조식 시안의 예를 나타내고 있다(노조에 데쓰오 野副鉄男, 『유기화학有機化学』〈上〉). 이 가운데 케쿨레가 제출한 것은 그림의 왼쪽 끝에 나온 화학구조이다. 결국 케쿨레가 제시한 것 이외의 다른 안들은 모두가 벤젠의 각종 성질을 설명하는데 적합하지 못했다.

고용된 외국인의 내방과 그 영향

막부 말부터 메이지 유신전후에는 고용된 외국인이라 불리던 과학자들이 내방하여 일본의 근대과학의 기초를 쌓는 등, 다양한 곳에서 활약했으며 뒤에 이름을 남긴 일본인들에게 큰 영향을 주게 되었다. 그들보다 조금 이전 시대의 사람들로 지볼트처럼 네덜란드와의 교역을 사이에 두고 나가사키의 데지마를 무대로 활약했

던 사람들이 있었던 것은 이미 언급했던 바와 같다. 고용된 외국인 전체를 놓고 보면 미국인이나 영국인이 많았고 독일인과 프랑스인이 그 뒤를 이었다. 하지만 의학 분야에서는 처음부터 독일인이 중심에 있었다. 그 수는 대학이나 대학에 준하는 기관으로 메이지 9년인 1876년부터 1878년 경이 절정으로 35명 정도가 있었다. 하지만 머지않아 그 수는 급속하게 줄어들었다(와타나베 마사오渡辺正雄, 『문화로서의 근대과학文化としての近代科学』). 이처럼 고용된 외국인들 중에는 폼페나 바우두인, 흐라타마, 만스벨트, 헤르츠 그리고 에이크만이 있다.

폼페Johannes Lijdius Catharinus Pompe van Meerdervoort(1829 ~ 1908, 재일기간 1857 ~ 62)는 안세이 4년이던 1857년, 일본의 군의관 파견 요청에 응하여 내방했으며 9월 26일(1857년 11월 12일)에 나가사키에서 마쓰모토 료준松本良順(1832 ~ 1907)과 그 제자들 12명에게 처음으로 강의를 시작했다. 폼페는 이곳에 의학소(1865년에 정득관精得館으로 개명)을 설립하고 이 의학교는 후에 나가사키대학 의학부가 된다(1949). 폼페는 나가사키에서 5년 동안 의학전반을 혼자서 가르쳤다. 성실한 품성으로 「의사는 자신의 천직임을 받아들이지 않으면 안 되며 일단 이 직무를 선택한 이상 이미 의사는 자기 자신의 것이 아닌 병든 사람들 것이고 만약 그것이 싫거든 다른 직업을 선택하는 게 좋을 것이다.」라는 말을 남겼다. 화학도 기초의 기초부터 친절하게 가르쳤다는 것을 시바 데쓰오芝哲夫가 번역한『폼페 화학서-일본최초의 화학강의록』에서도 엿볼 수 있다.

바우두인Anthonius Franciscus Bauduin(1822 ~ 85)은 위트레흐트 육군군의학교의 교관으로 폼페를 가르쳤는데 그 뒤 폼페의 후임으로 1862년에 내방했다. 바우두인의 첫 재일기간은 1862년부터 1866년으로, 이후 1867년 및 1869년부터 1870년까지 3번에 걸쳐서 일본에서 교편을 잡았다.

흐라타마Koenraad Wolter Gratama(1831 ~ 88, 재일기간 1866 ~ 71)도 위트레흐트 육군군의학교의 졸업생이며 모교에서 이화학교사를 했었고 1866년에 바우두인이 초대해서 내방했다. 1868년 메이지 정부는 바우두인과 흐라타마를 오사카로 초빙하여 그 년도에 흐라타마는 오사카 사밀국舍密局의 건설에 착수, 사밀국의 교장이 되었다. (바우두인의 부임은 1869년) 흐라타마는 일본 근대화학의 아버지라고도 할 수 있는 인물이다.

만스펠트Constant George van Mansveldt(1832 ~ 1912, 재일기간 1866 ~ 79)은 바우두인의 후임으로 나가사키의 정득관에 부임했다. 1868년에 총장인 나가요 센사이와 함께 나가사키 부에 학교를 만들고 1871년에는 구마모토 의학교 설립에도 관여했다. 쿠마모토 의학교의 만스펠트는 뒤에서 말할 기타사토 시바사부로에게도 큰 영향을 끼쳤다. 뒤에 교토부요병원(뒤에 교토부립 의과대학) 및 오사카 병원의 교사를 지내고 귀국했다.

헤르츠Anton Johannes Cornelis Geerts(1843 ~ 83)는 네딜란드의 약사

1804년	하나오카 세이슈우가 전신 마취약「통선산」을 이용한 수술을 실시
1805년	제르튀르너가 아편에서 모르핀을 분리
1807년	베르셀리우스가 「생기설」이라 부르며 유기화합물을 정의했다
1815년	스기타 겐파쿠가 쓴 수기「난학사시」가 오츠키 겐타쿠에게 보내준다(간행은 1869)
1823년	첫 지볼트의 내방(~ 1829년, 두 번째 내방1859 ~ 62년 체재)
1826년	뷔르거 내방(~ 1839년 체재)
1827년	키요하라 시게다카가 쓴 「유독초목도설」이 간행
1828년	지볼트 사건이 일어남 뵐러가 무기화합물에서 유기화합물인 요소를 합성
1832년	리비히가 학술 잡지 (Annalen der Pharmacie)를 창간함
1837년	우다가와 요안의 「사밀개종」이 간행개시됨(~ 1847)
1838년	오가타 고안이 데키(데키데키사이) 학원을 만들어 후쿠자와 유키치 등을 배출했다
1840년	아편전쟁발발(~ 1842)
1844년	웰스가 웃음가스 마취를 시도
1846년	모던이 에테르 마취를 사용한 발취에 성공
1847년	심프슨이 클로로포름를 이용하여 무통분만에 성공 제멜바이스가 소독법을 빈 학회에 보고했지만 인정받지 못함
1857년	폼페 내방(~ 1862)
1858년	케쿨레가 원자간의 결합을 선으로 도식화하여 나타내는 방법을 고안함
1859년	다윈이 「종의기원」을 출판
1860년	마크헴이 키나나무을 남미에서 동남아시아로 들여옴
1862년	바우두인의 첫 방문(~ 1866년과 1867년, 1869 ~ 70년 체재)
1865년	케쿨레의 벤젠 화학 구조식이 고안됨 멘델이 「식물-잡종에 관한 연구」를 발표
1866년	흐라타마 내방(~ 1871년 체재) 만스펠트 내방(~ 1879년 체재), 키타사토 시바사부로 등에게 영향을 줌

에도 시대 후기에 일어난 독과 약에 관계된 주요한 사건들

가문에서 태어나 육군 약제관이 되었다. 위트레흐트의 육군군의학교에서 교편을 잡았고 약학이외에 이화학이나 식물학에도 정통해 있었다. 헤르츠는 메이지 정부의 초정으로 1869년에 내방하여 만스펠트가 총장이었던 나가사키 부 의학교에서 예과의 물리나 화학, 기하학을 담당했다.

1873년에 헤르츠는 나가사키 세관의 위탁으로 수입 퀴닌의 분석을 했는데, 이때 분석 결과의 보고와 함께 약품시험소의 필요성을 건의했다. 이 진언을 받아들인 나가요 센사이는 약품 검사기관인 사약장司藥場을 만들도록 했으며 1847년 도쿄 니혼바시에 처음으로 사약장이 설치되었다. 헤르츠는 1875년에 교토에 만들어진 사약장에 임용됐으나 이곳은 약업의 중심지이기도 한 오사카의 사약장과 가깝기도 해서 근 1년 만에 폐업했다. 그러나 1877년, 요코하마에 사약장이 만들어지면서 거기서 업무를 다시 시작했다. 헤르츠는 교토 사약장 재임 때 나가요 센사이 위생국장으로부터 일본 약 처방책 초안 작성의 내명을 받고 『제1판 네덜란드 약국방』(1851)을 참고로 일을 진행했다. 하지만 1883년 8월 30일에 병으로 갑작스레 쓰러져 요코하마에서 40세로 생애를 마감했다. 결국 메이지 정부가 독일 의학을 받아들임으로써 이 초안은 결실을 보지 못했지만 그는 죽음 직전까지 편찬에 힘을 쏟아 부었다고 한다.

고용된 외국인들의 일은 머지않아 메이지 시대의 일본 과학자들에게 이어졌고 이들 서양 과학자들이 일본에 끼친 영향은 매우 컸다.

위에서 말한 바와 같이, 19세기는 과학계에 있어 눈부신 변화가 있었던 시대였다. 쭉 훑어보면 점점 근대과학 양상을 띠기 시작한 것을 알 수 있다.

해외의 다른 업적으로 눈을 돌려보면, 막부 말기였던 이 시대에는 1859년 다윈(1809 ~ 82)의 『종의 기원』(『자연도태를 통한 종의 기원, 또는 생존경쟁에 따른 적자 생존에 대하여』)가 영국에서 출판되었다. 게다가 오스트리아의 멘델(1822 ~ 84)은 유전의 법칙(멘델의 법칙)에 대한 연구 『식물-잡종에 관한 연구』를 1865년에 구두로 그리고 1866년에는 논문으로 발표했다.

알칼로이드-독과 약의 보고

제르튀르너가 1805년에 단리를 보고한 모르핀은 전 세계가 최초로 손에 넣은 순수한 알칼로이드였다. 우리들은 알칼로이드라는 단어를 자주 귀로 듣고 있으며, 이 책에서도 자주 등장하고 있다. 알칼로이드란 과연 무엇일까?

「알칼로이드」라는 단어를 생각해 낸 것은 독일 하레의 약제사 K·F·W 마이스너(1792 ~ 1853)로 1818년의 일이었다. 알칼로이드란 알칼리(염기성)와 같은 조어 단어로 alkali는 아라비아 어의 al kaly(알칼리, 'al'은 정관사)에서 그리고 -oid는 그리스 어인 eidés (~ 와 같은)을 기원으로 한다.

그렇다면 알칼로이드로서 어떤 것들이 알려져 있는지 알아보자. 예를 들면 다음과 같은 예시 화합물 중에 한 가지라도 모르는 사람은 없을 것이다.

모르핀, 퀴닌, 니코틴, 코카인, 에페드린, 테트로도톡신(복어 독), 솔라닌(감자 독), 아코니틴(투구꽃), 비타민B₁, 히스타민, 베르베린, 이노신산, 콜히친, 인디고, 스트리크닌, 카페인

여기서 예로 든 화합물은 전부 알칼로이드라 불리는 화합물이다. 이 같은 화합물은 우리들의 체내에서 중요한 역할을 하거나, 유독물질로 악명을 떨치거나, 병 치료에 도움이 되거나 또는 사회적 물의를 일으키기도 한다.

유기화합물은 모두 탄소(C)가 연결 된 것을 기본 골격으로 하고 거기에 수소(H)나 산소(O)가 결합됐지만 개 중에는 질소(N)가 결합된 화합물도 있다. 알칼로이드라고 불리는 유기화합물은 화합물의 분자 안에 질소가 들어가 있는 유기화합물 중에 아미노산과 펩타이드, 단백질, 핵산 등의 대부분을 제외한 화합물의 총칭인 것이다.

모르핀의 분리가 1805년에 보고 된 이후, 불과 80여년 사이에 주요 알칼로이드 성분의 단리가 이어졌다.

유기화학에 있어 중요 업적인 뵐러의 요소 합성이 1828년에 이

1805년	모르핀(morphine)
1816년	에메틴 (emetine)
1818년	스트리크닌(strychnine)
1820년	퀴닌(quinine) 콜히친(colchicine)
1821년	카페인(caffeine)
1828년	니코틴(nicotine)
1833년	앤돌핀(atropine)
1848년	파파베린(papaverine)
1860년	코카인(cocaine)
1864년	피소스티그민 (physostigmine)
1875년	피로카루핀 (Pilocarpine)
1885년	에페드린(ephedrine)

19세기 중에 발견된 주요 알칼로이드

루어졌고 케쿨레가 1865년에 벤젠의 구조식을 제출하면서 알칼로
이드의 화학의 진보가 어느 정도까지 이루어졌는지를 알 수 있다.

그리고 각종 알칼로이드의 화학구조나 자세한 유래, 생물활성
등에 대해서는 졸저인『알칼로이드-독과 약의 보고アルカロイド-毒と
薬の宝庫』를 참고해 주길 바란다.

제 4 장   근 대 의   독 과   약

일본사에 있어 근대는 1867년의 대정봉환大政奉還으로 시작된 메이지유신부터 제2차 세계대전이 끝나는 1945년까지이다. 근대의 독과 약에 관한 과학에 대하여 살펴보면 현대 과학에 있어 으뜸이라 할 수 있는 미국이 그다지 많은 비중을 차지하고 있지 않음을 알 수 있는데, 이 시대의 독과 약의 중심지는 단연 독일, 프랑스, 영국을 중심으로 한 유럽이라고 할 수 있다. 일본에서는 메이지유신으로 근대의 막이 열렸지만 미국의 경우에는 남북전쟁(1861 ~ 65)이 종결된 시점이 여기에 해당한다. 남북전쟁에서는 모르핀 중독자가 많이 나왔다고 한다. 또한 중국에서는 모르핀의 원료인 아편과 관련된 아편전쟁(1840 ~ 42)이 막 종결된 시점이기도 하다. 아편전쟁은 일본이 메이지 유신으로의 길을 걷게 만들었다고도 한다.

근대에 이르기 조금 이전에, 화학 방면에서는 1825년에 페러데이가 벤젠을 발견했으며 1865년에는 케쿨레가 그 화학 구조식을 발표, 근대과학이 싹트기 시작했다.

근대의 과학 발달은 더욱 가속되어 독에 관련된 학문에서도 세균학과 유기화학 등이 눈부시게 발전된 것을 볼 수 있다.

하지만 한편으로는 좋지 않은 여파도 있었다. 근대는 커다란 전쟁의 세기이기도 했기 때문이다. 그 중에서도 두 차례에 걸친 세계대전에서는 발달한 과학이 전면적으로 이용되었다. 그리고 다른 한편으로 전쟁이 과학의 발전에 기여한 측면도 있었다. 또한 발전한 과학이 새로운 문제를 만들어 내기도 했다. 즉 질병에 대한 공포에서 해방시켜준 세균학이나 유기화학이 세균을 사용한 테러나, 화학병기의 개발, 공해나 약해라는 새로운 문제를 야기하게 되었던 것이다.

메이지 이래로 나가사키와 요코하마라는 항구 도시는 새로운 의학이나 약학이 들어오는 창구가 되었다. 이 시대에는 국가에 의한 교육제도 정비가 진행되고 대학제도도 성립했다. 또한 의학교나 약학교가 세워졌으며 의사와 약제사의 양성이 이루어지게 되었다. 하지만 일본의 근대의료제도가 확립되기 이전까지는 그때까지 육성했던 한방의학이나 한방의 제도와의 갈등이 생긴 것도 놓칠 수 없다. 이것이 계기가 되어 현재도 의약분업이 이루어지지 않은 채 앙금이 남아있는 상태이다. 독일 의학의 채용과 한방의의 소멸 결정으로 이 후 의사는 전부 서양의학을 권하게 됐고 한방의는 당시 개업했었던 1세대뿐으로 그 양성기관도 소멸하게 되었다.

그리고 중세의 장에서도 언급했지만 그리 오래지 않은 예전까지만 해도 전염병으로 인해서 많은 사람들이 쉽게 목숨을 잃어왔다. 이 상황에서 구제해 준 것은 근대과학이며 그 중에서도 면역요법과 항생물질의 발견 등 독과 약의 과학이 거둔 승리였다고 할 수 있다.

메이지 시대에는 기타사토 시바사부로(파상풍균의 순수배양)나, 시가 기요시志賀潔(트리판 레드Trypan Red와 시가 이질균Shigella dysenteriae의 발견), 하타 사하치로秦佐八郎(살바르산salvarsan의 발견), 다카미네 조키치高峰讓吉(아드레날린의 발견), 스즈키 우메타로鈴木梅太郎(비타민B₁의 발견) 등과 같이 세계 의학사에 이름을 남기게 되는 일본인이 속속 등장했다. 이 때 약학부문에서는 나가이 나가요시長井 長義가 한약재인 「마황麻黃」의 주성분인 에페드린을 보고했다. 이 화합물은 뒤에 기관지 천식에 효과가 있는 것을 밝혀졌는데, 그 화학유도체 가운데 하나인 데옥시에페드린은 오늘날 각성제로 문제를 불러일으키기도 했다.

인류는 불과 100년 사이에 각종 병원균의 발견이나 백신접종, 비타민, 항생물질의 발견, 의료기재의 발달 등에 힘입어 일단은 페스트나 콜레라, 천연두, 결핵, 각기 등 인류의 존망이 걸린 질병을 극복한 것처럼 보였다. 하지만 최근에 와서 항생물질에 내성을 가진 균이나, HIV 같은 새로운 바이러스가 나타나면서 새로이 문제가 되고 있다.

1. 병원미생물학의 탄생과 발전

자연발생설과 파스퇴르

생물은 생물에서만 탄생된다. 설령 미생물이라도 그것이 당연하다. 오늘날에는 너무도 명백한 사실이지만 이것이 명확하게 밝혀진 것은 그리 멀지 않은 과거이다. 이것을 분명하게 밝힌 것이 바로 파스퇴르Louis Pasteur(1822 ~ 1895)로 이 사실을 확인하기 위해서 사용한 것이 그 유명한 백조의 목 모양을 한 플라스크이다. 그 이전까지는 더러운 천이나 치즈에서 쥐가 발생한다는 식의 자연발생설Spontaneous generation theory이 진리로 여겨졌다

그리고 파스퇴르는 유기화학 가운데 입체화학에 큰 공헌을 했다. 그는 주석산artaric Acid을 연구하는 과정에서 광학 이성질체Optical Isomer라는 개념을 발견했다. 주석산이란 포도주(와인)의 제조 과정에서 만들어지는 화합물이다.

보통 주석산의 수용액은 선광계polarimeter로 측정하면 + 값을 나타내며 우회전성dextrorotatory을 나타낸다. 때문에 이 주석산에는 d 또는 (+)가 붙으면서 d−주석산, 또는 (+)−주석산이라고 부르게 되었다. 하지만 다른 성질은 완전히 똑같지만 선광계에서 측정해도 선광성을 나타내지 않는, 다시 말해 선광도가 제로인 주석산이

발견되었다. 이것을 우리는 일반 주석산과 구분하는 의미에서 파라주석산이라 부른다.

파스퇴르는 이 파라주석산의 나트륨 및 암모늄의 복염複鹽(주석산 나트륨 암모늄 사수화물$Na(NH_4)C_4H_4O_6 \cdot 4H_2O$)을 조제하고 이 것을 결정화시켜 그 결정을 현미경으로 관찰했을 때 2종류의 결정이 생성된 것을 발견했다. 그는 이 2종류의 결정을 핀셋으로 정성껏 건져낸 다음 각각의 화합물을 원래의 주석산으로 원상 복귀시키고 다시 수용액으로 만들어 선광도를 측정한 결과, 한쪽은 d-주석산, 즉 (+)-주석산과 일치하는 것을 알았다. 하지만 다른 한쪽의 화합물은 앞에서와 반대로 좌회전성levorotatory의 선광도를 나타냈는데, 이것을 l-주석산, 또는 (-)-주석산이라고 부르게 되었다. 이 화합물은 선광도를 제외하면 앞의 것과 완전히 똑같은 성질을 나타냈는데 이 같은 화합물을 서로 입체 이성질체 또는 광학 이성질체라고 부른다.

이상의 발견 결과 파라주석산이란 우회전성을 지닌 d-주석산((+)-주석산)과 좌회전성을 지닌 l-주석산((-)-주석산)과의 등량 혼합물이라는 것을 알았다. 파라주석산은 우회전성과 좌회전성이 등량 혼합되어 서로 부정하기 때문에 선광도가 제로였던 것이다. 이 같은 혼합물을 지금에 와서는 라세미체racemic body라고 부른다. 이 광학 이성질체라는 개념은 독과 약의 과학에도 크게 공헌하고 있다.

파스퇴르는 이외에도 다채로운 방면으로 업적을 남겼다. 광견병의 백신을 개발한 것도 그였다. 그리고 파스퇴르에 의해서 개발된 기술 가운데 하나가 바로 파스퇴라이제이션(저온살균법)이다.

일찍이 세계에는 연구자의 이름에서 따온 세계 3대 의학연구소라는 것이 있었다. 프랑스의 파스퇴르 연구소Institut Pasteur 외에 다음 항목 이후에 다루게 될 코흐와 기타사토의 이름에서 따온 독일의 코흐 연구소Robert Koch Institut, 그리고 일본의 기타사토 연구소北里研究所가 바로 그것이다.

리스터와 소독법의 확립

리스터Joseph Lister(1827 ~ 1912)는 영국의 저명한 외과학 교수로, 그의 등장을 통해 이미 앞장에서 다룬 바 있는 제멜바이스의 소독법이 확립될 수 있었다.

리스터는 런던 대학에서 의학을 배우고 에든버러 대학의 수술조수를 거쳐 글래스고 대학의 외과학교수가 됐으며 글래스고 왕립병원의 외과부문도 담당했다. 이 병원에서도 수술 후에 나오는 고름으로 인한 패혈증과 단독erysipelas으로 인한 사망률이 높았다. 당시 부패취putrified flavor가 주목을 받고 있었는데, 그는 뒤에 영국 과학협회 회장으로서의 강연 일부에서 다음과 같은 말을 했다(1906).

「환자가 (패혈증으로) 위험한 상태가 되면 그 징후 가운데 하나
로, 심한 악취가 난다. 이것은 혈액의 부패, 다시 말해 혈액이 상
처 내부에서 부식성 유독 물질로 바뀌는 것을 말한다. 그리고 이
부패야 말로 외과의가 두려워해야 할 적이라 생각했다. 그래서
이 악취를 제거하고 이 피해를 완화하려고 노력했다.」

1865년에 파스퇴르의 논문을 읽을 기회가 있었던 리스터는 부
패가 발효소로 인해서 일어나고, 발효소는 미생물로 이루어지며
미생물은 부패하는 물질 내부에서 자연적으로 발생하는 것이 아
님이 증명되었음을 알았을 때 다음과 같이 말했다.

「만약 인체에는 무해한 것이면서 상처를 통해 침입한 미생물에
는 파괴적인 효과를 지닌 물질이 있다면 이 물질은 이 같은 미생
물이 외부에서 침입하는 것을 방해하는 것도 가능할 것이다.」

리스터는 페놀이 하수관의 악취를 제거하는 성질을 지닌 것에
주목했다. 실제로 당시엔 귀중품이었던 페놀을 글래스고 대학의
화학교수로부터 조금 나누어 받아 붕대교환 때 상처에 사용해 보니
상처가 잘 아물었으며 피부가 그리 상하지 않았던 것을 발견했다.
  페놀은 그 자체는 강한 부식성이 있다. 때문에 페놀은 패혈증의
위험성이 높고 조직 일부분이 손상되더라도 어쩔 수 없는 복합골

절 같은 경우 밖에 사용할 수 없는 대용품이었다. 하지만 페놀의 수용액에는 부식성이 없고 게다가 페놀 그 자체와 같은 효과가 있는 것을 알았다.

거기서 리스터는 페놀 수용액을 수술실에 분무하고 기구류나 수술부위의 피부도 페놀 수용액으로 소독했다. 또한 수술 후에도 페놀 수용액으로 소독한 붕대를 사용했다. 그 결과 왕립 글래스고 병원에서도 리스터가 담당하고 있었던 부문에서는 치료성적이 눈에 띄게 향상되었다.

리스터는 이 결과를 1867년의 『란셋The Lancet』지에 보고 했지만 처음 영국에서는 그다지 사람들의 이해를 얻어내지 못했다. 이 방법이 일반적으로 인정받기까지는 아직 얼마간의 시간이 필요했다. 그리고 페놀 수용액을 수술실에 분무하는 리스터의 초기 소독법은 그 뒤 방식에 변화가 있었다. 창상創傷 부위의 감염은 공기 중의 미생물 보다 균으로 오염된 손이나 기구류의 접촉으로 많이 일어나는 것이 밝혀지면서 공기 중의 미생물을 죽일 목적으로 수술 동안 이루어졌던 페놀 수용액 분무는 폐지되었던 것이다.

이후 리스터의 소독법이 널리 인정을 받아 실시되면서 외과수술에 따른 사망률도 크게 감소했으며 실의에 빠져 사망한 제멜바이스와는 달리 리스터는 상찬과 명예라는 보상을 얻었다. 그는 1869년에 에든버러 대학의 교수, 1877년에는 런던 대학 킹스 칼리지의 교수로 초청되었으며 게다가 빅토리아 여왕으로부터 기사 작위를 부여 받았다. 그 뒤 남작 작위를 받았으며 상원의원의 자리에도 올랐다.

　제멜바이스가 발견하고 리스터에 의해 확립된 소독법은 근대의학과 근대약학의 역사를 바꾼 획기적인 발견 중 하나이다.

코흐와 병원미생물학

　질병 가운데에는 병원미생물(병원균)이 원인이 되어 일어나는 것이 있다. 오늘날에는 너무도 당연한 사실로 인식되고 있으나, 이것이 명백한 사실로 밝혀진 것은 근대에 와서부터의 일이다.

　사람들의 병의 원인에는 호르몬이나 내장의 이상 등의 내인성이 있는가 하면 병원미생물 감염 등으로 인한 외인성이 있다. 예를 들면 콜레라나 페스트, 발진티푸스, 결핵, 간염, 말라리아, 매독 등의 감염증은 병원미생물에 의한 외인성 질병으로 오랜 기간 인류의 건강과 생명을 위협해 왔다.

　오랜 옛날에는 이 같은 외인성 병이 더러운 공기나 독기, 장기瘴氣를 뜻하는 미아스마miasma 로 인해서 걸린다고 생각했으며 이를 포말전염설miasma theory이라고 했다. 하지만 상황에 종지부를 찍은 것은 한센의 나균癩菌, 코흐의 탄저균과 결핵균, 콜레라균의 발견 등으로 시작하는 세균학의 발전이었다. 현미경의 발달에 힘입어 병원균의 존재가 명백히 밝혀졌으며 콜레라나 페스트 등도 병의 원인이 되는 미생물(병원균)이 원인임이 밝혀졌다.

여기에 더하여 세균학의 발전으로 이번에는 감염증의 예방과 치료법이 고안되었다. 그 방법으로는 코흐 밑에서 유학 중이었던 기타사토 시바사부로에 의해 개발된 디프테리아 항독소 같은 면역학적 방법도 있는데 사람에게 미치는 독성은 적지만 병원미생물에게는 치명적 독인 성질(이것을 「선택 독성selective toxicity」이라 한다)을 지닌 화학물질을 적극적으로 의료에 응용하는 방법도 고안되었다. 이것을 화학요법이라 한다. 과학과 화학의 발달을 통해 이와 같은 전염병을 일으키는 병원균의 일부가 독소를 생산함으로써 사람에게 악영향을 끼칠 수도 있다는 것이 밝혀졌다. 이 같은 독소 중에서는 그 화학구조나 작용기구가 상세하게 해명된 것도 많다.

화학요법은 코흐의 제자인 에를리히Paul Ehrich(1854 ~ 1915)가 널리 전개했으며, 이를 통해 수면병의 병원체인 혈액기생성 원충 트리파노소마Trypanosoma에 선택 독성을 지닌 트리판로트trypanroth 나 매독의 치료제인 살바르산(606호)이 발견되었다.

병원균의 작용양식으로는 크게 침입형과 독소분비형으로 나뉜다. 침입형의 예로서는 발진티푸스균을 들 수 있다. 이 균은 사람의 체내의 특정 조직에서 증식, 해당 조직을 파괴한다. 이에 반해서 독소 분비형 병원균의 예로서는 콜레라균을 들 수 있는데, 콜레라균은 콜레라 독소를 사람 체내로 방출하여 심한 설사를 일으키며 최악의 경우 탈수증상으로 죽음에 이르기도 한다. 이 경우 병원미생물은 「독의 과학」과 밀접하게 연결되어 있다고 할 수 있다.

코흐가 콜레라균을 발견한 것은 1883년의 일이었는데, 코흐는 이미 1881년부터 균의 분리와 배양에 일본의 한천을 사용한 배지를 사용하기 시작했다. 이전까지는 감자를 도려낸 부분이나 젤라틴이 사용되었지만 한천 배지를 사용하면서 세균학의 발달이 한층 가속된 것이 사실이다. 참고로 이 해는 「코흐의 원칙Koch's postulates」이 제창된 년도이기도 하다. 1886년에는 코흐의 밑으로 기타사토 시바사부로가 유학을 오게 된다.

기타사토 시바사부로와 기타사토 연구소

기타사토 시바사부로(1853 ~ 1931)는 가에이嘉永 5년 12월 20일생이다. 기타사토의 탄생년이 1852년으로 기재되는 일이 있지만 그것은 가에이 5년＝1852년으로 판단하기 때문이다. 분명 가에이 5년의 대부분은 서기 1852년에 해당되지만 일부분은 1853년으로 기타사토의 탄생일은 서기 1853년 1월 29일에 해당한다.

기타사토는 1871년에 구마모토 의학교에 입학, 1875년에는 후에 도쿄 대학 의학부가 되는 도쿄 의학교에 입학했으며 1883년에는 도쿄 대학 의학부를 졸업했다. 기타사토와 함께 도쿄 의학교에 입학 한 것은 121명이었으나 졸업자는 겨우 26명에 지나지 않왔다. 졸업 당시 기타사토의 성적은 8등으로, 종합성적은 「을乙」에 해당했다. 1883년 4월에 졸업하여 10월에 의학사를 수여받았다. 많은 졸업생들이 지방 의학교의 교장이나 병원장이 된 것과 달리, 예방의학에 뜻을 둔 기타사토는 내무성 위생국에 근무하게 된다. 이후 1885년에 독일로 유학을 떠나 코호의 밑에서 세균학 연구에 종사한다. 기타사토는 거기서 파상풍균의 순수배양에 성공하고 디프테리아의 혈청요법을 개발하는 업적을 남기고 독일 국가로부터 「Professor」의 칭호를 받는다. 그리고 미국을 시작으로 여러 곳의 초청 이야기가 나왔지만 극구 마다하고 1892년에 귀국했다. 하지만 일본에서 기타사토를 기다리고 있던 운명은 가혹한 것이었다. 기타사토는 독일에 유학 중이던 1889년, 기타사토는 학생 시절에 세균학을 배웠던 오가타 마사노리緒方正則, 초대위생학교수로 일본 첫 의학박사(1853 ~ 1919)가 제출한 각기균의 존재를 전면부인했다(『중외의사신보中外医事新報』 제212호). 이 일은 정확히 학문상의 판단이었을 뿐이었지만 은사의 얼굴에 먹칠을 했다고 트집을 잡는 사람이 있었다. 바로 제국 대학 의과대학 교수 아오야마 다네미치青山胤通(1859 ~ 1917)였다. 아오야마와의 불화가 원인이 되어 기타사토는 모교에서 자리를 얻을 수 없었고 귀국 후 또 다시 내무성 소속이 된다. 독일 유학 시절부터 구면이었던 군의관 모리 린타로森林太郎(모리 오가이森鷗外는 소설가로서의 필명)도 각기균설을 지지하는 쪽이었다.

괴로워하던 기타사토를 도운 것은 후쿠자와 유키치였다. 후쿠자와의 지원으로 1892년에 전염병 연구소가 세워졌는데, 당초에는 시립의 작은 연구소였지만 얼마 지나지 않아 국가의 원조를 받게 되면서 1899년에는 국립으로 승격, 건물이나 설비도 충실하게 갖출 수 있었다. 이 기타사토 연구소에서는 시가 기요시(1870 ~ 1957)가 이질균을 발견(1898)한다. 그리고 뒤에도 말하겠지만 기타사토 밑에 있다가 유학을 떠나 코흐의 제자였던 에를리히 밑에 있었던 시가는 세계 첫 화학 요법제인 트리판로트를 발견한다(1904). 그리고 역시 에를리히 밑에서 유학한 하타 사하치로(1873 ~ 1938)도 매독의 특효약인 살바르산을 발견(1910)하는 등 눈부신 연구 진전이 있었다.

그런 와중에 기타사토는 1894년 홍콩에서 페스트가 유행했을 때, 국가의 명으로 연구를 위해서 파견되었다. 이 때 앞에서 언급한 바 있는 제국대학의 아오야마 다네미치 교수 일행도 함께 파견되었다. 하지만 기타사토 팀은 페스트균의 분리에 성공했던 반면, 아오야마는 자기자신마저 페스트에 감염, 구사일생으로 살아남는 비참한 체험을 한다.

이 때문에 아오야마는 기타사토에게 모종의 원한을 품고 있었던 것은 아니었을까? 그는 당시 수상이었던 오쿠마 시게노부大隈重信의 주치의를 맡고 있었는데 이러한 관계를 이용, 기타사토의 연구소를 제국 대학 의과대학 부속으로 하여 기타사토를 자신의 밑에 두려는 계책을 세웠다. 다이쇼 3년이던 1914년 10월, 오쿠마 내각은 기타사토의 의향을 무시한 채 전염병 연구소의 관할을 내무성에서 문부성으로 이관하는 결정을 내렸다. 여기에 분노한 기타사토는 11월 단호히 전염병 연구소의 소장을 그만둘 것을 결심했으며, 그를 따르던 기타지마 다이치北島多一(1870 ~ 1956) 부소장과, 시가, 하타 부장을 시작으로 연구원에서 일반직원까지 기타사토를 따라서 그만두게 되었다. 결국 빈 껍데기에 불과한 전염병 연구소가 도쿄대학의 아오야마 곁으로 남게 되었는데, 이 때 아오야마는 「기타사토는 좋은 제자들을 두고 있구나!」라며 이를 악물고 이야기했다고 한다. 그 후 전염병 연구소는 1916년 4월에는 제국대학 부설 기관이 되었으며 1967년부터는 도쿄 대학 의과학 연구소가 되었다.

한편 기타사토는 원래의 전염병 연구소 근처에 자신의 기타사토 연구소를 설립했다. 1914년 11월의 일이었다. 이 기타사토 연구소가 설립된 장소는 현재의 미나토 구 시로가네이지만 당시는 츠쿠시가오카土筆ヶ岡라고 해서 기타사토가 1893년부터 경영한 결핵 요양소(츠쿠시가 오카 양생원)이 있었던 곳이다. 이 토지는 원래 후쿠자와 유키치의 별장이었던 곳을 물려받은 것이었다. 현재도 이 토지는 고가도로를 끼고 게이오의 유치원과 마주보고 있는데 여기서 후쿠자와 유키치와의 관계를 연상할 수 있다. 그리고 기타사토는 연구소 창립 3년 후인 1917년 후쿠자와에게 은혜를 갚기 위

기타사토 시바사부로

해서 게이오기주쿠 대학 의학과 예과의 창설을 연구소 차원에서 지원했다. 의학과 예과의 교육은 기타사토 연구소의 연구원이 겸임으로 담당했다고 하며 기타사토는 초대 일본의사회장(1916 ~ 31)도 지냈다. 또한 1924년에는 남작이 되었다.

이 기타사토 연구소의 창립 50주년 기념사업의 일환으로서 1962년에 설립된 것이 기타사토 대학이다. 당시에는 위생학부 밖에 없었지만 그 후 약학부와 의학부, 의료위생학부, 수산학부, 수의축산학부, 이학부 등이 설치되면서 이과계 종합대학이 되었다. 그리고 기타사토 연구소는 2008년 4월부터 기타사토 대학에 속하는「학교법인 기타사토 학원」과 통합되었고 기타사토 연구소의 이름은 새로운 학교 법인명인 「학교법인 기타사토 연구소」로 남았다.

앞에서 시가 기요시가 이질균을 발견했다고 했는데, 사실 이 연구는 기타사토의 지도 아래, 시가가 아직 막 연구자가 된 27세의 일이었다. 그렇다면 원래대로라면 이 발견의 보고는 기타사토의 업적이 되거나 또는 시가와 기타사토의 연명으로 이루어지는 것이 당연한 일이었다. 하지만 기타사토는 이 연구 보고를 시가의 단독 성과로 처리했다. 이질균의 학명(속명)도 시가의 이름을 따서 *Shigella*라고 붙였다. 이런 점에서 우리는 기타사토의 학문에 대한 진지한 태도를 엿볼 수 있다.

　그리고 유명한 노구치 히데요野口英世(1876 ~ 1928) 또한, 기타사토 연구소(앞에서 말한 전염병 연구소)에 소속된 적이 있었다. 이 시기에 미국에서 시가 이질균으로 유명한 시가 기요시를 찾아 온 것이 플렉스너Simon Flexner 교수(1863 ~ 1946)였다. 어학에 능통한 노구치는 이 때 시가의 통역을 맡았다. 그 때 플렉스너 교수에게서 미국행을 권유받았을 것이라 생각된다. 「와주십시오」라고는 말하지 않았겠지만 만약 외교사절로 「오신다면 제 쪽을 방문해주십시오」라는 정도는 말했을 것이다. 노구치는 그 말에 기대를 걸고 미국행을 결정한 것이리라. 그 뒤 노구치의 자초지종에 대해서는 여러 가지 전기로 써져 있는데 이 노구치의 미국행의 계기가 된 플렉스너 교수와의 만남이 시가 기요시와 관계가 있었던 것에 대해서는 그다지 언급되어 있지 않다.

스페인 독감

　일본에서는 다이쇼 시대 중반에 해당하는 1918년부터 1919년에 걸쳐서 스페인 독감이라 불리는 인플루엔자가 맹위를 떨쳤다. 그리고 전 세계에서 6억 명(당시 전 세계 인구는 8억 ~ 12억 명으로 추정된다)의 감염자, 그리고 4000만 ~ 5000만 명의 사상자가 발생했다.

일본의 경우에는 2,300만 명이 스페인 독감에 감염되었는데 이 가운데 39만 명(당시 일본의 인구는 약5,500만 명)이 사망했다. 앞서 말한 노구치 히데요의 어머니인 노구치 시카野口シヵ도 66세의 나이에 1918년 11월에 스페인 독감으로 사망했다. 또한 문예평론가이자 연출가였던 시마무라 호게쓰島村抱月도 1918년 11월에 스페인 독감으로 사망했다. 시마무라의 애인인 신극여우 마쓰이 스마코松井須磨子는 1919년 1월 5일에 시마무라의 뒤를 따라서 자살했는데, 사실 시마무라는 마쓰이 스마코로부터 옮은 것이었다. 그 뿐만이 아니었다. 시인 미야자와 겐지宮沢賢治의 여동생 도시코とし子나 가인이면서 정신과 의사인 사이토 모키치斎藤茂吉도 스페인 독감에 걸렸다.

스페인 독감은 1918년 3월에 미국 시카고 부근에서 처음으로 유행, 미군의 제1차 세계대전 참전과 함께 대서양을 건너 5 ~ 6월에 유럽에 상륙했는데. 이것이 바로 제1파였다. 제2파는 1918년 가을에 대부분 전 세계에서 동시에 유행했는데, 병원성이 높아지면서 사망자도 급증했다. 하지만 여기에 그치지 않고 1919년 봄부터 가을에 걸쳐서는 제3파가 세계적으로 유행했다. 일본의 경우에는 바로 이 제3파에 의한 피해가 가장 컸다고 한다.

참고로 인플루엔자와 감기는 명백하게 다른 질병이며 병세 또한 훨씬 위중한 것이었기에 「스페인 독감」이라 불러서는 안 되고 「스페인 인플루엔자」라고 부르는 것이 올바르다는 연구자도 있다. 그리고 미국에서 출발한 유행병임에도 불구하고 「스페인」이라는 명칭이 붙은 것은 그 정보가 스페인에서 나온 것이었기 때문이다. 말하자면 세계대전에 따른 정보 검열 중에 세계대전에는 관여하지 않았던 스페인 왕실에서의 유행이 크게 알려졌기 때문이라고 한다.

인플루엔자가 바이러스로 인한 병으로 인정된 것은 1933년이었다. 이 때 일본뇌염도 바이러스성 질병으로 인정받았다. 노구치 히데요는 바이러스라는 개념이 없었던 당시, 황열병의 원인이 바이러스라는 것도 모른 채, 1928년 황열병에 걸려 가나의 수도 아크라Accra에서 객사하고 말았다.

2. 근대약학 및 유기화학의 탄생과 발전

나가이 나가요시와 도쿄 대학 제약학과

　나가이 나가요시(1845 ~ 1929)는 번의 의관을 지낸 나가이 린쇼 長井琳章(1818 ~ 1900)의 장남으로 현재의 도쿠시마 시에서 태어났다. 나가이는 번교에서 한자와 네덜란드어를 배우고 아버지로부터 본초학(약용 식물을 연구하는 학문)을 배웠으며 15세에 관례를 치르고 아버지의 대리인으로 일하게 되었다.

　게이오 2년(1866), 나가이는 다른 6명과 함께 서양의학을 배우기 위해 2년간의 나가사키 유학 번령을 받았다. 나가사키에서 나가이는 정득관의 만스펠트에게 서양의학을 배우고 육군군의관 바우두인에게 화학을 배웠다. 하지만 1867년(게이오3)에는 의학을 공부하기위해서 정득관을 그만두고 사진 촬영장을 막 열었던 우에노 히코마上野彦馬(1838 ~ 1904)의 집에 기거하면서 사진 기술을 통한 화학 습득에 힘을 쏟는다. 거기서 손에 넣은 것이 5년 전에 우에노가 간행한 『사밀국필휴舍密局必携』였다. 나가이는 우에노의 지도를 받으며 사진에 필요한 시약의 조제 작업을 도왔다고 한다.

　이후 나가이는 상경하여 도쿄의학교(대학동교, 도쿄 대학의 전신)에서 공부하고 1870년에는 메이지 정부로부터 제1회 유럽

파견유학생으로 선발되어 독일로 파견, 베를린 대학에서 의학을 배우기 시작했다. 하지만 거기서 유기화학의 대가로 이미 앞에서 언급한 리비히의 제자 중 한 사람인 호프만August Wilhelm von Hofmann(1818 ~ 92)의 유기화학연구에 관심을 갖게 되면서 의학에서 화학으로 진로를 전환하게 된다. 그 뒤 나가이는 호프만의 조수가 되어 1884년까지 13년 동안 독일에서 화학연구에 몰두했으며 현지에서 테레제(1862 ~ 1924)와 결혼, 귀국 후에는 국책회사인 대일본제약합자회사(당시)의 기사장과 제국 대학 의과대학 약학과 교수가 되어 지금의 일본 약학의 기초를 다졌다고 한다.

현재 일본의 약학, 그중에서도 특히 유기화학에 관계된 합성화학이나 천연물화학 등의 분야는 세계적으로도 초일류이라고 해도 좋을 수준이다.

하지만 그러면서도 일본의 약제사란 직종이 여타 선진국의 약제사들만큼 대중적인 존재가 되지 못한 이유는 무엇일까? 여기에는 현재의 도쿄 대학 약학부를 시작으로 하는 약학교육의 굴곡도 한 몫 하지 않았을까? 속내를 말하자면 일본의 약제사교육은 오랜 기간 대학의 지지를 받지 못한 채 성장해왔던 것이다. 나가이는 유학을 마치고 귀국하여 대일본제약합자회사라는 제약회사의 기사장이라는 자리에 올랐지만 그것은 어디까지나 화학자로서 취임한 것이라 보여진다. 그는 항상 약학자라기보다 화학자로 불리기를 원했던 건 아닐까?

1873년	7월 도쿄 의학교 제약학과
1877년	4월 도쿄 대학 의학부 제약학과
1886년	3월 제국 대학 의과대학 약학과
1897년	6월 도쿄 제국 대학 의과대학약 학과
1919년	2월 도쿄 제국 대학 의학부 약학과
1947년	9월 도쿄 대학 의학부 약학과
1958년	4월 도쿄 대학 약학부

도쿄 대학 약학부의 변천

　대학에서의 약학교육은 현재의 도쿄 대학에서 시작되었다. 도쿄 대학은 성립부터 지금에 이르기까지 도쿄 대학→제국 대학→도쿄 제국 대학→도쿄 대학이라고 명칭을 바꿨다. 거기서 도쿄 대학 약학부에 착안을 두고 명칭의 변환을 표로 정리해 봤다.

　약학교육이 의학부 중에서 그것도 제약학과라는 명칭으로 시작된 것과 1886년에 도쿄대학이 제국대학이 된 때는 일단 제약학과가 폐지되고 그대로 약학계가 없어질 위기에 처한 것 등 약학과 약제사교육이 실로 곤란한 지경에서부터 시작된 것은 부정할 수 없다. 그리고 그 당시 대학 약학과로 진학하려는 학생은 매년 소수밖에 없었다. 그것도 그런 것이 약학과를 졸업한 학생들이 활약할 장이 너무도 적었기 때문이었다.

일본 약제사의 탄생과 직면한 난관

유럽에서는 의사와 약제사의 직무 영역은 오래전부터 나뉘어져 있어서 의사라는 직업 중에서 약제사의 업무가 분화된 것이 아니었다. 하지만 이와 달리 일본의 경우에는 에도 시대까지 한의사의 역사가 깊게 뿌리박고 있어, 한방 진료는 「약수저조절さじ加減」이라 했을 정도로 약의 조제와 치료행위는 불가분의 관계에 있었다. 또한 서양의학(독일의학)과 함께 서양의 의료제도가 도입된 이후에도 그 때까지의 한의사 영업은 여전히 허가 된 것이었기에 많은 한방의사 속에 소수의 서양식 의사가 산재된 형태로 일본의 근대의료가 시작되었다. 하지만 여기서 그치지 않고 이들 한방의사에게 소정의 느슨한 조건을 만족시키는 것만으로 시험없이 서양식 의사 면허를 줬다. 일본에는 이와 같이 한방의사와 서양의사 자격을 따낸 한방의사가 혼재된 역사가 있어서, 세월이 흘러 서양의학을 배운 서양의사의 수가 늘어나 이들이 한방의사의 자리를 채우게 되었음에도 의사 쪽은 물론 환자 쪽에서도 약은 의사나 의사 견습생이 취급하는 것이라는 인식이 깊어지고 말았던 것이다. 이러한 오해는 약의 내용도 효과도 사용법의 의미도 완전히 바뀐 오늘날까지 이어지고 있다. 때문에 약은 의사로부터 「받는 것」이라고 현재도 착각하는 사람이 실로 많다. 정말 놀라운 것은 비교적 최근에 간행된 사전인 『고지엔広辞苑』(제3판, 1983)에는 「약국생薬局生」

이란 단어가 수록되어 있었는데 여기에 따르면「의원 약국에서 의사의 감독 하에 약을 조제하는 사람」이라는 의미였다. 이「약국생」이란 대체 누구를 말하는 것일까? 적어도 약제사는 의사의 감독 하에 일하는 직업이 아니며 아마도 의사 쪽의 고용인(초보자)일 것이다. 극히 최근까지도 이런 내용이 버젓이 남아있었던 것이다.

이 약제사란 명칭을 제안한 것은 시바타 쇼케이柴田承桂(1849 ~ 1910)로 이 명칭이 정해진 것은 메이지 22년이던 1889년의「약률藥律」(약품영업 및 약품취급규칙)의 기초를 앞둔 1888년 봄의 일이었다. 시바타 쇼케이는 1870년에 앞에서 말한 나가이와 함께 독일에서 유학하고 1874년에 귀국, 도쿄 의학교의 초대 제약학과 교수가 되었다. 그 뒤 오사카 사약장의 관장, 내무성 위생국원, 도쿄와 오사카의 사약장 관장을 역임했다. 그리고 나가이의 귀국에 즈음해서는 수용체제 등 여러 가지에 힘을 쏟았다. 또한 서유럽 위생 행정 도입에 공헌하여 1886년에 공포된 일본 최초의 약전인『일본약국방日本藥局方』의 편찬에도 관여했다. 하지만「약률」의 기안에 있어, 목표였던 의약분업이 이루어지지 않고 건강상의 문제도 있어, 이후 모든 관직에서 물러났다고 한다.

꽤 유력한 인물이었던 시바타가 빠르게 제일선에서 물러나 버린 것도 어쩌면 일본의 의약분업 나아가서는 약제사직의 확립에 크게 불리하게 움직였을 가능성이 있다.

놀라운 것은 1886년에 도쿄 대학이 제국 대학으로 개명할 즈음에 전국 대학에서 단 하나였던 약학 교육기관인 제약학과가 ('일단'이라는 단서가 붙으나) 폐지된 것이었다. 이 때 도쿄 대학 의학부 제약학과는 학생도 거의 모이지 않았고 교원 또한 단 3명(모두 조교수)뿐이었다. 하지만 그 중에서도 위생학의 단바 게이조舟波敬三와 생약학의 시모야마 준이치로(1853 ~ 1912)는 유럽에 유학하던 중으로, 니와 토키치로丹羽藤吉郎(1856 ~ 1930) 한 사람만 남아 있었다. 이러한 위기에서 제약학과를 구원한 것이 바로 니와 조교수로 제국 대학 의과대학 약학과라는 이름으로 부활시키는데 성공한다. 니와는 사실 새롭게 만들어진 약 전문가 명칭을 약사藥師라 하고 싶었다고 한다. 하지만 니와는 열렬한 의약분업논자였기 때문에 제국대학 의학계의 교직원으로부터 미움을 샀다고 한다.

니와가 희망한「구스시藥師」라는 명칭에서는 불교적인 색채가 강하게 느껴지기 때문에 약제사로 바뀌었다는 얘기도 있다. 분명 약사여래藥師如來의「약사」를 일본식으로 읽은「야쿠시」까지는 되지 못하겠지만 같은 한자에 발음만 다른「구스시」정도라면 그럭저럭 만족스럽지 않았을까? 다만 어쩌면 불교 냄새란 것은 단순한 트집이었을 지도 모른다. 앞에서 말한 것과 같이 일본에서는 오랜 옛날부터「의료=약」으로 보는 전통이 있었기에「구스시」라는 명칭은 말 그대로 의사를 나타내는 고래의 명칭이라고도 할 수 있는 것이었다. 따라서 실제로는 약사라는 명칭의 채용에 대한 저항감은 이런 유래에서 생각해볼 수 있을 지도 모르겠다.

메이지 시대에는 꽤 활발한 의약분업논쟁이 일어났다. 하지만 「의약분업을 하면 이중 지불로 가난한 사람들이 의료혜택을 보지 못하게 되며, 의사가 약을 다루지 못하게 하면 예부터 약값을 보수로 삼았던 의사의 생활도 보장받지 못 한다」라고 하며 의약분업 반대의 선봉에 선 사람 가운데 하나가 후쿠자와 유키치였다. 후쿠자와는 스스로 메이지 15년이던 1882년에 창간한 신문 『시사신보時事新報』를 활용하여 맹렬한 토론을 전개했다(아마노 히로시天野宏, 『메이지 시대의 의약분업 연구明治期における医薬分業の研究』). 이미 『학문의 권장学問のすすめ』의 출판을 통해 오피니언 리더가 된 후쿠자와 유키치가 의약분업반대로 돌아서 버린 것은 약제사 쪽에서는 큰 손실이었음에 틀림이 없다.

당시 많은 수가 있었던 한방의사들이 무시험으로 서양의사 면허를 취득하여 기득권을 유지했던 반면, 새롭게 생긴 자격인 약제사가 되기 위해서는 예외 없이 대단히 까다로운 자격시험을 치러야만 했다. 따라서 약제사는 높은 희소가치와 신뢰가 가는 자격이었다. 하지만 막상 자격증을 취득해도 할 일이 없어서야 약제사를 지원하려는 사람이 새롭게 늘어날 리가 없었다. 덧붙여서 그 뒤 1899년에 도쿄와 오사카에서 이루어진 약제사국가시험의 수험자의 합계는 204명으로 합격자는 32명이었다. 서양 문물을 받아들이는 데 열심이었던 후쿠자와가 어째서 약제사가 약국에서 본래의 일을 전문직으로 수행할 기초를 만들수 있도록 발언하지 않았는지 의문일 따름이다.

일본약국방의 제정

의료에 사용될 의약품에 오류가 있거나 품질이 떨어지거나 하는 일이 있어서는 안 된다. 따라서 이들 약품의 정오와 품질을 규정해 둘 필요가 있었다. 현대 일본에서는 의료에 빈번히 사용되는 의약품의 품질을 일본약국방에 준거하여 국가가 규제하고 있다.

약국방을 단순히 의료에 사용되는 의약품 리스트로만 본다면 약국방의 탄생은 『에베르스 파피루스』가 쓰여진 고대 이집트 시대까지 거슬러 올라간다. 거기에는 많은 의약과 독이 있는 식물에 대해서 기록돼 있다. 또 고대 중국의 『신농본초경』도 365종의 생약 명칭과 그 효능 등을 기록 한 점에서 약국방의 원문의 하나라고 봐도 좋을 것이다. 『신농본초경』에서는 생약을 독성의 강약으로 나누어서 상약(상품), 중약(중품), 하약(하품)으로 분류하고 있다. 시대가 지나 16세기 말에는 『본초강목』 전52권이 만들어졌다. 『본초강목』에서는 약이 되는 동·식물과 광물 등 1,892종이 기록돼 있다.

근대적인 약국방으로는 1772년 덴마크에서 공포된 것이 세계 최초이다. 이어서 1775년에는 스웨덴에서도 공포된다. 일본 최초의 약국방이 공포된 것은 메이지 19년인 1886년으로 이것은 세계에서 21번째로 공포된 약국방이었다. 미국에서는 1820년에 처음으로 약국방이 공포되었다.

일본의 첫 약국방 탄생을 앞두고, 1880년에는 그 의의로 「약국방의 의의는 자국공용의 약품을 정하고 이것의 품위강약 정도를 정한 율서로 하여…」(『일본약국방 50년사日本薬局方五十年史』 9p)라고 서술하고 있다.

일본의 첫 약국방은 1886년 6월 25일 내무성령 제10호 별책(관보 제894호 부록, 전 77p, 색인 8p)으로 공포되어 1887년 7월 1일부터 시행되었다. 게다가 1888년에는 라틴어 번역본(전 293p)도 간행되었다. 이 일본약국방의 초안을 작성한 것은 당시의 사약장 교사였던 네덜란드인인 헤르츠였다. 하지만 안타깝게도 헤르츠는 약국방이 완성되는 것을 보지 못한 채 세상을 뜨고 말았다. 그 뒤를 이어 초안 작성을 주도한 것은 마찬가지로 네덜란드인인 에이크만Johann Frederik Eijkmann(1851 ~ 1915, 재일기간 1877 ~ 85)이었으며 일본인으로는 앞에서 말한 시바타 쇼케이 등이 참여했다.

당초에 일본약국방은 부정기적으로 개정이 이루어졌지만 『제6개정 일본약국방』부터 『제8개정 일본약국방』의 사이에는 10년에 한번 꼴이었으며 1976년에 공포된 『제9개정 일본약국방』 이후에는 2006년에 공포된 『제15개정 일본약국방』에 이르기까지 5년에 한번 꼴로 개정판이 만들어졌다. 일본약국방의 발행년도를 정리하면 다음과 같다.

1 (1886), 2 (1891), 3 (1906), 4 (1920), 5 (1932),

6 (1951), 7 (1961), 8 (1971), 9 (1976), 10 (1981),

11 (1986), 12 (1991), 13 (1996), 14 (2001), 15 (2006),

16 (2011), 17 (2016)

　그리고 일본약국방 외에『국민의약품집国民医薬品集』이라는 것도 있었는데 이것은 일본약국방을 보충할 목적으로 만들어졌다. 국민의약품집 제1판(『제1판 국민의약품집』)은 1948년에 간행되었다.『국민의약품집』은 일본약국방에 수록된 적이 있는 의약품, 약국방에서는 이미 삭제됐지만 사용빈도가 비교적 높은 의약품, 중요도는 약국방 의약품보다도 다소 적지만 하지만 꽤 널리 사용 되는 것, 한방제제 처방 중 자주 사용되는 생약, 약국에서의 제제 등을 계통적으로 정리해서 수록한 것이다.

　그 뒤 1955년에『제2개정 국민의약품집』이 간행돼서 1961년에는 잠정개정판이 간행되었다. 이후 대개정판이 1966년에 간행되었지만 이 대개정판은 뒤에『제7개정 일본약국방 제2부』로 바꿔 부르게 되었다. 그리고『제8개정 일본약국방』에서『제14개정 일본약국방』이 공포될 때에도 각 약국방의 제2부라는 이름으로 계속 간행됐지만 2006년 간행된『제15개정 일본약국방』부터는 제1부와 제2부의 구별이 없어지고 일체화되었다. 하지만 생약 등은 여전히 별도 항목으로 게재되고 있다.

『케미컬 애브스트랙트』

현재 우리 인류는 방대한 수의 화학물질을 동·식물에서 얻고 있으며 또한 화학적으로 합성하고 있다. 예를 들면 만약 우리들이 연구과정에서 무언가의 화합물을 얻었을 때 이 화학물질이 새로운 물질인지 아닌지를 판단하려면 미국화학학회ACS, American Chemical Society에서 1907년부터 간행하고 있는 『케미컬 애브스트랙트 Chemical Abstracts』를 검색하면 된다.

『케미컬 애브스트랙트』는 화학에 관한 2차정보지로, 전 세계에서 간행된 논문(원저논문이나 특허 등)의 논문 한편 당 초록을 5 ~ 20행 정도로 정리한 것이다. 그리고 그 한 페이지에는 약 15 ~ 20 정도의 초록이 게재되어 있다.

현재는 A4 판형에 1,000p 전후로 매주 2권 발행되고 있다. 그리고 이 같은 내용에 대한 총색인호가 일반항목에 따른 것 외에 저자명과 화합물명, 분자식 등에 대해서도 작성, 발행되고 있다. 또한 5년에 한번씩(예전에는 10년에 한번이었다) 그 사이의 사항을 전부 정리한 색인호가 발행되고 있다.

따라서 이것은 방대한 정보집으로 근래에는 1년 만에 도서관 크기의 책장 하나에는 다 들어갈 수 없을 정도가 되었다. 하지만 연구의 신규성(화합물의 신규성)을 확인하기 위해서는 이 정보지에서 확인할 필요가 있으며 화학연구에 있어 필수품이라 할 수 있다. 하지만 정보양이 방대해졌기 때문에 현재는 책자로 된 것 보다도 컴퓨터에 기록된 것을 사용하는 방법이 일반적이다.

근래에 와서는 무시무시한 속도로 새로운 유기화합물이 증가하고 있다. 그 중에는 약이 되어 우리들의 건강을 되찾는데 도움이 되는 것도 있지만 독이 되어 건강과 생명을 위협하는 것도 있다. 앞으로도 우리는 이와 같이 엄청나게 많은 종류의 유기화합물을 잘 이해하고 다뤄나가야만 한다.

일본 유기화학의 여명기

일본 근대유기화학의 여명기는 제국 대학 의과대학 약학과의 나가이 나가요시 교수의 에페드린 연구, 그리고 도호쿠 제국대학 이과대학 교수인 마지마 토시유키眞島利行(1874 ~ 1962)의 우루시올 연구를 통해 맞이할 수 있었다. 나가이교수는 앞에서 말한 것과 같이 독일의 호프만 교수 밑에서 연구를 했던 인물이다. 마지마 교수는 영국 유학 후 스위스의 빌슈테터Richard Martin Willstätter(1872 ~ 1942)교수 밑에서도 연구를 했던 바가 있는 인물인데, 이 두 개의 연구실이 일본 유기화학 연구의 원류라 할 수 있다.

나가이 나가요시는 한약재인 「마황」에서 에페드린을 분리하고 그 화학구조 연구에 착수했다.

에페드린은 원래 도쿄위생시험소의 기수技手,기술 관료의 일종였던 야

마시나 모토타다山科元忠가 진행했지만 불행하게도 야마시나가 급작스럽게 사망하면서 그 연구를 이어 받은 것이다. 나가이는 에페드린의 분리를 메이지 18년인 1885년에 보고하고 그 화학구조를 분명하게 밝혔다. 이 연구 성과는 일본의 약학은 물론 근대 유기화학의 여명기에 있어 하나의 큰 흐름을 만들게 된다. 그 뒤 에페드린은 천식에 특효약이라는 것이 밝혀지면서 인류의 축복이 된다. 그리고 에페드린의 화학 변환으로 1893년에 얻은 디옥시 에페드린은 뒤에 메스암페타민 또는 「히로뽕(필로폰)ヒロポン」이라는 이름으로 알려진 각성제가 된다.

한편 마지마 토시유키 쪽에서 연구한 옻은 식물의 수액 형태로 얻어졌을 경우에는 우루시올이라고 총칭되는 저분자화합물이다. 잘 알려진 것처럼 옻의 수액은 피부에 묻으면 발진이 생기는 독성을 지닌다. 하지만 이것을 목재 등에 도포하면 효소의 도움으로 중합polymerization, 고분자화합물로 변화하여 대단히 튼튼한 도장면을 형성하며 발진도 일으키지 않는다. 이처럼 옻은 천연물 그 자체였을 때는 저분자화합물, 가공했을 때는 고분자화합물로 변화하는 특이한 성질을 가진다.

일본 아오모리 시의 산마이마루야마 유적에서는 약 500년 전의 옻 제품이 출토되었는데 이를 통해 그 역사의 깊이를 알 수 있다. 또한 쓰가루나 와지마, 아이즈 등 일본 각지에는 독특한 칠기가 있어 각종 식기나 테이블, 문갑 등의 옻칠 제품이 만들어지며, 신사

불각이나 가마, 불단 등의 세공에도 이용된다. 이와테 현 히라이즈미 시의 아미타 불당은 최근에 큰 수리가 있었는데 원래는 헤이안 시대 말기(1124)에 마룻대를 만든 것이었다. 여기서도 아주 훌륭한 옻 세공을 볼 수 있다.

칠기를 영어로 「japan」이라 부르는 데서 알 수 있듯, 일본에서 칠기는 매우 친숙한 것이다. 이 우루시올의 화학구조 연구를 수행한 것이 마지마 토시유키의 연구그룹이었고 일본 유기화학위 원류 가운데 하나가 되었다. 마지마는 이후 홍화나 자초의 색소를 연구하기도 했다.

다카미네 조키치와 아드레날린

아드레날린은 앞에서 말한 나가이 나가요시가 연구한 에페드린과 화학구조도 생물활성 측면에서도 신기할 정도로 많이 닮은 화합물이다. 다카미네 조키치高峰讓吉(1854 ~ 1922)는 뒤에 도쿄 대학 공학부가 된 고부 대학교工部大学校 응용화학과 제1회 졸업생 가운데 한 사람으로 1873년에 입학, 1875년에 졸업했다. 그 당시 졸업생은 23명이었다. 당시 고부 대학교의 졸업생들은 제1등급부터 제3등급까지 순위가 매겨져서 1등급으로 졸업한 사람만이 공학사의 학위를 수여 받았다. 이 때 1등급을 차지한 사람 중에서는 조가학造家學,건축학의 다쓰노 긴고辰野金吾등이 있다.

다카미네는 화학 분야 6명의 졸업생 중 수석으로 졸업했지만 화학 졸업생은 모두 2등급 졸업이었다. 따라서 다카미네 조키치도 2등급 면장으로 공학사의 학위는 받지 못했다. 당시는 각 교육기관 마다 학사규칙 등이 달라서 앞에서 말한 것과 같이 같은 시기 (1883)에 도쿄 의학교(뒤에 도쿄 대학 의학부)를 8등으로 졸업한 기타사토 시바사부로는 종합 성적이 「을」이었지만 학사호를 얻었다. 아마도 도쿄 의학교에서는 졸업자 전원에게 학사호를 수여했었던 것으로 보인다. 그리고 고부 대학교 23명의 졸업생들 중 11명은 유럽유학을 명받았는데(이시이 켄도石井研堂, 『메이지 사물기원明治事物起原』〈四〉), 다카미네도 그 중의 한 명이었다. 이 일에 더불어, 후에 내무성의 직원으로 미국에 출장을 가게 된 일은 다카미네의 이후 운명을 크게 바꿨다.

사실 2006년은 기념할만한 해라 할 수 있다. 이 해에 공포된 『제15개정 일본약국방』에서는 『제14개정 일본약국방』까지 사용되던 에피네프린Epinephrine이란 명칭이 다카미네 조키치가 붙인 아드레날린Adrenaline으로 바뀌었기 때문이다. 이것은 이 호르몬의 발견자가 다카미네였다는 것이 인정되었기에 가능했던 결과로 이전까지 사용된 에피네프린이란 명칭은 1899년 미국의 아벨John Jacob Abel(1857 ~ 1938)이 붙인 이름이었지만 그가 얻은 것은 다른 것이었다. 그에 비해서 1901년 다카미네 조키치의 연구진이 아드레날린을 순수결정화 한 것이 재평가 된 것이었다. 참고로 유럽의 약전에서는 이전부터 아드레날린이라는 명칭을 사용해왔다.

아스피린과 헤로인의 탄생

버드나무과의 백버들Salix alba의 껍질에서는 1배당체인 살리신 Salicin을 얻을 수 있는데, 이를 가수분해하면 살리게닌saligenin을 얻을 수 있다. 그리고 다시 이 살리게닌을 산화하여 얻을 수 있는 것이 바로 살리실산salicylic acid이다.

한편 백버들과 전혀 다른 식물인 장미과의 터리풀Filipendula ulmaria 에서 얻은 성분은 이 식물의 옛 속명인 *Spiraea*에서 유래한 스피릭 산Spirsäire, Spiric acid이라는 이름이 붙게 되었다. 하지만 그 뒤 이 화합물은 앞서 얻어졌던 살리실산과 같은 것이라는 것이 밝혀졌다.

살리실산에는 해열진통작용이 있는데, 이 화합물은 위장에 좋지 않은 영향을 줄 수 있다. 하지만 살리실산의 수산기를 아세틸화시킨 아세틸 살리실산은 위장에 대한 부담이 적은데다 해열진통작용을 가진 것을 알게 되었다. 이 아세틸 살리실산의 상품명은 앞에서 말한 스피릭산, 즉 실리실산을 아세틸화 한 것에 해당하기에 아세틸화 된 스피릭산이란 것에서 각각 어두와 어미를 따온 것으로 아스피린은 [a(cetyl)+Spir(säire)+in]이라 할 수 있다.

이 화합물은 1853년에 합성이 보고된(*C. Gerhardt, ann, der Chemie und Pharnacie*, 87, 149 ~ 179(1853)) 것으로 1899년에

바이엘Bayer사가 아스피린이라는 이름으로 제조 판매하기 시작해서 오늘날까지 전 세계적으로 널리 사용되고 있다.

아스피린은 체내에 들어가면 신속하게 분해되면서 살리실산이 된다. 아스피린은 유용한 의약품이지만 당연하게도 대량으로 복용하면 생명에 지장을 초래할 수 있다. 체중 60킬로그램의 사람을 기준으로 아스피린 복용에 따른 반수치사량은 약 20그램이다. 또한 아스피린은 소아에게 심한 구토, 의식장해, 경련, 간장 장해, 저혈당병 등 같은 중증의 부작용을 나타낼 수 있는데 이것을 라이 증후군Reye syndrome이라 한다. 하지만 아스피린과 라이 증후군의 관련성에 대해서는 명확하게 밝혀지지 않은 부분도 있다고 한다.

덧붙여서 아스피린보다 조금 이전인 1893년부터는 역시 해열진통약인 아세트아미노펜(타이레놀)이 사용되고 있다. 타이레놀도 널리 신뢰 받고 있는 의약품이지만 이것을 대량으로 복용시켜 보험금 살인을 계획한 사건(사이타마 현 혼조 시 보험금 살인사건, 1999)이 발생한 적도 있다.

아스피린이 발매된 시기와 거의 같은 때인 1897년에 독일의 BASFBadischen anilin-und Soda-Fabrik사에서는 인디고 생산을 시작했다. 20세기를 불과 몇 년 앞두고 있던 이 시기는 근대합성화학공업이 개막된 시기였다. 뒤에서 다시 다루겠지만 BASF의 합성 인디고 공업은 독가스 제조 원료도 제공하게 된다.

또한 아스피린이 발매된 것과 같은 시기인 1898년에는 바이엘사에서 모르핀을 아세틸화한 헤로인을 발매하기도 했다. 헤로인은 탐닉성이 강한 마약이기에 현재는 의료용으로 사용되지 않고 있다.

러일전쟁과 정로환

전쟁과 의약품의 개발 사이에 깊은 관계가 있는 경우도 있다. 후술하겠지만 항생물질의 재발견이나 발전은 제2차 세계대전과 대단히 밀접한 관계가 있다.

오늘날까지도 식중독이나 냉병에 따른 설사, 그리고 치통 등에 자주 사용되는 약품 중에 「정로환正露丸」(다이코 약품大幸藥品)이라는 것이 있다. 지금도 유명한 이 의약품은 러일전쟁(1904 ~ 05) 개전 2년 전인 1902년에 발매되었다. 위생 상태가 좋지 못했던 당시, 일본 군대에서는 외지에서의 전사보다 병사 쪽이 더 많은 형국으로, 「정로환」은 바로 이런 상황에서 목질 성분에서 추출한 크레오소트wood-tar creosote를 주원료로 하여 개발된 것이었다. (모리구치 노부아키森口展明 외, 『약사학잡지藥史学雑誌』 제42권, 100p)

육군에서는 처음에 이 환약을 「크레오소트환クレオソート丸」이라고 불렀다. 모리 린타로를 비롯한 육군의 군의관들은 각기병이 미지의 미생물에 의한 감염증 일 것이라는 가설을 확신하고 있었다. 때문에 강력한 살균력을 가진「크레오소트환」은 각기에 대해서도

효력이 있을 것이라 생각하고 러일전쟁에 파견된 장병들에게 매일 복용시켰다. 당시에는 시대배경도 있어서 노서아露西亞, 즉 러시아를 정벌한다는 의미로 이 환약에는 「정로환征露丸」이라는 속칭이 붙게 되었다. 물론 이 약은 각기에는 효과가 없었지만 지사작용과 치통을 억제하는 효과는 당시 참전했던 군인들을 통해 입에서 입으로 선전되었고 「노서아(러시아)를 쓰러뜨린 만능 약」이란 지위를 획득했다.

하지만 제2차 세계대전 종전 이후 국제적 신의 문제로 정벌하다의 의미를 지닌 「征」을 사용하는 것은 좋지 못하다는 이유로 「征」을 「正」으로 바꿔 현재는 「正露丸」이란 명칭을 사용하고 있다. 그 뒤 1954년에 다이코약품이 상표 등록한 「정로환」이란 이름의 상표 등록권에 대한 법적 분쟁이 있었지만 결국 1974년에 「크레오소트를 주제로 한 정장제의 일반적인 명칭으로 국민들 사이에 널리 인식되어 있다」라는 최고재판소의 판결이 나오면서 「정로환」을 고유의 상표로 인정한 특허청의 1954년 심결은 취소되었다. 그 덕분에 지금은 일본은 물론 한국이나 타이완에서도 다양한 「정로환」이 나오고 있다.

두 번의 세계대전과 생화학병기

근대유기화학의 발달은 과학의 각 방면으로 응용을 가능하게 했는데 그것은 그야말로 근대유기화학의 빛과 그림자라고도 부를 수 있었던 것이었다. 근대를 맞이한 세계 각지에서는 국가와 국가 간의 분쟁, 즉 전쟁이 빈번하게 발생했고, 이에 따라 전쟁에 과학(화학)을 응용하려는 움직임이 나타나게 되었다. 그리고 그 결과가 새로운 독의 이용법 발견, 다시 말해 생화학병기의 개발이었다.

생화학병기의 첫 목적은 상대방의 전의를 떨어뜨리는 것이었다. 그 기원은 의외로 오래돼서 기원전 5세기의 아테네와 스파르타 사이에 벌어진 펠로폰네소스전쟁에서 시작되었다고 한다. 스파르타군은 송진과 유황을 태워 농성 중이던 아테네 군을 독한 연기로 몰아세우는 공격을 했었으며 이보다 목가적(?)이고 원시적인 생화학병기로는 싸울 의지를 상실시키기 위해 사람 또는 동물의 분변을 뿌리는 방법도 있었다.

오늘날에는 핵Atomic, 생물학Biological 및 화학Chemical병기의 머리 글자를 따서 ABC병기라 하기도 한다. 이 가운데 화학병기 및 생물병기는 개발과 제조 비용이 상대적으로 저렴하면서 소규모의 시설에서 은밀하게 개발·제조할 수 있기에 「가난한 자의 핵병기」라고도 불린다. 애초에 인도적인 병기란 것이 존재할 수 없겠지만 그 중에서도 ABC병기는 모두가 불특정다수의 비전투원에게도 피해를 줄 수 있다는 점에서 더욱 비인도적인 병기라 할 수 있다. 또한 그 제어도 곤란하기에 개발·응용해서는 안 될 병기로 취급된다. 화학병기에 대해서는 제1차 세계대전 종전 이후인 1925년 6월

17일에 서명된 제네바 의정서Geneva Protocol를 통해 사용금지 결의
가 이루어졌다.

하버Fritz Haber(1868 ~ 1934)는 1907년에 공중질소 고정법 가운
데 하나인 암모니아 합성법을 개발했다. 이 업적을 통해 하버는
노벨상을 수상했는데, 조국인 독일에 대한 애국심에서 독가스 연
구를 주도한 것으로도 유명하다.

독일군은 제1차 세계대전(1914 ~ 18)이 한창이던 1915년 4월,
벨기에의 이프르(제2차 이프르 전투Second Battle of Ypres)에서 프랑
스군을 상대로 염소가스를 사용했는데 이 때 중독자 104,000명에
5,000명의 사망자가 발생했다. 그리고 독일군은 1917년에 또 다시
이프르에서 독가스를 사용했다. 이번에는 유기합성으로 만들어진
독가스였는데. 영국군은 특유의 겨자 비슷한 냄새에서 「머스터드
가스mustard gas」라 했으며, 프랑스군에서는 이프르라는 지명에서
따와 「이페리트ypérite」라고 불렀다. (ClCH$_2$CH$_2$)$_2$S라는 화학식으로
표현되는 이 화합물은 사실 점성이 있는 액체이며 이미 1859년에
독일에서 합성된 바 있었다. 이페리트는 수포작용제로 분류되는
데 고무에 대한 침투성이 있어서 고무 코팅된 방호복으로는 충분
한 보호를 받을 수 없다. 이페리트의 합성원료인 에틸렌 클로로히
드린(ClCH$_2$CH$_2$OH)은 앞에서 말한 BASF사가 청바지 등의 염색
에 사용되는 합성인디고의 제조과정에서 대량으로 만들어 낸 것
이었다.

1943년 이탈리아의 아드리아 해에서 이페리트 100톤이 유출되는 사고가 있었다. 조사결과 그 주변 주민들의 백혈구가 감소한 것이 발견되었는데, 이 때문에 이페리트나 이와 비슷한 질소머스터드(예를 들면 HN-2라고 불려지는 $(ClCH_2CH_2)_2NCH_3$ 등)를 백혈병 치료에 사용할 수 있지 않을까 하는 논의가 나왔다. 그리고 실제로 질소 머스터드는 항암제(백혈병 및 림프종)로 실용화되었는데, 이는 독에서 약으로의 전환 사례라고 할 수 있다. 이와 같이 독가스 연구도 때로는 인류의 힘이 되는 연구가 될 수 있었다. 과학은 어떻게 사용하는 가에 따라서 인류에게 도움이 될 수도 위협이 될 수도 있는 것이다.

그리고 인류 역사상 처음으로 독가스가 사용되고 몇 해 지나지 않은 1924년, 후에 나치스 독일의 총통이 되는 히틀러Adolf Hitler(1889 ~ 1945, 총통재임 1934 ~ 45)는 형무소(특별처우를 받고 있었다)에서 유대인 배격을 중심으로 하는 내용의 「나의 투쟁Mein Kampf」을 구술필기로 집필했는데, 독일에 대한 애국심으로 독가스를 연구했던 하버는 유대인이라는 이유로 히틀러에 의해 추방당했다. 또한 히틀러 지배 하의 독일에서는 사이안화수소hydrogen cyanide인 치클론 Bzyklon B가 대량 학살에 사용되는 어두운 과거가 있었다. 치클론 B는 아우슈비츠에서 유대인 대량 학살목적으로 사용되었다. 사용법은 일반적 화학병기와 조금 달랐지만 화합물을 사용한 비인도적 대량 살인이라는 점에서는 완전히 똑같다.

처음 화학병기는 염소가스로 시작, 이페리트 같은 수포작용제로 발전했는데, 나치스 독일에서는 신경가스가 탄생했다. 현재 알려진 신경가스로는 사린이나 소만, VX, 타분 등을 들 수 있다. 신경가스 제1호인 타분Tabun은 나치스가 정권을 잡은 독일에서 농약을 개발하던 과정에서 만들어졌다. 1937년, 독일의 슈라더Gerhard Schrader(1903 ~ 90)는 살충제의 개발과정에서 인간에게서도 동공축소나 호흡곤란 등의 위독증세를 일으킬 수 있는 화합물을 발견했는데 그것이 바로 타분이었다. 이 이야기는 나치스 정권에도 전해졌으며 슈라더는 독가스 연구에 착수하게 된다. 그리고 1938년에는 사린이 만들어졌다. 사린sarin은 슈라더를 포함, 공동으로 개발했던 4명의 이름(Schrader/Ambros/Rüdriger/Linde)의 일부를 조합해서 만든 명칭이다. 한편 소만Soman은 1944년 제2차 세계대전 말기인 독일에서 개발되었으며 VX는 1952년에 영국에서 처음 만들어졌는데 이후 화학병기로서는 미국에서 개발이 이루어졌다.

이 같은 신경가스의 화학구조는 유기인계 살충 농약인 파라티온parathion(급성독성이 강해서 특정독물로 지정되었으며 1971년에 사용 금지가 됨)이나, 디클로르보스Dichlorvos, DDVP 및 말라티온malathion(급성독성은 낮음), 가정원예에서 자주 사용되는 오르센orthene의 주성분인 Ortho 12420(아세페이트acephate)의 화학구조와 서로 많이 닮았다.

1995년 3월 20일, 일본에서는 「도쿄 지하철 사린 사건」이라는 전대미문의 테러가 발생, 5,522명이나 되는 일반시민이 피해를 입었다. 우리들에게는 그저 5,500명이라는 피해자의 수만이 뇌리에 스치겠지만 그 한 사람 한 사람의 피해자와 가족들의 인생이 있다. 무라카미 하루키의 『언더그라운드』는 바로 이것을 말하고 있다.

한편 생물병기로 주로 사용되는 것은 탄저균과 콜레라균, 페스트균등의 세균이다. 이 같은 균이 사람에게 피해를 끼치는 경우는 화학물질인 독소를 만들어내기 때문이다. 따라서 생물병기와 화학병기의 구별이 애매모호한 부분도 있다.

생화학병기를 조직적으로 연구한 예로는 제2차 세계대전 당시 만주에서 이루어진 구 일본 육군 731부대의 실험을 들 수 있다. 731부대에서는 세균병기의 개발과 인체실험이 실시되었다고 하는데, 그 비인도적인 실태가 밝혀지면서 사람들을 경악하게 만들었다. 게다가 일본에서도 분자 중에 비소 원자가 포함된 수포작용성 독가스인 루이사이트(CICH=CHAsCl$_2$)가 제조된 역사가 있다. 루이사이트는 제1차 세계대전 말기에 미국과 독일에서 거의 동시에 개발된 것으로 일본에서는 쇼와昭和 5년인 1930년 이후, 히로시마의 오쿠노 섬에서 제조되었다.

하버와 호시 하지메 그리고 모르핀

일본에서 근대기업으로 모르핀의 제조를 처음으로 이룬 것은 호시 하지메星—(1873 ~ 1951)가 세운 호시제약소星製藥所였다. 후쿠시마 현 출신인 호시 하지메는 도쿄 상업학교를 졸업하고 미국의 콜롬비아 대학에서 경제학과 통계학을 배운 뒤, 일본에서 호시제약소를 창업하고 피부외용약인 이히티올ichthyo을 발매하여 재산을 불렸다. 호시 하지메는 쇼트 쇼트short-short라는 초단편 소설 장르의 개척자로 유명한 작가 호시 신이치星新—(1926 ~ 97)의 아버지이기도 하다. 그리고 호시 하지메가 1911년, 자신의 회사 내에 설치한 교육 부문에서 발전한 것이 지금의 호시 약과 대학星薬科大学이다.

호시는 입헌정우회立憲政友会의 고토 신페이後藤新平(1857 ~ 1927)와 친구였다. 그리고 호시는 타이완산의 아편을 원료로 한 모르핀을 제조했는데, 고토가 속한 입헌정우회와 정치적 대립 관계에 있었던 헌정회憲政会의 가토 다카아키加藤高明(1860 ~ 1926)가 수상으로 취임하면서『호시제약사건星製薬事件』이라는 기괴한 사건이 발생했다. 1925년에 호시가 아편밀수 용의로 기소된 것이다. 1심은 유죄였지만 2심에서 무죄를 선고받았다. 결국 누명이었을 것이라 생각되지만 이 때문에 호시제약의 사업은 큰 타격을 받고 말았다. 이 과정에 대해서는 호시 신이치가 자신의 아버지와 아버지의 은인이었던 하나이 다쿠조花井卓蔵에 대하여 쓴 전기소설『인민은 약하고 관리는 강하다人民は弱し 官吏は強し』에 자세히 나와 있다.

호시 하지메는 과학자의 후원자이기도 했다. 예를 들면 호시는 자비를 들여 앞에서 말한 공중질소 고정법으로 유명한 하버를 1924년에 일본으로 초청했다. 하버는 도쿠가와 막부의 쇄국 정책으로 오랜 세월 동안 세계의 흐름에 뒤처져 있다가 빠른 속도로, 그것도 스스로의 힘으로 근대화를 이룬 것에 깊은 감명을 받고 일본이라는 나라에서 큰 가능성을 느꼈다고 한다. 그리고 호시의 배려로 일본과 독일의 문화교류를 행하는 기관으로서 1926년 5월에 베를린 일본연구소(일본학원)가 개설됐는데 하버는 스스로 이 연구소의 소장이 되었다. 1년 후에는 도쿄에 자매기관으로서 독·일 문화협회가 발족되었다.

한편 이 베를린 일본연구소 설립된 것은 「호시제약사건」과 맞물린 시기이기도 했다. 때문에 자금 사정이 좋지 않았던 호시는 자택을 담보로 잡으면서까지 돈을 마련하여 1926년 베를린 일본연구소의 개업에 맞춰 기부금의 마지막 부분을 송금했다고 한다. 또한 이것은 그다지 잘 알려지지 않은 사실이지만 호시 하지메는 고향 친구인 노구치 히데요가 귀국할 때에도 당시로서는 상당한 거금이었던 5000엔을 기부했다. 이처럼 호시 하지메는 한 기업의 경영자로서 뿐만 아니라 각종 문화 활동에도 크게 힘을 쏟은 인물이기도 했다.

3. 각종 질병에 대항하는 치료법의 여명

기타사토 시바사부로와 파상풍균 순수배양,
파상풍 및 디프테리아 면역요법

　결핵균과 콜레라균을 발견한 코흐 밑에서 수학한 기타사토 시바사부로는 파상풍균의 순수배양에 성공했다. 파상풍균은 토양 속에 존재하며 오염된 상처를 통해 감염, 심부에서 괴사를 일으킨다. 파상풍 독소tetanus toxin는 분자량 약 15만의 단백질 신경독으로 신경근접합부에서 신경종말에 침입, 축삭에서 천천히(매일 75mm 정도) 척수 쪽으로 이동하여 수일에서 수 주간에 걸쳐서 척수로 도달하면 독성을 나타낸다. 때문에 파상풍균의 감염으로 신경장해가 발생하는데는 시간이 걸린다.

　한편 기타사토는 베링Emil Adolf von Behring(1854 ~ 1917)과 함께 디프테리아 연구도 했다. 디프테리아는 디프테리아균Corynebacterium diphtheriae에 감염되어 주로 호흡기의 점막에 손상을 입히는 급성전염병이다. 이 균이 만들어내는 균체외 독소는 심근염, 급성 신괴사, 말초신경병증 등의 합병증을 일으키고 전신 상태 악화에서 1 ~ 2주만에 사망하는 일도 있다. 게다가 감염되면 사망률이 40%까지 이른다고 한다.

기타사토와 베링은 말에게 디프테리아 독소를 소량씩 투여해서 면역되는 것을 보고 그 혈액에서 혈청을 정제하여 항독소 혈청을 만들었으며 이를 응용한 디프테리아 치료법(혈청요법)을 개발했다. 이 연구는 기타사토와 베링의 공저로 1890년에 발표되었고 1901년의 제1회 노벨 생리학, 의학상의 수상대상이 되었다. 하지만 이상하게도 이 상은 베링 단독 수상이었다. 디프테리아의 혈청요법은 사실 기타사토가 고안한 파상풍의 면역요법의 발전으로, 말하자면 디프테리아 혈청요법의 창시자는 기타사토였던 셈이다. 따라서 이 노벨상의 수상자에서 기타사토를 빼버린 것은 납득이 가지 않는 일이었다. 베링은 여러 가지 정치적 방법을 구사하여 이 노벨상의 단독수상에 이르렀는데 이 시기의 일본과 독일의 국력 차이나 당시 아시아계 인종에 대한 멸시 등이 이 불공평한 수상에 영향을 준 것이 틀림없다. 하지만 베링은 수상했을 당시 이 업적은 기타사토가 있었기에 가능했던 것이라 말했다고 한다.

에를리히와 화학요법

세균학의 발전으로 이번에는 감염증의 예방, 치료법이 고안되기 시작했다. 그 방법으로는 코흐 밑에서 수학 중이었던 기타사토 시바사부로를 비롯한 연구진이 개발한 디프테리아 항독소 같은 면역학적 방법 외에 사람에게는 독성이 적지만 병원미생물에게는 치명적 독인 선택 독성을 지닌 화학물질을 적극적으로 의료에 응용하는 방법이 고안되었다. 이것을 「화학요법」이라 하는데, 여기에 사용되는 약제를 화학요법제라고 한다. 화학요법제는 다른 이름으로 「마법의 탄환magic bullet」이라고도 한다. 화학요법제의 사고방식은 머지않아 항생물질의 발견에도 연관되어갔다.

화학요법은 코흐의 제자인 에를리히가 주도하여 전개되었다. 그리고 1904년, 에를리히는 수면병의 병원체로 혈액기생성의 원충인 파동편모충속(트리파노소마)에 선택적으로 독성을 지닌 트리판로트를 발견한다. 또한 1910년에는 매독의 치료제가 되는 살바르산을 발견했다. 전자에는 기타사토 시바사부로의 제자 시가 기요시, 후자에는 마찬가지로 기타사토의 제자인 하타 사하치로가 각각 에를리히의 밑에서 수학 중에 협력하여 성과를 거뒀다.

화학요법은 거듭된 항생물질의 발견으로 비약적인 진보를 얻고 지금에 이르렀으며, 이런 덕분에 인류는 결핵과 매독 등의 위협에서 벗어날 수 있었다. 또 과학의 발전은 전염병이나 독이 신과 같은 초자연적 존재가 행하는 신비가 아니라 과학적으로 증명할 수 있는 현상임을 알게 되었다. 그리고 적어도 전염병에 대해서는 병원균의 존재를 알게 된 시점에서 과학적 설명이 붙었다. 하지만 독의 과학적 설명에 대해서는 아직 좀 더 근대유기화학의 발전을 기다릴 필요가 있었다.

스즈키 우메타로와 비타민B₁

유독성분이 인체에 들어오면 악영향을 주게 된다. 하지만 이와
더불어 이 시대에는 체내에 해당 성분이 부족활 경우에 건강에 악
영향을 주는 화합물의 존재도 발견되었다. 그 가운데 하나가 앞에
서 말한 호르몬이며 나머지 하나가 바로 여기서 언급할 비타민이
다. 호르몬과 비타민 모두 몸에 필요한 미량물질이지만 아드레날
린 같은 호르몬이 체내에서 합성되는 것과 달리, 비타민은 외부에
서 섭취해야만 하는 필수 미량성분이라는 차이가 있다. 그리고 호
르몬도 비타민도 처음 발견한 것은 메이지 시대의 일본인이었다.

비타민 중에서 처음으로 발견된 것은 현재도 비타민B₁이라 불리
는 화합물이다. 이를 발견한 것은 스즈키 우메타로鈴木梅太郎(1874
~1943)로 1910년에 그 존재가 발표되었다.

비타민B₁이 부족하면 각기병beriberi에 걸린다. 오늘날에는 극히
평범한 상식이지만 당시에는 원인을 알 수 없는 병으로, 각기와 함
께 일어나는 심장장해인 각기충심脚氣衝心으로 죽음에 이르는 무서
운 병이었다. 당시 일본 육군에서는 각기의 원인은 미지의 각기균
일 것이라고 추정하고 있었다. 앞에서 말한 것과 같이 이 이론에
정면으로 맞선 것이 기타사토 시바사부로였다. 기타사토는 자신
이 연구하는 세균학의 관점에서 이 병이 병원균에 의한 것이 아니
라는 것은 금새 알아차렸지만 병의 원인은 좀처럼 알 수 없었다.

메이지 43년인 1910년, 도쿄 대학 농과대학의 교수 스즈키 우메타로는 도쿄 화학회(지금의 일본 화학회)에서 각기병에 걸린 닭에 효과가 있는 성분을 쌀겨와 쌀눈에서 추출, 이것을 베리베리에 대항한다는 의미로 아베릭산アベリ酸, aberic acid이라 이름 붙여 발표했다. 이 연구는 이듬해에 논문으로 발표되었다. (U. Suzuki, T. Shimamura, *J. Tokyo Chem. soc.*, 32, 4(1911) 뒤에 이 화합물은 염기성 성분인 것을 알았고 벼의 학명인 *Oryza sativa*를 빌려서 오리자닌*Oryzanin*으로 개명되었다. 이 발표야 말로 세계에서 가장 앞선 비타민의 발표였다.

하지만 당시에는 각기병이 각기균에 의한 것이라는 설이 군의총감 모리 린타로를 비롯, 의학계의 지배적인 의견이었고 「농학자이지 의학자가 아니다」라며 스즈키가 발표한 각기병 관련 보고에 귀조차 기울이려 하지 않는 풍조까지 있어, 이 훌륭한 업적은 정당한 평가를 받지 못했다.

한편 영국 런던 리스터연구소의 풍크Cacimir Funk(1884 ~ 1967)도 쌀겨에서 조류의 백미병에 같은 효과를 보여주는 성분을 추출했다. 그리고 이것이 염기성을 나타내는 것에서 생명에 없어서는 안 되는 (vital) 아민(amine)이라는 의미로 비타민(vitamine, 뒤에 vitamine B$_1$으로 개명)이라는 이름을 붙여 발표되었다. (C. Funk, *Brit. Med. J.*, Ⅱ, 787 (1912)

분명히 스즈키의 발표는 풍크의 발표보다 앞섰지만 일본에서의 편견과 의학자들의 지지를 얻지 못한 것이 탈이 되어 지금에 와서는 국제적으로 풍크의 업적과 비타민B$_1$이라는 이름만이 남아 있다.

이렇게 잘 알려지지 않은 사실은 이것 말고도 더 있는데, 1936년에 비타민B$_1$의 정확한 화학구조를 세계에 처음으로 발표한 것 또한 일본인 연구자들로 당시 만철滿鉄병원인 대련의원大連病院에 근무했던 마키노 가타시牧野堅(1907 ~ 90)를 중심으로 한 연구진들이었다(K. Makino, T. imai, *Hoppe-Seiler'sZ. Physiol. Chem.*, 239, Ⅰ(1936)).

인슐린의 발견

예부터 당뇨병은 반드시 죽음에 이르는 병이라며 두려워했다. 하지만 인슐린이 발견된 이후, 전 세계는 이러한 공포에서 벗어날 수 있었다.

인슐린의 발견은 1920년 10월, 밴팅Frederick Grant Banting(1891 ~ 1941)의 조금 엉뚱하다고 할 수 있는 발상에서 시작되었다. 1916년, 토론토 대학에서 의학을 공부한 그는 별로 신통치 않은 개업의였다. 밴팅은 자신의 아이디어를 탄수화물 대사의 권위자였던 매클라우드교수John James Rickard Macleod(1876 ~ 1935)에게 상담했지만 좀처럼 받아들여지지 않았다. 하지만 끈질기게 교섭한 결과 1921년 여름에 매클라우드 교수가 2개월간 스코틀랜드 행 휴가를 떠난 동안에 실험실과 실험조수, 그리고 10마리의 개를 사용할 수 있게 되었다. 이 때 동전의 앞뒤로 정하는 내기의 결과, 밴팅의 조수를 맡게 된 것이 베스트Charles Herbert Best(1899 ~ 1978)였다.

그들은 단기간의 실험 중에 췌장에서 당뇨병에 걸린 개에게 주사하면 혈당을 낮추는 효과가 있는 물질을 발견했다. 이 화합물은 뒤에 매클라우드에 의해 인슐린insulin이라는 이름이 붙여졌다.

예정된 2개월이 지나고 이 연구에 약간의 실마리가 보였을 때 밴팅의 희망대로 이 연구에는 매클라우드 교수와 생화학자인 콜립James Collip(1892 ~ 1956)이 참가하게 되면서 보다 순도가 높은 인슐린 조제에 성공할 수 있었다. 그리고 콜립은 인슐린에 의해 간장이 글리코겐을 생성할 수 있게 된다는 것 또한 발견했다. 상황이 이렇게 되자 어느새 이 연구는 매클라우드 주도 하에서 프로 연구자인 콜립이 리드하는 형태로 바뀌었으며 밴팅과 베스트는 그들의 조수 취급을 받게 되었다. 그 때문에 밴팅 및 베스트와 이 두 사람 사이의 협력 관계는 깨졌으며 밴팅에게 폭력을 당한 콜립은 팀에서 빠졌다. 인슐린은 1923년에 미국의 엘리 릴리Eli Lilly and Company사에 의해서 상품화 되었다.

1923년, 이 성과를 인정받아 캐나다 최초의 노벨상(생리학, 의학상) 수상자가 탄생했다. 수상자는 밴팅과 매클라우드였는데, 밴팅은 매클라우드도 수상자가 되었다는 사실을 듣고 크게 분노했고 베스트야 말로 상을 받을 자격이 있다며 베스트에게 자신의 상금 절반을 주겠다고 선언했다. 이에 대해서 2주일 후 매클라우드도 콜립에게 상금을 반 나누어 주겠다고 발표했다.

밴팅은 의회에서 종신연금을 수령할 수 있게 된데다 적은 양밖에 얻을 수 없었던 인슐린의 관리도 하게 돼 절대적인 권력을 쥐게 된다. 그는 머지않아 매클라우드에 대한 적의를 표면으로 드러내게 되었고 원색적인 비난을 퍼부었다. 있는 일 없는 일로 비판을 당한 매클라우드는 이를 견디지 못하고 1928년, 결국 토론토 대학에서 퇴직한 뒤 영국으로 돌아가서 모교인 애버딘 대학의 교수가 되었다. 그 뒤 소장의 당 흡수 등의 연구 외에 의학 교과서의 집필로도 평가를 받았다. 하지만 토론토에서의 사건은 결코 입 밖으로 말하는 일이 없었다고 한다. 그의 온화한 성품은 학생과 동료들에게 인정받고 있었다.

한편 당연한 일이겠지만 토론토 대학 구내에는 밴팅·베스트 연구소가 설립되었다. 하지만 밴팅은 자신의 이름이 베스트와 대등하게 취급되는 것 또한 그리 달가워하지 않았다고 한다. 이 연구소는 그 뒤 이렇다 할 성과를 올리지 못했으며 밴팅은 1941년 군의관으로서 전쟁터로 향하던 도중 비행기 사고로 사망했다.

밴팅이 콜립과 화해하고 1941년 2월에 몬트리올의 호텔에서 만났을 때 밴팅은 콜립에게 「인슐린 발견 공적의 80퍼센트는 자네, 10퍼센트가 베스트, 그리고 나머지가 매클라우드와 나라네」라는 말을 했다고 한다. 그것은 밴팅이 사고로 사망하기 불과 5일 전의 일이었다.

한편 베스트는 그 뒤 매클라우드의 후임으로 토론토 대학의 교수가 되었다. 하지만 그에게는 항상 밴팅과 명성을 함께해야하는 운명이 기다리고 있었다. 밴팅은 베스트의 두드러짐을 경계했으며 한편 베스트는 무지하고 난폭한 밴팅을 존경하지 않았다. 하지만 이 긴장관계도 밴팅의 죽음으로 해소되고 그 뒤 베스트는 헤파린heparin의 분리와 그 외의 연구에서도 평가를 받아 노후에 이르러 겨우 평온한 연구생활을 보냈다고 한다.

나중에 매클라우드는 인슐린의 발견에 있어 묻어가기로 노벨상을 수상한 것이라는 소리를 들었다. 하지만 연구를 수행하는데 매클라우드가 없었으면 중요한 역할을 맡은 콜립이 연구팀에 배속될 일도 없었을 테고 엘리 릴리사에서 빠르게 상품화하는 일도 없었을지 모른다. 또한 매클라우드가 인슐린 추출, 정제에서 임상실험까지 이르는 연구체제를 훌륭히 조직화하지 못했다면 이 연구가 제대로 이루어지지 않았을 것이라는 점은 말할 것도 없을 것이다.

항생물질의 발견과 재발견

1929년 영국의 플레밍Alexander Fleming(1881 ~ 1955)이 작성한 페니실린 발견 논문이 학술지에 발표 되었다(*Brit. J. Exp. Path.*, 10, 226 (1929)). 별 특징이 없어보이는 보고였지만 내용적으로는 충실한 논문이었다. 이 논문에는 샬레에서 배양한 푸른곰팡이*Penicillium*가 포도구균의 증식을 현저히 억제하는 물질을 생산한 것과 이 성분에 페니실린이라는 명칭을 부여한 사실, 그리고 각종 균이나 곰팡이에 대한 페니실린의 효력 비교, 즉 요즘 말하는 항균 스펙트럼도 실려있었다.

이 논문은 1930년대 말 플로리Howard Walter Florey(1898 ~ 1968)와 체인Ernst Boris Chain(1906 ~ 79)에 의해서 발굴되면서, 항생물질의 재발견이 이루어졌다. 푸른곰팡이에서 추출된 페니실린은 전쟁 당시 부상병들의 화농성 염증 방지에 탁월한 효과를 나타냈고 폐렴이나 패혈증으로부터 많은 생명을 구했다. 플로리와 체인은 플레밍과 함께 1945년 노벨 물리학과 의학상을 수상했다.

하지만 페니실린은 결핵균에는 별다른 효과가 없다. 결핵균에 효과가 있는 의약품으로는 1943년에 발견된 파라아미노살리실산 (PAS)가 있었고 그 뒤 아이소나이아지드(INAH)가 1952년에 발견됐지만 의미있는 약효를 지닌 항생물질의 효시는 방선균의 일종인 *Streptomyces griseus*에서 추출된 스트렙토마이신이다. 스트렙토마이신은 1944년에 왁스먼Selman Abraham Waksman (1888 ~ 1973)이 보고 했다. 왁스먼은 스트렙토마이신의 발견으로 1952년 노벨 생리학, 의학상을 수상했다. 그리고 최근에 발견된 항생물질 생산균의 대부분은 토양에 서식하는 방선균Actinomyces이다.

어떤 화합물이 의약품이 되기 위해서는 그 화합물을 필요로 하는 환자에게 필요한 만큼 공급할 수 있어야 한다는 조건이 붙는다. 실제로 페니실린도 충분히 공급가능 할 수 있게 되기 이전까지 여러 곡절이 있었는데, 패혈증 환자에게 정제 페니실린을 투여, 극적인 증상 개선이 있었지만 완치할 때까지 충분히 투여할 수 있는 만큼의 정제 페니실린 생산이 이루어지지 않아 결국 환자가 사망해 버리는 일도 있었다고 한다.

한편 일본의 경우, 제2차 세계대전 당시 「페니실린」이란 단어는 적국의 언어였기에 페니실린이라는 말 대신 「헤키소碧素」라는 일본식 한자 이름을 붙여 연구를 진행했다. 그리고 잠수함편으로 몰래 들여왔다고 하는 『키제의 총설キーゼの総説』(정식 명칭은 『곰팡이와 세균에서 얻어진 항균활성물질을 통한 화학요법カビと細菌から得られた抗菌活性物質による化学療法』)이라 불린 논문(M. Kiese, *Klinische Wochenschrift*, 22, August 7 (1943))을 토대로 페니실린 연구가 이루어졌다고 한다. 이 벽소(헤키소) 연구에 참가한 항생물질 연구자 중에는 뒤에 카나마이신kanamycin과 블레오마이신bleomycin 등을 발견한 우메자와 하마오梅沢浜夫(1914 ~ 86)등이 있었다.

제 5 장   현대의 독과 약

현대과학의 발전은 독과 약의 측면에서도 눈부신 발전을 이루었고 오늘날 우리들은 그 은혜를 누리고 있다. 하지만 한편으로는 현대에 들어오면서 과학의 발전으로 인한 폐해가 여러 방면에서 나타나고 있는 것도 사실이다.

유기화학과 미생물학, 항생물질학의 발전, 그리고 유전자공학의 출현과 발달은 우리들이 이 때까지 전혀 손을 쓸 수 없었던 질병의 치료법을 줬다. 근대에서 현대로 넘어가는 시점에 발견된 항생물질은 이전까지 의약품의 대상이라 생각지도 못했던 미생물의 대사산물을 의료에 응용하는 것으로, 이것의 발견을 통해 인류는 폐렴이나 결핵 등에 약으로 대처하는 방법을 손에 넣은 것이다.

하지만 정말 얄궂은 일은, 항생물질을 쉽게 손에 넣어 널리 사용하게 되면서 항생물질에 대한 내성을 지닌 균이 나타나는 새로운 사태에 이르렀다는 점이다. 또한 이미 서문에서도 말했지만 우리 인류를 질병의 두려움으로부터 해방시켜준 세균학이나 유기화학의 발달이 역으로 세균을 사용한 테러나 화학병기의 개발이라는 상정 외의 문제를 낳기도 했다. 한편에서는 에이즈나 에볼라, 신형 인플루엔자, BSE(광우병) 같은 새로운 질병과 병원체가 출현했는데, 혈우병 환자에게 있어 혈액제제의 출현은 축복이었지만 혈액제제에 에이즈를 발병시키는 HIV 바이러스가 혼입되면서 혈우병 치료를 받던 중에 에이즈가 발병하는 등 새로운 형태의 의료 재해도 발생했다.

이것은 이전에는 전혀 생각할 수 없었던 질병 전파의 수단이라고 할 수 있다.

현대로 오면 국제교류는 한층 나아가서 전화는 물론 인터넷으로 정보는 순식간에 온 세상으로 퍼진다. 이러한 정보 기술에 더불어 항공기의 발달로 사람들의 왕래나 물류의 흐름 또한 빨라져 병원균이나 독까지 순식간에 전 세계로 퍼져버리는 세상이라고 할 수 있다. 따라서 현대에 들어와서는 독과 약에 관한 정보를 지역별로 기술할 필요가 없을 지도 모르겠다.

한편 합성화학으로 태어난 많은 의약품은 원래 의약 목적으로 화합물을 만들어 내서 그것을 의료에 응용하는 것이었다. 조금 이상하게 들릴지 모르겠지만, 이 같은 의약품의 등장은 사람들로 하여금 「약은 그저 약」이라는 착각에 빠지도록 만든 기분이 든다. 우연이거나 시행착오의 결과로 발견된 이전까지의 약과는 다르게 처음부터 약으로 쓸 것을 목표로 만들어진 화합물이 많기 때문이다. 현대사회에서 의료에 응용되는 약들의 대부분은 화학합성약품이 차지하고 있다. 처음부터 약으로서의 효과를 기대하고 탄생시킨 화합물(의약품)이기에 어쩌면 이것이 독이 될지도 모른다는 인식 또는 사용법이 틀리면 독이 된다는 인식은 가지기 어려울 지도 모른다. 하지만 이러한 인식을 결코 잊어서는 안 될 것이다.

현대의 일본은 독과 약에 관해서 생각을 해 봤을 때 다시 한 번 주목해 둘 필요가 있다. 그것은 여타 선진국과 비교해서 가장 기본적인 점에서 뒤떨어져 버린 일본 의료제도에 대해서다. 일본 의료는 고대 중국 의료를 도입해서 에도 시대까지 응용했고 개량해 왔는데 에도 시대에 난방이라 불리는 네덜란드의학도 도입하여 병립해 왔다. 하지만 메이지 정부는 독일 의학을 도입하는 것에서 그 때까지의 주류였던 한방의학을 돌연히 배제해 버렸다. 게다가 2차대전 종전 이후 미국이 현대과학을 주도하게 되면서, 일본 의학도 미국의학으로 기울어지게 되었다. 하지만 서양의학으로는 대처하지 못하는 질병도 존재하기에 근년 들어서는 다시금 한방이 주목을 받고 있다.

이처럼 일본의 의료는 그 시대의 사정에 따라서 간헐적으로 맛만 보는 식으로 해외의 사물을 도입하거나 배제해 왔다. 결국 종합적인 독자의 발전이 없었다고 할 수 있다. 그 때문에 일어나고 있는 불편함도 많이 있다. 예를 들면 서양의학의 학문이나 기술의 도입에는 큰 성공을 거뒀다. 일본의 의학 및 약학은 현재 세계 최고 수준에 있다고 해도 과언이 아니다. 하지만 의료시스템의 도입에는 실패했다. 예를 들면 오랜 세월을 한방의 영향 아래 있었던 일본에서는 효과적인 의약분업이 이루어지지 않았고 약은 의사로부터 교부, 투여 받는 것이며 또 의사에 대한 보수는 바로 약값이라는 의식에서 아직까지 빠져나오지 못한 문제점은 이미 앞서 기술한 바와 같다.

1. 항생물질의 재발견과 발전

페니실린의 재발견과 방선균에서 나온 항생물질

1928년 플레밍의 페니실린 발견과 체인, 플로리 등에 의한 페니실린의 재발견에 대해서는 앞서 다룬 바와 같다.

푸른곰팡이에서 추출된 페니실린 관련 항생물질은 폐렴이나 황색포도상구균에 따른 감염성 등에 눈부신 효과를 나타냈으나 결핵에는 전혀 효과가 없었다. 결핵에 효과가 있는 항생물질로 처음 나타난 것은 스트렙토마이신으로 1944년의 일이었다. 왁스먼에 의해 발견된 스트렙토마이신은 곰팡이가 아닌 방선균에서 나온 항생물질이다. 이 후 많은 항생물질이 각종 방선균 배양물에서 발견되었으며 현재 새롭게 발견된 항생물질의 주류는 방선균 기원의 것들이다.

제2차 세계대전 이전부터 각종 감염증에 시달려온 일본에서 의사들은 차례로 등장하는 항생물질에 많은 의존을 할 수밖에 없었다. 그리고 세팔로스포린cephalosporin계 항생물질 개발의 성공 등으로 촉발, 1970년대부터 80년대 중반까지 일본은 의약품 중에서도 항생물질의 생산고가 세계에서 가장 높다고 하는 항생물질 붐을 일으켰다. 항생물질대국이라고 까지 불리게 된 것이다 .

항생물질의 발견은 의약품의 역사를 그 근본부터 바꿨다고 해도 과언이 아닐 것이다. 항생물질의 출현으로 인류는 결핵을 시작으로 각종 병마의 위협으로부터 해방되었다. 하지만 인류의 병마 퇴치에 크게 공헌한 항생물질과 관련, 새로운 문제도 출현했다. 특히 문제가 된 것은 MRSA(Methicilin Resistant *Staphylococcus aureus*), 즉 메티실린 내성 황색포도상구균이나 VRE(Vancomycin Resistant Enterococci)와 같이 항생물질에 대한 내성을 지닌 균이 출현한 것이다. MRSA는 원내감염에서 가장 문제가 된 내성균의 하나로 페니실린 G와 같이 천연 추출 페니실린류의 화학구조 일부에 변화를 줘 더욱 강력해진 메티실린meticillin이란 항생물질조차 효과를 보지 못하는 황색포도상구균이다. 마찬가지로 VRE는 반코마이신마저 효과를 발휘하지 못하는 장구균enterococci이다.

황색포도상구균은 인간 상재균normal flora의 일종으로 다양하게 분화되어 있는데 개중에는 여러 가지 독소를 만들어 내기 때문에 독성 쇼크 증후군toxic shock syndrome을 일으키는 것도 있다. 독성 쇼크 증후군이 나타나면 혈압이 현저하게 저하되고 혈액 순환 부전이 일어난다. 미국에서는 1980년에 이 균에 오염된 여성생리용품(탐폰)이 시중에 유통되면서 36명이나 되는 여성이 쇼크증상으로 사망하는 사건이 발생하기도 했다.

한편 장구균은 인간의 장내 상재균으로 일반적으로는 병원성이 약하다. 하지만 골수이식이나 장기이식을 받아 면역억제제를 투여받았을 경우나 항암제를 투여받고 있을 경우, 감염이 일어나는 경우가 있다. 이러한 균에는 암피실린ampicillin이나 아미노배당체 aminoglycoside의 작용이 효과적인데 이것들이 효과가 없을 경우엔 마지막 비장의 카드로 사용하는 것이 바로 반코마이신이다. 따라서 반코마이신이 효과를 발휘하지 못한다는 심각한 문제인 것이다. 1986년에 프랑스와 영국에서 거의 동시에 반코마이신이 듣지 않는 장구균이 감염치료를 받던 환자에게서 발견되었다.

항균작용을 목적으로 하지 않는 항생물질

왁스먼은 1949년에 항생물질을 「미생물에서 생산되며 다른 미생물의 생육을 방지하고 사멸시키는 화합물」(S. A. Waksman, *Science*, 110, 27 (1949))이라 정의했는데, 현재는 미생물이 생산하는 생물활성성분의 응용이 다방면으로 넓혀지면서 전혀 항균작용을 나타내지 않는 「항생물질」도 많이 존재하고 있다.

항암성 항생물질이라 불리는 항생물질 중에서는 항균활성도 함께 가진 것도 있는데 그 목적으로 하는 활성은 항균활성이 아니라 암세포를 퇴치하는 것이다. 이러한 항생물질 중에서 블레오마이신은 우메자와 하마오가 발견했으며 마이토마이신 C를 발견한 것은 기타사토 연구소의 하타 도주秦藤樹(1908 ~ 2004)가 이끌던 연구 그룹이었다. 하타 도주는 에를리히와 함께 살바르산을 발견한 하타 사하치로의 사위로 뒤에 기타사토 연구소의 소장이 된다. 또 기타사토 연구소 소장을 지냈으며 현재는 기타사토 대학 특별 명예교수로 2015년에 노벨 의학·생리학 상을 수상한 바 있는 오무라 사토시大村智(1935~)의 연구진과 독일 머크Merck사에서 발견한 아버멕틴Aavermectin 및 관련화합물은 개에 기생하는 사상충filaria에 특효약일 뿐만이 아니라 아프리카대륙의 풍토병으로 회선사상충 Onchocerca volvulus이 일으키는 하천실명증river blindeness에도 높은 효과를 나타낸다.

이밖에도 면역억제를 목적으로 한 타크로리무스tacrolimus (FK-506)나 콜레스테롤의 생합성 방해효과를 지닌 메바로틴mevalotin 등과 같이 다양한 목적을 가진 항생물질이 잇따라서 발견, 개발 되고 있다.

2. 정신을 좌우하는 독과 약

마약, 각성제, 대마

일본 약학의 여명기에 천식에 특효약인 에페드린이 발견되었고 이 알칼로이드의 화학구조연구 도중에 화학 변환으로 각성제인 메스암페타민이 만들어진 것은 이미 앞 장에서 언급한 바와 같다. 잘 알려진 향정신성 물질 중에는 각성제 외에도 자연산 알칼로이드의 화학구조를 인공적으로 조금 변형시킨 것이 많다. 예를 들면 헤로인이나 LSD는 각각 모르핀과 맥각 알칼로이드를 화학변환시킨 화합물이다. 이와 같은 향정신성 물질은 근대유기화학이 없었으면 출현할 수 없었다.

현대에는 히로뽕이나 히로뽕과 비슷한 암페타민은 전합성에 의해 만들어지며 이들 각성제와 유사한 화학구조의 「아담」과 「이브」, 「러브」 등, 이른바 디자이너 드러그designer drug라 불리는 합성마약도 여기저기서 기승을 부리고 있다. 또한 실로시빈psilocybin이나 사일로신psilocin 같은 향정신성 물질을 함유하고 있어 「마법의 버섯 magic mushroom」이라 불리는 독버섯이 인터넷을 통해서 판매되어 문제가 되는 등, 시대의 변화에 따라 새로운 문제가 발생하고 있다. 이 같은 향정신성 약품은 뇌내 전달 물질인 아드레날린이나

코카 잎과 레히아(고바야시 우고 씨가 제공)

도파민, 세로토닌, GABA 등과 분자구조 일부분이 유사한 것에 주목해 주길 바란다.

코카인은 코카나무의 잎에서 분리 되는 알칼로이드이다. 남미의 볼리비아에서는 지금까지도 코카나무가 합법적으로 재배되고 코카의 잎이 판매되고 있는데 현지에서는 코카 잎을 우려낸 차가 고산병에 효과가 있어서 지금까지도 중히 여기고 있다. 사진은 볼리비아의 광산 노동자가 손에 들고 있는 코카 잎이다. (사진제공: 볼리비아 거주 중인 고바야시 우고 씨) 접시에 놓여있는 막대모양의 것은 레히아lejia라고 하여 식물의 재를 물로 반죽하여 굳힌 것으로 코카의 잎과 같이 씹는다. 또한 딱히 코카 섭취와는 관계없어 보이지만 사진에서 보이는 것과 같이 이 사진에서는 종이로 만 담배도 같이 팔리고 있다.

코난 도일Arthur Conan Doyle(1859 ~ 1930)의 소설에서 나오는 명탐

정 셜록 홈즈는 코카인을 사용했고 정신분석으로 유명해진 프로이트Sigmund Freud(1856 ~ 1939)는 코카인을 모르핀중독 치료에 응용하려던 것이 실패한 것을 계기로 정신분석의 길로 들어섰다고 한다. 또한 현재는 들어 있지 않지만, 처음 발매되었을 당시의 코카콜라에는 코카 잎 성분이 함유되어 있어서 그런 이름이 붙었다고 한다. 코카는 그야말로 사람들의 일상 속에 있었던 것이다. 하지만 지금의 선진국에서는 정제되어 대량으로 복용하게 된 코카인중독이 큰 문제가 되고 있다. 한편으로는 코카인에는 향정신 작용 외에 국소마취작용도 있다고 알려져 있다. 그리고 코카인의 화학구조를 힌트로 하여 만들어진 것이 바로 화학합성 국소마취제인 프로카인procaine과 리도카인lidocaine이며 이 제품들은 치과 의료용으로 사용되고 있다.

맥각 알칼로이드와 성 안토니오의 불의 관계 그리고 맥각의 자궁수축작용을 산파가 응용한 것에 대해 제2장에서 말했던 것을 기억할 것이다. 그 뒤 맥각 알칼로이드의 자궁수축성분으로 에르고톡신이 분리되면서, 현재는 세계적 제약회사인 노바티스사Novartis International AG 에 흡수되어 그 계열사가 된 산도즈사Sandoz AG(당시)의 호프만Albert Hofmann(1906 ~ 2008)이 맥각 알칼로이드와 기본골격이 닮은 리세르그산의 화학유도체를 연구했는데, LSD(Luserg Säure Diäthylamid)는 바로 이 과정에서 만들어졌다.

일본의 경우, 1970년에 LSD를 마약으로 지정했는데, 그 이전에 독에 대해서 민속학적 연구를 하고 있었던 이시가와 모토스케石川 元助(1913 ~ 81)가 직접 LSD을 복용한 뒤의 경과를 쓴 귀중한 기록이 있다(이시가와 모토스케,『독약毒藥』, 207p). 그의 기록에 따르면 항상 익숙하고 까페의 천장색이 바래고 일그러져 보이거나 티스푼이 갑자기 큰 애벌레처럼 보였고, 자신의 팔이 어디론가 사라진 것처럼 느껴졌다고 하는데 제정신으로 돌아온 것은 8시간이나 지나서였다고한다.

이외에 환각작용이 있는 알칼로이드로는 메스칼린mescaline이 알려져 있는데, 이것은 멕시코나 미국 남부에 자생하는 구슬선인장의 화두花頭인 페요테peyote에서 얻을 수 있다.

한편 메스암페타민 분자 안의 N−메틸기가 빠진 암페타민이 미국에서 화학합성된 것은 이미 앞에서 다룬 바 있는데, 1941년에는 메스암페타민이「히로뽕」, 암페타민이「제드린Zedrin」이라는 상품명으로 시판되었다. 히로뽕의 어원은 그리스어인「philoponos」로 이는「노동을 사랑하다」라는 의미였다. 그 뒤 이 화합물의 유해성이 밝혀져서 일본에서는 1951년에 제정된「각성제 단속법覺せい剤取締法」의 규제를 받게 되었다.

체내에 존재하는 아드레날린이나 노르아드레날린은 교감신경 흥분작용과 함께 중추신경 흥분작용을 가지는데 이것들은 혈액-뇌 관문을 통과할 수 없다. 때문에 경구나 정맥투여해도 중추신경 흥분작용을 나타내지 않는다. 하지만 이와 달리 암페타민이나 메스암페타민은 혈액-뇌 관문을 쉽게 통과한다. 때문에 대뇌피질 뿐만 아니라 뇌간에도 작용한다.

제2차 세계대전 이후 히로뽕중독이 사회현상으로 번지면서 히로뽕이나 그 별명인 「샤부シャブ」는 사람의 몸과 마음을 좀먹는 마약으로 악명이 높아졌다. 이러한 이유 때문인지 오늘날에 와서는 완전히 똑같은 제품이 「S」라거나 「스피드」, 「아이스」 등의 경쾌한 느낌의 명칭으로 나돌고 있다. 또 주사 투여 뿐 아니라 경구 투여도 가능하다는 점 또한 경계심이 낮춰진 원인 중 하나로 보인다. 일본에서 각성제 남용의 최고 절정은 1954년이었는데 이때는 56,000명 가까이가 검거되었다. 그 뒤 급속히 감소해서 1970년경까지는 극히 적은 수까지 줄어들었지만, 이후 또 다시 급상승세로 돌아서면서 1983년경에는 두 번째 피크를 맞이, 검거된 사람의 수만 25,000명에 달했다. 그 뒤 완만한 증감세를 보이고 있어, 20세기 말인 1998년에는 17,084명이 검거되었다.

전 세계적으로 보면 각종 환각제 가운데 일본의 경우에는 모르핀이나 헤로인, 코카인, LSD, 대마의 사용은 적은 것으로 보이지만, 각성제(메스암페타민과 암페타민), 특히 메스암페타민 사용 비율이 아주 많은 점이 특징이다. 각성제의 위험성은 너무나 강한 정신적 의존성에도 있다. 그리고 플래시백이라고 해서 각성제를 끊더라도 5년이나 10년이 지난 뒤에 갑작스레 환각이나 환청이 나타나기도 한다고 한다. 한편 유럽의 경우에는 가격이 저렴하다는 점 때문에 암페타민이 「가난한자들의 코카인」이라 불리면서 젊은 층을 중심으로 한 남용이 사회문제가 되고 있다.

실은 21세기를 맞이한 현재의 일본은 2차대전 종전 이후 3번째의 각성제 남용기를 맞은 상태라 할 수 있다. 특히 「아담」(3',4'-메틸렌디옥시메타암페타민Methylenedioxymethamphetamine, 국내에는 「엑스터시」라는 이름으로 알려져 있다)이나 「이브」(3',4'-메틸렌디옥시에타암페타민Methylenedioxyethamphetamine), 「러브」(3', 4'-메틸렌디옥시암페타민Methylenedioxyamphetamine)라는 너무나 부드러운 이름으로 등장한 각성제 유사화합물도 나돌았다. 이런 것들은 이른바 「디자이너 드러그」라 불리고 있는데, 이는 각성제의 화학구조 일부를 바꾼('디자인'한) 화학 구조를 하고 있기 때문이다. 아무리 이름이 부드러운 느낌이라고는 해도 그 정체가 히로뽕의 일종임은 화학구조를 보면 일목요연하다.

대마의 주성분은 테트라히드로칸나비놀tetrahydrocannabinol, THC이다. 지금까지 이 장에서 기술해 왔던 향정신작용을 가진 화합물은 알칼로이드라 하여, 분자에 질소가 포함된 화합물이었지만 THC는 예외적으로 분자 내에 질소가 포함되지 않은 화합물이다. 마약이란 원래 마취작용이 있는 약물을 말한다. 때문에 대마는 마약이라고 할 수 있지만 일본의 법률에서는 대마가 마약에서 제외되어 있다. 따라서 「마약 및 향정신약단속법麻薬及び向精神薬取締法」의 규제 대상에 들어가지 않지만 「대마단속법大麻取締法」을 통해 규제하고 있다(대한민국의 경우에는 「마약류 관리에 관한 법률」을 통해 관리·단속하고 있으며 여기서는 '마약'을 마약, 향정신성의약품, 대마의 셋으로 정의하고 있다-편집자 주).

사실 당연한 얘기겠지만 원래 대마는 마약으로 분류되어 있었다. 하지만 대마는 마의 섬유를 채집하기 위해서도 필요하기 때문에 다른 마약류와 동일한 규제를 해서는 실정에 맞지 않는다. 때문에 대마는 여타 마약과는 별개로 1948년에 공포된 「대마단속법」으로 별도 규제를 받게 된 것이다. 대마는 자웅 이주로 암꽃의 수지를 모은 것은 THC 함량이 특히 높아서 남용자 사이에서는 해시시Hashis로 애용되고 있다. 또 건조된 잎은 마리화나라 부른다. 대마 또한 모르핀, 헤로인, LSD, 코카인, 그리고 각성제 등과 같이 여러 가지 사회문제를 불러일으키고 있다.

펜시클리딘 및 케타민

이때까지 기술해온 향정신성 물질은 천연유래의 화합물 또는 천연유래의 화합물에 조금 손을 본 정도의 화학구조를 가진 것이었는데, 하지만 이러한 자연산 화합물과는 전혀 다른 화학구조의 PCP나 케타민 같은 향정신성 물질도 잘 알려져 있다.

펜시클리딘(1-(1-phenyclohexyl)-piperidine, PCP)은 1950년대에 정맥주사용 마취제로 개발 되었다. 수의학에서 사용되고 있을 뿐, 부작용 때문에 현재 사람에게 사용하는 일은 없다. 하지만 이 화합물은 화학합성이 비교적 쉽고 환각작용까지 있어서 불법으로 제조되어 시중에 나돌고 있다. 현재 미국에서 가장 문제가 되는 약물 가운데 하나라고 한다. PCP의 작용은 다방면으로 나뉘는데 흉폭해지거나 자살충동이 생기는 일도 많고 장기간 사용한 사람은 기억을 잃거나 이야기 하거나 생각하는 것이 어려워지며 우울해지기도 한다고 한다. 이처럼 작용은 대체로 좋지 못해서 한번 경험한 사람은 또 다시 사용하고 싶어 하지 않는다고 한다.

한편 케타민은 1960년대 PCP의 대체 마취제로 개발되었다. 하지만 머지않아 PCP에도 환각작용이나 탐닉성이 있다는 것이 발견되었다. 이 화합물은 원래 베트남 전쟁(1960~75)에 참전, 부상당한 병사들의 치료 과정에서 사용됐지만 임사체험과 같은 불쾌한 환각작용도 있어서 종종 달갑지 않게 여겼다고 한다. 단 케타민은 지금도 갑작스런 교통사고처럼 환자의 약물 이력을 확인하기 곤란할 때, 마취약으로 제일 먼저 선택되는 일이 많다고 한다.

일본에서는 이와 같은 약물을 「마약 및 향정신약단속법」으로 규제하고 있다.

3. 과학의 발전과 독과 약

천연물화학의 발전과 약효성분 · 유독성분의 해명

근래에 들어서 여러 가지 천연유래의 독과 약의 정체 해명이 극적으로 빨라진 배경에는 천연 유기화합물을 순수하게 단리하는 기술의 발전과 이렇게 단리된 화합물의 화학구조를 결정하는 방법인 기기분석법과 분석기기에 접속되어 있는 컴퓨터의 눈부신 발달이 있었다.

옛날에는 유기화합물의 화학구조를 정하는데 있어, 원소분석을 해서 분자식을 정한 뒤 여러 가지 분해반응이나 화학반응을 사용한 방법이 많이 쓰였다. 하지만 이 같은 방법을 위해서는 목적화합물, 또는 그 화학유도체의 결정을 대량으로 얻을 수 있어야만 한다. 하지만 1950년대 경부터 유기화합물의 화학구조결정에 자외선 흡수분광법Ultraviolet absorption spectroscopy, UV이나 적외선 흡수분광법Infrared Absorption Spectroscopy, IR 등의 기기분석법이 차례로 도입되기 시작하면서 양상이 바뀌었다. 또한 1960년대에 이르면 핵자기공명 분광법Nuclear Magnetic Resonance Spectroscopy, NMR이나 질량분석법mass spectrometry, MS도 화학구조결정에 일반 응용되기 시작하면서 천연유기화합물의 화학구조 연구에 한층 박차를 가했다.

1964년에 교토에서 개최된 국제천연물화학회의에서 1909년, 다하라 요시즈미田原良純의 연구보고로 시작된 복어독인 테트로도톡신tetrodotoxin, TTX의 정확한 화학구조를, 일본에서 2팀, 미국에서 1팀으로 전 세계에서 모두 3개의 연구 그룹이 동시에 제출한 것은 상징적이라 할 수 있는 일이었다. TTX는 복잡하게 엉킨 모양의 화학구조를 하고 있다. 또한 투구꽃에 포함된 독소로 훨씬 복잡한 화학 구조를 하고 있는 아코니틴aconitine의 화학구조도 1960년대에 밝혀졌다. TTX와 아코니틴도 알칼로이드의 일종이다.

또한 제2장에서도 언급했지만 1992년에는 뉴기니아에서 독을 지닌 새가 발견되었다. 이때 날개와 고기, 피부 등에서 극미량의 유독성분이 검출되었는데 이것을 질량 분석법 등을 통해 상세 분석한 결과, 이전에 남미산 화살독개구리의 부성분(주성분은 바트라코톡신)으로 분리된 적이 있는 알칼로이드의 호모바트라코톡신인 것이 밝혀졌다.

그리고 1996년의 실시된 쇼소인 약물의 조사에서 핵자기 공명 분광법을 통해 그 때까지 정체가 불명확했던 야갈에 대한 조사를 실시, 그 생약의 정체가 밝혀진 것은 제1장에서 다룬 바 있다.

천연물 화학연구는 눈부신 발전을 이뤘는데, 이를테면 단백질이나 핵산처럼 복잡한 반복구조가 없는 화합물로서는 그 분자가 대단히 큰 해양생물독 팔리톡신Palytoxin(분자량2680.18)의 화학구조가 해명되었을 뿐 아니라 그 전합성도 완성되었을 정도이다.

앞 장에서 말한 『케미컬 애브스트랙트』에 기재된 화합물 수의 증가와 근년에 새로이 등록된 유기화합물 수의 증가 추세를 보면 정말 무시무시할 정도이다. 1980년에는 그 총수가 500만이었지만 1990년경에는 그 수가 1,000만, 그리고 2000년을 맞이했을 때는 2,000만으로 지금도 1주일에 약 3만 종이라는 페이스로 새로운 화합물(화학적 합성 및 천연물 모두 포함)이 기재되고 있다고 한다.

합성 고분자 유기화합물에서 나온 독과 약

아스피린이나 헤로인, 각성제, LSD 등과 같이 천연물에 조금 손을 대는 것으로 보다 효과가 큰 화합물을 얻을 수 있다는 것은 지금까지 기술한 대로다.

1828년, 뵐러의 요소 합성 실험을 통해 유기화합물을 생물의 개입 없이 만들어 낼 수 있는 것을 알았지만 생물의 개입 없이 유기화합물을 만들어 낼 수 있다는 사실은 인류의 생활을 완전히 바꿔 놨다고 해도 과언이 아니다. 그 같은 유기화합물 중에는 저분자화합물 외에 고분자화합물도 있다.

제2차 세계대전 이후 합성 고분자과학은 눈부신 발전을 이루었다. 합성 고분자화학의 발전으로 우리들은 나일론이나 레이온, PET(폴리에틸렌 테레프탈레이트)나 PVC(폴리염화비닐), 폴리에틸렌, 폴리스틸렌, 폴리프로필렌 등 정말 편리하고 소중한 소재를 손에 넣을 수 있었다. 하지만 한편으로는 현재 이 같은 소재가 쓰레기가 됐을 경우의 처리방법 등 새로운 문제가 나타나기도 했다. 그리고 이 소재 중에서도 내구성이 우수하여 현재도 홈통이나 배수 파이프의 재료로 많이 애용되는 합성 고분자화합물인 PVC를 저온으로 소각했을 때 높은 독성을 가진 다이옥신류가 만들어진다는 것이 밝혀졌다.

합성 유기화학물질의 공과 죄

소분자인 합성유기화합물인 각종 농약은 해충이나 잡초 구제에 큰 힘을 발휘했다. 현대는 살충제나 항균제, 제초제 등의 농약 없이 대규모농업은 생각할 수 없을 것이다. 하지만 좋은 일만 있었던 건 아니었다. 농약은 인류에게 큰 축복을 주었지만 한편으로는 심각한 피해도 가져왔다. 레이첼 카슨Rachel Louise Carson(19047 ~ 1964)이 1960년대에 쓴 『침묵의 봄Silent Spring』의 간행은 이러한 문제 제기의 단서가 되었다.

베트남 전쟁 당시, 미군은 게릴라의 은신처가 될 수 있는 정글의 수목을 제거하고 농작물을 말려 죽여 식료 보급원을 끊기 위해 「고엽작전defoliation operation」을 실시, 대량의 고엽제defoliant를 공중 살포했다. 하지만 대량으로 살포된 이들 고엽제에는 제조과정에서 부산물로 생성되는 다이옥신류가 혼입되어 있었다. 다이옥신

dioxin은 강력한 발암성과 최기형성을 일으키는 것을 알았고 큰 화근을 남겼다. 베트남에서는 그 영향이라 생각되는 장해를 가진 아이들이 많이 태어났다.

농약의 연구는 전쟁에 사용되는 신경가스(화학병기)의 발달로도 이어졌는데, 나치스 독일에서는 최초의 신경가스인 타분이 만들어졌다. 그 뒤 이러한 연구가 사린(1938)이나 소만(1944) 그리고 VX(1952)의 개발로 이어진 것은 앞에서 말했던 바와 같다. 이들 화합물은 파라티온이나 DDVP, 말라티온 같은 유기인계 농약의 화학구조와 매우 유사하다. 하지만 화학병기 쪽은 더욱 사람에게 위해를 주는 목적으로 만들어진 화합물이며 화학(과학)이 지닌 어두운 그림자를 상징하는 화합물군이라 할 수 있다.

한편 사람에게 해를 끼칠 목적으로 만들어진 유기화합물이 아님에도 결과적으로는 위해를 끼치게 된 물질도 존재한다. 대표적인 예로 산이나 염기에 반응하지 않는 등, 화학적으로 안정적인 성질을 지니며 미생물이 분해할 수 없고 생물학적으로도 안정된 PC-B(폴리염화비페닐)는 공업용 열매체나 인쇄 등에 많이 사용되었으며 이 때문에 대량으로 합성된 화합물인데 이 화합물은 뒤에 가네미 유증사건カネミ油症事件을 통해 인체에 유해한 화합물이라는 사실이 밝혀졌다.

사카린saccharin이나 둘친dulcin, 치클로chikuro, 아스파탐aspartame 등과 같은 인공감미료의 경우도 비슷한데, 이 가운데 둘친과 치클로는 유해성이 있다고 밝혀지면서 사용하지 않게 되었다. 사카린의 경우에는 1970년대에 유해성 논란이 있었지만 현재는 다시 여러 분야에서 사용되고 있는 중이다.

화학합성의약품 중에도 태아에게 기형을 초래하는 작용이 있음이 밝혀진 탈리도마이드thalidomide나 스몬병subacute myelo-opticoneuropathy, SMON을 불러일으킨 키노포름chinoform 등이 있는데 이 의약품에 대해서는 조금 뒤에서 다시 다룰까 한다.

처음부터 인간의 생명을 빼앗을 목적으로 하는 화합물의 제조나 존재는 용서받을 수 없는 일이다. 하지만 다른 한편으로 인류의 축복을 위해서 짜맞추어진 유기화합물에 대해서도 항상 주의를 기울일 필요가 있는데, 이를 위해서는 방대한 수의 화학합성 유기화합물을 무턱대고 부정할 것이 아니라, 이들의 실태를 정확히 파악해 두는 것이 중요할 것이다.

민간의 약과 화살독에서 근대적 의약품으로

천연물 화학의 발전과 함께 세계각지의 민간 의료에 사용됐던 독과 약에서 근대적인 의약품이 개발된 사례도 많이 있다. 예를 들면 인도에서 옛날부터 독사에 물린 상처에 민간약으로 사용돼 왔던 협죽도과의 다년생 저목인 인도사목*Rauwolfia serpentina*에서는 알칼로이드의 일종인 레세르핀reserpine이 분리되었다. 레세르핀에는 혈압하강작용이 있어, 처음엔 그 목적으로 사용됐지만 현재는 정신안정제로 통합실조증의 치료에 사용되고 있다.

또 남미에서 바람총blow tube의 화살에 묻히는 독으로 사용되며 현지에서는 쿠라레curare라 불리는 것에서는 알칼로이드 성분인 d-투보쿠라린(d-Tc)이 분리되었다. d-Tc에는 근육이완작용이 있어서 수술 시에 사용되고 있다. 현재는 d-Tc의 화학구조를 참고하여 합성된 데카메토늄decamethonium이나 석시콜린succicholine, 팬쿠로늄pancuronium이 같은 목적으로 사용되고 있다. 석시콜린은 개의 안락사에도 사용됐는데 일본에서는 살인사건(오사카 애견가 연속 실종살인사건大阪愛犬家連続失踪殺人事件, 1994)에 악용되기도 했다. 팬쿠로늄은 미국에서 약물에 의한 사형집행이 이루어 졌을 때, 타이오펜탈나트륨thiopental sodium 및 염화칼륨과 함께 사용되는 약제이기도 하다.

해인초Digenea simplex는 등나무과에 속하는 홍조류로 일본어로는 마쿠리マクリ라고도 하며 일본의 경우, 시오노미사키潮岬, 와카야마 현에 있는 곳, 일본 혼슈 최남단에 해당한다-편집자 주 이남의 따뜻한 바다에 산다. 이 생약은 예로부터 구충약으로 사용되어 왔는데 그 유효성분은 오랜 기간 동안 명확히 밝혀지지 않은 채였다. 1950년대에 오사카 약학전문학교(당시)의 다케모토 쓰네마쓰竹本常松(1913 ~ 89)의 연구를 통해 해인초의 주요 활성성분인 카인산(L-α-Kainic acid)이 분리되었다. 화학비료의 보급과 위생상태의 개선으로 일본에서는

회충구제약의 수요는 거의 없어졌지만 카인산은 현재 신경계 연구와 관련, 중요한 약물로 다뤄지고 있다.

한편 일일초는 마다가스카르 원산의 식물인데 현지에서는 민간약으로 당뇨병에 사용돼 왔다. 그 함유성분 연구에 착수한 엘리 릴리사의 스보보다Gordon H. Svoboda(1922 ~ 94)가 이끌었던 연구진은 알칼로이드 성분으로 그 때까지 알려진 빙카류코블라스틴vinca-leukoblastine, VLB에 더하여 빈크리스틴vincristine, VCR을 발견했다. VCR은 소아 백혈병에 뛰어난 효과를 나타낸다.

유전자공학의 발흥과 발전

왓슨James Watson(1928 ~)과 크릭(1916 ~ 2004)Francis Harry Compton Crick이 발견한 DNA의 이중 나선구조 논문(J. D. Watson, F. H. C. Crick, *Nature*, 171, 737(1953))은 새로운 시대의 막을 열었다.

유전자의 본체가 해명되면서 DNA와 RNA를 조작하는 유전자공학이라는 학문영역이 탄생, 급속하게 발전했다. 그리고 유전자공학을 응용한 의약품의 제조도 가능하게 되었다. 예를 들면 1921년에 발견된 당뇨병에 응용된 인슐린은 옛날에는 동물에서 유출한 것을 사용했지만 지금은 대장균 DNA에 인간의 인슐린 생산과 관련된 유전자를 집어넣어 인간형 인슐린의 대량제조가 가능하게 되었다.

또한 오늘날까지 항암물질로 만들어진 화합물 중에는 화학 합성제나 항생물질, 식물추출성분까지 다양한 것들이 있는데 이 같은 항암물질의 작용기서mechanism of drug action는 DNA와 관계되는 일이 많다. 암세포의 증식은 정상세포와 비교해 대단히 빠르기 때문에 DNA에 작용하는 성질을 가진 화합물은 암세포에 보다 선택적으로 작용하기 때문이다. 유전자공학의 발전은 암의 화학요법제의 작용기서를 더욱 명확하게 밝히는 것에 도움을 주는 것으로 그치지 않고 유전자 그 자체가 치료에 응용되는 시대가 도래했음을 알렸다.

그리고 유전자공학이 발전함에 따라서 이 방면은 중요한 연구분야로 인정을 받아 국가로부터의 연구비 배분도 우선 순위에 놓이게 되었다. 이에 따라 이 방면의 연구에 종사하는 연구자가 늘었고 경쟁도 심해졌다. 그 와중에 논문날조사건이 일어났다.

각종 실험을 통해서 얻어진 신지식은 학술논문으로 발표, 과학발전에 기여하게 된다. 먼저 투고된 논문은 해당 연구 분야에 정통한 심사원referee의 심사를 거치는데, 이 심사를 통과한 신지식은 학술논문으로 인쇄, 공표되고 인류공통의 재산으로서 학문의 진보를 위한 자료가 되는 것이다.

하지만 신지식을 인류공통의 재산으로 남기기 위한 수단인 학술논문을 출세나 연구자금을 얻기 위해 수단화 하는 경향이 일부 나타나기 시작했다. 그것은 학술논문 발표가 연구자의 승진이나 연구자금획득을 위한 평가 자료로도 사용되기 때문이다. 이 자체는 떳떳하게 운영될 경우, 딱히 문제라고는 볼 수 없다. 승진의 기회는 착실하게 업적을 쌓은 연구자에게 주어져야 할 것이고 그 같은 연구자가 속한 연구 그룹에 필요한 자금이 가는 것은 전혀 나쁜 일이 아니기 때문이다. 하지만 연구수행의 수단인 연구자금을 얻는 것이 일부에선 목적으로 둔갑한 감도 없지 않다. 즉 많은 연구자금을 얻어내는 것이 그 연구자의 사회적 지위를 나타낸다는 삐뚤어진 발상에 있다.

만약 날조된 학술논문이 심사를 통과, 학술잡지에 게재되어 버리면 그 때까지의 지식을 토대로 신지식을 쌓아가는 자연과학의 일반적 수단의 근본을 흔들리게 하는 문제로 이어질 수 있다. 이 같은 일이 일어나지 않도록 이후의 세대를 위해서라도 큰 고찰과 반성이 필요할 것이다.

약용식물을 둘러싼 바이오테크놀러지

어떤 식물을 의약품으로서 사용 함에 있어, 해당 식물의 유효성분이 확실한 경우는, 그 성분을 비교적 저렴하게 대량으로 화학합성 할 수 있거나 식물에서 비교적 쉽게 해당성분이 대량으로 정제 가능하다는 조건이 붙었을 때이다. 양귀비에서 얻어지는 모르핀이나 코카 나무잎 추출물인 코카인 등은 바로 이 후자의 조건과 맞는 예다. 한편 만약 유효성분이 불명확하거나 유효성분의 정제가 곤란할 경우에는 그 식물의 야생 품종을 대량으로 손에 넣을 수 있던가 쉽게 대량으로 재배 가능해야 한다. 한방에 사용되는 많은 생약이 그 예이다. 유효성분의 대량화학합성이나 취득, 야생품종의 대량입수, 대량재배 모두가 어려운 약용식물의 예로는 지치나 인삼을 들 수 있다.

지치의 뿌리(자근)는 화상에 잘 듣는 자운고의 재료로 쓰이기도 하고 연지 색소에도 사용된다. 지치는 제1장에서도 말했지만 현재 일본에서는 전멸 위기 종으로 재배도 쉽지 않다. 색소 본체는 시코닌shikonin이라는 화합물이라는 것이 밝혀졌는데, 여기서 착안하여 지치의 캘러스callus, 식물체의 일부를 절취하여 적당한 조건 하에서 배양하여 분열증식시킬 수 있는 무정형의 세포 덩어리의 탱크배양을 시도, 이것이 성공하면서 대량의 시코닌을 얻을 수 있게 되었다. 이 배양으로 얻은 색소를 사용한 연지는 「바이오 연지バイオの口紅」이라는 이름으로 발표되었다. 하지만 이 배양물은 생약으로서의 자근을 대용할 수는 없다. 시코닌의 존재만으로는 생약으로서의 자근 가치가 있는지 없는지는 불명확하기 때문이다.

한편 인삼은 원료가 되는 식물의 재배가 가능하게 된 생약인데 그 수확까지는 6년 정도가 걸리고, 그루터기 현상으로 한번 재배한 땅에는 꽤 긴 시간 동안 인삼을 재배할 수 없다는 난점이 있다. 이 인삼 또한 탱크를 이용한 대량 조직배양이 성공했다. 이 배양물에도 약용 인삼의 주성분으로 주목을 받는 사포닌saponin이 함유되어 있지만, 역시 생약인 인삼의 대체품으로서는 인정받고 있지 못하다. 그 대신 이런 인삼의 성분이 들어간 와인이나 건강음료, 화장품 등의 원료로 사용되고 있다고 한다.

신약탄생의 빛과 그림자

현대는 다양한 종류와 양의 화학합성약품이 유통되는 시대이다. 신약의 개발과 약효의 정확한 약리학적 검토도 20세기 중반부터 빠른 속도로 진행되고 있다.

한때는 항생물질도 꿈같은 신약이었지만 그 외에도 화학합성을 통해 이전까지 존재하지 않았던 형태의 의약품인 정신안정제나 항히스타민제, 면역억제제, 근육이완제 등이 나타났다.

일본에서 속칭 「필ピル」이라 풀리는 경구피임약도 이러한 꿈의 신약으로 들 수 있을 것이다. 경구피임약에 사용되는 여성 호르몬인 스테로이드계 화합물은 참마과 식물에서 발견된 성분으로 미생물 변환이나 화학 변환을 통해서 얻을 수 있다. 이 과정에 대해서는 화학계의 기재라 불리는 러셀 마커Russell Earl Marker(1902 ~ 95)의 전기(우치바야시 마사오内林政夫, 『필의 탄생을 주도한 사람ピル誕生の仕掛け人』에 상세하게 나와있다. 이러한 경구피임약에는 주로 천연 여성 호르몬의 화학구조에 약간의 변화를 준 것이 사용된다.

에치닐에스트라디올ethynylestradiol은 그 가운데 하나로 경구피임약의 성분인 여성호르몬물질 대사산물은 경구피임약을 복용한 여성의 소변을 통해 배출되는데, 자연 환경으로 나온 화합물의 작용도 무시할 수 없다고 한다. 한편 여성호르몬 작용을 가진 물질로서 비 스테로이드계 화합물인 디에틸스틸베스트롤diethylstilbestrol, DES가 일시적으로 각광을 받았지만 이 화합물에는 중대한 부작용이 있어 의약품 무대에서 모습을 감췄다. 이 화합물로 인한 피해에 대해서는 뒤에서 다시 언급하겠다.

옛날에는 없었을 것이라 생각되는 현상 가운데 하나로 화분증의 만연을 들 수 있다. 콧물, 코막힘이나 눈의 충혈 등 알레르기 증상이 나타나는데, 현대에는 이런 대증요법제로 항히스타민제가 있다. 디펜히드라민diphenhydramine도 이러한 목적으로 사용되는 약물의 하나이다. 디펜히드라민은 제2차 세계대전 종전으로부터 얼마 지나지 않은 1946년에 등장했다. 한편 디펜히드라민을 배합한 의약품을 복용하면 졸음이 올 수 있는데 이것을 역으로 이용해서 그 뒤 이 화합물은 수면개선제로도 응용되었다.

의약품 중에는 부작용으로 발견된 작용을 주작용으로 응용한 것이 종종 있었는데, 화이자Pfizer Inc사의 비아그라viagra가 그 대표적 예라 할 것이다. 비아그라의 일반명은 구연산 실데나필sildenafil citrate이며 당초에는 협심증의 치료약으로 개발되었다. 하지만 이 의약품이 개발 중에 발기를 일으키는 부작용이 있다는 것을 알게 되었고, 유니크한 신약 탄생으로 이어졌다. 참고로 「비아그라」라고 하는 상품명은 vigar(정력)와 Niagara(나이아가라 폭포)를 합성시킨 말이라 한다. 물론 이 의약품에도 원하지 않는, 그리고 경우에 따라서는 위험하다고 볼 수 있는 부작용이 있다. 앞서 말했듯 이 약품은 본래 협심증 치료약으로 되었는데, 이 때문에 비아그라를 협심증 발작에 사용되는 니트로글리세린nitroglycerine이나 아질산 아밀Amyl Nitrite과 동시에 복용해서는 안 된다. 동시에 복용했을 경우, 체내의 동맥이 지나치게 확장되면서 혈압이 급강하하여 생명에 지장을 초래하는 사태로 이어질 가능성이 있기 때문이다. 말하자면 본래 기대했던 작용 쪽이 부작용이 돼 버린 것이다.

항바이러스약으로 신형인플루엔자에도 효과를 기대할 수 있는 타미플루 또한 이런 예에 해당한다. 타미플루는 식물성분인 시키미산shikimic acid에서 화학유도된 화합물인데 인플루엔자 A형 또는 B형 발병 후 48시간 이내에 복용하면 효과가 있다고 한다.(C형에는 효과 없음) 신형 인플루엔자도 A형으로 지목돼 효과가 기대되고 있다. 하지만 청소년에게 이상행동 등의 향정신활성을 일으킬 수 있다는 의문점이 생겨 결국 일본에서는 2007년 3월에 10대 청소년 환자에 대한 사용을 피하게 되었다.

한편 1980년대 초부터 실용화된 시클로스포린cyclosporin 등 면역억제제의 출현은 장기이식수술의 진전에 큰 기여를 했다. 그 후 타크로리무스tacrolimus라는 물질도 발견되면서 장기이식수술의 발전에 더욱 박차를 가할 수 있었다.

또한 혈우병 환자에 있어 축복이라 할 수 있는 혈액제제의 경우에도 비가열 혈액제제에 의한 HIV감염, 그리고 에이즈의 발병 문제가 일어났다.

여기서 예로 든 것은 신약들 가운데에서도 극히 일부의 예이지만 개개의 신약에는 각기 다른 개발 경위가 있으며 빛과 그림자가 존재한다. 이때까지 인류는 그 예지를 통해 페스트나 결핵, 한센병, 천연두, 콜레라, 성 안토니오의 불(맥각 중독), 각기, 괴혈병 등을 극복하고 대처법을 발견해 왔다. 이 같은 병 중에는 페스트나 결핵, 천연두처럼 인류의 존망이 걸린 것도 있었다. 오늘날의 인류는 다양한 노력을 기울였음에도 불구하고 암이나 에이즈, BSE, 신형 인플루엔자, SARS 같은 새로운 종류의 질병과 항생물질에 대한 내성을 획득한 결핵균, 항암성항생물질 등에 대한 약제내성을 획득한 암세포 등 산적된 문제를 앞에 두고 있다. 항생물질에 대한 내성을 획득한 균(MRSA나 VRE)의 출현이나 혈액제제에 의한 HIV바이러스 감염은 의료과학의 발달과 함께 새로이 발생한 문제라 할 수 있다.

이 후 계속 등장할 새로운 병과 신약에 어떻게 대응할 것인가. 지혜로운 판단을 내려야 할 때이다.

신경전달물질과 수용체의 발견

신경흥분이 기관에 전달될 때는 신경말초부에서 화학물질이 방출되고 그 물질이 수용체에 도달하면서 흥분 전달을 중개하는 것이 아닌가라는 추측은 이미 1877년에 발표된 바 있었다. 이것을 화학적 전달설chemical theory of synaptic transmission이라 하며 20세기 초에 확립되었다. 다카미네 조키치가 아드레날린의 분리에 성공했을 무렵이다. 그 뒤 20세기 중반까지 아세틸콜린acetylcholine이나, 아드레날린 관련물질인 노르아드레날린noradrenaline 등의 신경전달물질의 존재와 그 작용이 밝혀졌다.

체내에 존재하는 신경전달물질에는 이들 외에 뇌내 모르핀이라 불리는 엔도르핀endorphin이나 펩타이드계 화합물인 엔케팔린en-kephalin도 있고 모르핀은 이 같은 전달물질과 공통의 수용체와 결합되는 것은 아닌가 추측되고 있다. 또한 뇌내전달물질로 도파민dopamine이나 세로토닌serotonin, GABAgamma-aminobutyric acid, 감마아미노뷰티르산 등이 차례대로 발견되었다.

한편 생체아민의 일종으로도 알려진 히스타민의 경우, H_1과 H_2이라는 두 개의 수용체가 존재함이 밝혀졌는데, 이 가운데 H_1 수용체는 알레르기를 일으키는 H_1작용을 일으키는 반면, H_2 수용체에는 위산 분비를 촉진하는 H_2 작용을 나타낸다는 것을 알게 되었다. 이 H_2 작용에 따른 위궤양과 십이지장궤양 등의 소화성궤양질

환에 시달리는 환자는 많았다. 나쓰메 소세키夏目漱石(1867 ~ 1916) 도 그 중에 한 사람이었다. 소화성궤양에는 기존의 방법이던 외과 수술 외에 약물요법이 시도되었다. 예를 들면 위산을 중화할 목적 으로 탄산수소 나트륨(중탄산소다)이나 규산마그네슘 등의 제산 제를 사용한 것이다. 하지만 이 같은 제산제는 오히려 위산의 분 비를 촉진하는 역효과를 내기도 했다.

영국의 블랙James Whyte Black(1924 ~)은 히스타민의 H_2 작용에 맞서는 약물의 탐색연구를 시작했다. 그리고 1964년에 히스타민 을 리드화합물(기본이 되는 화합물)로 해서 여러 가지 화합물의 합성과 그 활성을 조사하는 연구를 시작, 1976년에는 결국 목적 활성을 나타내는 시메티딘cimetidine의 개발에 성공했다. 시메티딘 이 임상 활용되면서부터 종래에는 수술 대상이었던 위궤양이나 십이지장궤양도 많은 부분이 약물요법만으로 대처 할 수 있게 되 었다. 꿈의 신약이라고 할 수 있는 시메티딘의 개발자가 된 블랙 은 이 업적으로 1988년에 노벨 의학·생리학상을 수상했다.

H_2 수용체 길항제로 일본에서는 1985년에 파모티딘Famotidine이 개발되었다. 이 같은 H_2 수용체 길항제는 원래 의사의 처방전을 필요로 하는 약이었는데, 1998년부터는 약제사가 의약품 정보를 환자에게 설명하는 조건으로 처방전 없이 손에 넣을 수 있는 의약 품이 되었다.

4. 공해와 약해, 독과 약에 의한 범죄

독과 약의 장래

오늘에 이르기 까지 실로 많은 유기화합물이 화학적으로 합성되어왔다. 이때까지 알려진 동·식물이나 미생물 등에서 분리한 것과 인공적으로 합성된 것을 합친 화합물의 수는 『케미컬 애브스트랙트』에 기록 된 것만으로 약 2,000만종이 넘는다고 앞에서 말한 것을 기억할 것이다.

이 같은 화합물 중에는 우리 생활의 질을 향상시켜 크게 도움이 되어준 것이 있는가 하면 개중에는 사람에게 해를 끼칠 목적으로 만들어진 화합물이 아닌데도 불구하고 결과적으로는 우리들의 생활의 질을 떨어뜨리거나 우리들을 생명의 위기로 내모는 원인이 되어 버린 화합물도 있다. 「가네미 유증사건」의 원인이 된 PCB나 감미제로 개발되었지만 발암작용이 있는 둘친, 태아에게 기형을 불러일으켜 버린 탈리도마이드, SMON을 불러일으킨 키노포름 등이 대표적인 사례. 하지만 한편으로는 근대유기화학의 발전으로 각종 유기화합물의 유해 작용에 대해서 합리적인 설명이 가능해진 것도 사실이다.

과거에 독이란 자연적으로 존재하거나 아비산 같이 광물에서 얻

지금까지 알려진 독성이 강한 물질

독의 이름	LD50(μg/kg*)	유래
보툴리눔 독소[a]	0.0003**	미생물
파상풍 독소(테타누스톡신)[a]	0.002**	미생물
마이토톡신	0.05**	미생물
리친[a]	0.1	식물(아주까리)
시구아톡신	0.4**	미생물
팔리톡신	0.5	미생물
바트라코톡신[a]	2	동물(화살독개구리)
삭시톡신[b]	3	미생물
테트로도톡신[b]	10	동물(복어)/미생물
VX가스	15	화학합성
다이옥신(TCDD)	22	화학합성
d-투보쿠라린[b]	30	식물(쿠라레)
바다뱀독[a]	100	동물(바다뱀)
아코니틴[b]	120	식물(투구꽃)
네오스티그민[b]	160	화학합성
아마니틴[a,b]	400	미생물(독버섯)
사린	420	화학합성
코브라독[a]	500	동물(코브라)
피조스티그민[b]	640	식물(칼라바르콩)
스트리크닌[b]	960	식물(마전자)
청산가리	10,000	화학합성

*×10^{-3}mg/kg또는×10^{-6}g/kg과 같음.
**최소치사농도. [a]펩타이드, [b]알칼로이드.

을 수 있는 것(아비산의 경우는 황비철석)에 약간의 가공을 더한 것에 한해서였다. 하지만 근대유기화학의 발흥과 발전은 우리들에게 이때까지와는 전혀 다른 종류의 독 또한 제공하게 되었다.

스스로 원했건 원치 않았건, 우리들 주위에는 실로 여러 가지 독이 존재하고 있다. 이 사실을 먼저 인식해 둘 필요가 있다.

그리고 우리는 이와 같은 독과도 잘 어울려 지내지 못하면 안 된다. 참고로 이때까지 인류가 손에 넣은 강한 독의 리스트를 들어봤다(후나야마 신지, 『독의 과학』 73p). 이 리스트를 보면 화학적 합성으로 만든 것보다 생물, 그 중에서도 미생물이 지니고 있는 독 중에 강력한 것이 많다는 점, 그리고 화합물로서는 알칼로이드나 펩타이드로 분류되는 함질소 유기화합물(분자 내에 질소가 포함되어 있는 유기화합물)이 많다는 점을 알 수 있다.

그리고 항생물질의 발견을 통해, 결핵은 더 이상 불치병이라고 불리지 않게 되었고, 백신의 보급은 천연두의 공포를 과거의 일로 만들었다. 하지만 현대에도 항생물질에 내성을 가진 병원균이나 새로운 병마의 출현 등의 문제가 산더미처럼 쌓인 것도 사실이다. 역시 현대의 신농씨라 할 수 있는 신약 개발자들은 이 같은 질병에 대해서 어떤 활약을 보여주고 어떤 방법으로 신약을 발견할 수 있을까?

공해

제대로 통제하지 못했을 경우, 화합물은 때때로 인류에게 해를 끼치는 경우가 있다. 일본의 경우, 미나마타병(메틸수은), 이타이이타이병(카드뮴), 그리고 가네미 라이스오일(PCB, 폴리염화 바이페닐)사건 등의 심각한 공해에 직면한 일이 있었다. 현재는 석면이나 환경에 대량으로 유출된 내분비교란화학물질(노닐페놀이나 비스페놀 A등)의 위험에도 노출 돼 있다.

미나마타병Minamata disease은 1950년대 중반, 구마모토 현 미나마타 시 주변 지역에서 발생한 중추신경성질환이다. 시야협착, 보행장해, 언어장해가 일어나고 임신 중에 중독되었을 경우에는 태아도 중독 증세를 나타내며 이는 태아성 미나마타병으로 알려져 있다. 그 원인 물질은 질소화학공장에서 폐수를 배수하던 중에 유출된 수은이 미생물의 작용으로 메틸수은으로 변화된 것이라고 결론이 났다. 메틸수은은 먹이사슬을 통해 10만 배에서 1000만 배로 농축되고 이러한 먹이사슬의 정점에 있는 사람의 몸에 들어가 중독을 일으키는 것이다. 1965년에는 니가타 현 아가노 강 하류연안에서 역시 공장 폐수 속에 함유된 메틸수은에 의한 니가타 미나마타병이 발생되었다.

한편 이타이이타이병itai-itai disease은 도야마 현 진즈 강 유역이나 군마 현 안나카 시에서 발생한 병을 말한다. 주된 증세는 뼈의 연

화와 신장장해가 있는데, 병세가 진행된 환자가 뼈의 병변 진행에 따라 심한 통증을 느끼기에 "아프다 아파"라는 의미의 「이타이이 타이いたいいたい」라고 호소하는데서 이러한 명칭이 붙게 되었다. 이 병의 원인은 각각 진즈 강 상류의 가미오카 광산에서 아연 생산 부산물로 산출된 카드뮴과 안나카의 정제공장 등에서 배출된 카드뮴이 원인으로 지목되고 있다. 이타이이타이병은 폐경이후의 여성 중에서 중독 환자가 많고 남성의 경우에는 중증환자가 적다는 사실에서 이 병과 여성호르몬이나 임신 사이에 어떤 상관관계가 있는 것이 아닌가 하는 추측도 나오고 있다.

그리고 PCB는 옛날부터 그 뛰어난 물리화학적 특성으로 열매체, 전기절연체, 감압복사지 등에 널리 사용된 화합물이었지만 이 또한 독성을 지니고 있다는 것이 밝혀졌다. PCB란 여러 유연 화합물의 총칭인데 그 중에서도 2, 2′, 6, 6′ 위에 염소가 결합되지 않은 형태인 동일 평면 PCBcoplanar-PCB, Co-PCB라 불리는 것이 강한 독성을 지닌다. PCB는 환경에 잔류성이 높고, 이렇게 환경에 노출된 PCB는 먹이사슬에 따라 점차 농축되어 먹이사슬의 마지막 단계에 있는 인간이 섭취하게 되면 지방조직에 축적된다. 전 세계적으로 환경으로의 확산이 문제시 되었는데 일본에서는 PCB가 혼입된 쌀 겨기름(라이스오일)에 의한 중독 사건이 1968년에 일어났다.

또 천연 유기화합물 중에는 그 분자 안에 염소를 함유하는 것이 드물지만 화학적 합성으로 얻어진 유기화합물 중에는 염소를 함유한 것이 많다. 그것은 화학공업원료로서 중요한 수산화나트륨 제조에 관련이 있다. 무한이라고 해도 좋을 정도로 존재하는 해수 속의 식염 분해를 통해 나트륨을 얻고 여기서 공업용 수산화나트륨이 만들어졌는데, 당연한 결과이지만 이 과정에서는 대량의 염소 또한 생성된다. 때문에 이를 활용할 목적으로 합성유기화합물의 도입이 적극적으로 고려된 것이다. 이 과정에서 등장한 화합물로는 폴리염화비닐 외에 γ-BHC(γ-육염화벤젠)과 BHC가 있다. 이들 모두가 유용한 화합물이었지만 후에 환경 잔류성이나 독성, 소각처리과정에서 다이독신이 만들어지는 등의 문제를 일으키게 되었다.

한편 아스베스트, 즉 석면은 한 가닥 굵기가 머리카락의 약 5,000분의 1로 대단히 얇다. 이것은 얇고 가벼울 뿐만 아니라 내구성, 내열성, 방음성, 내약품성, 전기절연성이 있어서 1970년대 이후 시멘트의 복합재료로 건물의 단열보강을 목적으로 대량으로 사용되어왔다. 하지만 장기적으로 석면 분진을 흡입하면 폐가 섬유화되어 기능저하를 일으키며 진폐증의 일종인 아스베스트 폐를 일으키는 것을 알았다. 또 현재 이것이 중피종이라 불리며 폐에 발생하는 암을 불러일으키는 사실이 알려지면서 큰 문제가 되고 있다.

일본에서는 석면으로 인해 4번에 걸친 큰 사회문제가 일어난 바 있다. 먼저 1972년, 암을 유발할 우려가 있다는 WHO의 지적으로

패닉이 일어났던 것이 1번째이며. 1986년에는 ILO(국제노동기구)에서 「석면 사용 안전에 관한 협약Asbestos Convention」(ILO 제162호 협약)을 채택, 2번째의 패닉이 일어났는데, 이때는 초, 중등학교 건물의 벽이나 천장에 사용됐던 석면이 사회문제가 되었다. 그 뒤 석면의 해로움이 화제로 오른 것은 1995년에 발생한 한신대지진 때였다. 지진으로 쓰러진 건물에서 비산한 아스베스트를 일반시민이 흡입하게 되면서 문제가 일어났던 것이다. 그리고 2005년에는 효고 현에 있는 대형 기계 제작사 구보타クボタ사 공장의 종업원뿐만 아니라 공장 주변의 주민까지 중피종으로 사망한 사실이 보도되면서 사회적 물의가 된「구보타 쇼크クボタショック」가 있었다.

이 같은 사실을 검증해 보면 석면의 문제는 단순히 석면과 관련된 일을 종사한 사람들의 직업병으로만 머무르지 않고 공해로 번지고 있는 것을 확실히 보여주고 있다. 게다가 중피종이 발생하기까지 30 ~ 40년이나 걸리기에 석면으로 인한 중피종은 「조용한 시한폭탄」이라고 불리고 있다. 석면의 발암 기전은 그 물리적 작용에 따른 것으로 무기성의 지연 독의 일종이라 볼 수 있다. 더욱이 걱정스러운 것은 이 시한폭탄을 짊어진 일반 시민들이 병의 원인인 석면을 언제 어디서 흡입 했는지 전혀 알 수가 없는 것이다. 또 옛날 요리수업에서 익숙하게 쓰였던 석면철망 또한 석면이 사용되었는데 요즘 쓰이는 것들은 세라믹으로 교체되었다

대기오염

매연이나 악취로 시작된 대기오염이지만 원래는 공해라고는 하더라도 비교적 국소적인 문제였다. 하지만 이와 달리 현재 지구 규모의 피해를 미치고 있는 것이 바로 프레온가스로 인한 오존층의 파괴와 공기중 이산화탄소 농도의 상승으로 인한 지구온난화이다.

프레온가스는 탄화수소인 클로로플루오로메탄(불소와 염소로 치환된 탄화수소)의 총칭이다. 정식 명칭은 클로로플루오로카본 Chloro fluoro carbons, CFC으로, 우리가 흔히 쓰고 있는 「프레온freon」이라는 것은 이를 상품화한 미국의 화학기업 듀폰duPont사에서 붙인 이름이다.

프레온은 불연성 가스로 무독, 무취하며, 화학적으로도 안정적이어서 금속을 부식시키지 않아 냉동기의 냉매나 에어로졸 스프레이의 분무제, 소화제 등으로 사용되어 왔다. 하지만 그 뒤 프레온 가스가 태양 자외선을 흡수해주는 오존층(성층권에 존재) 파괴의 원흉이었음이 밝혀졌으며 실제로 남극대륙 상공에는 거대한 오존홀이 발견되었다. 현재 프레온11($FCCl_3$), 프레온12(F_2CCl_2), 프레온113($FCCl_2$-F_2CCl) 등은 전부 폐기 되었다.

한편 지구온난화를 불러일으킨 온실가스로는 이산화탄소 외에 습지나 논, 가축에서 방출된 메탄(CH_4), 질소비료의 사용이나 공업 활동과 함께 방출된 일산화이질소(N_2O), 그리고 앞에서 말한 프레온 가스를 들 수 있다. 이 중에서도 이산화탄소는 지구온난화에 가장 큰 영향을 주고 있는 온실가스이다. 인간의 활동에 따른 화석연료의 소비나 신림파괴 등으로 지구상의 이산화탄소 농도는 급격히 상승하고 있다. 원래 이산화탄소는 지상에 묶어둘 수 있는 기체다. 예를 들면 직경 1미터의 삼나무는 대략 수백 t에 이르는 이산화탄소를 고정시킬 수 있다. 즉 수령 1000년의 나무를 사용한 목조건축물이 1000년을 건디면 합계 2000년 분의 어마어마한 양을 고정해 둘 수 있는 셈이다.

또한 근년 들어서는 식물 원료를 발효시켜 만들어진 에탄올을 연료로 사용하는 것이 검토되고 있다. 이것으로 식물에 고정돼 있었던 이산화탄소와 대기 중 방출된 이산화탄소의 양이 맞아 떨어지는 것이다. 하지만 이 경우 에탄올의 정제나 운반 등의 과정에서 발생하는 이산화탄소도 고려해야만 한다.

지구온난화나 오존층 파괴 작용을 가진 이 같은 화합물은 지구 그 자체의 독이라고해도 좋을지도 모른다. 인류는 여러 가지 관점에서 독과 잘 어울리지 못하면 그 존재 자체가 위태로운 상태까지 와 있는 것을 항상 염두해 두어야 할 것이다.

주요 약물유해반응사건

　일본에서 처음으로 약물유해반응Adverse drug reaction, ADR이 문제시된 것은 1956년에 일어난 페니실린쇼크 사건일 것이다. 마침 이 사건은 사고로 희생된 것이 공교롭게도 유명한 인사(오타카 토모오尾高朝雄(1899 ~ 1956), 부산 출생, 법학자)였던 점 때문에 표면화된 사례이기도 하다.

　유감스러운 일이지만 일본의 경우, 다른 해외 선진국과 비교해서 이러한 약물유해반응으로 인한 사고가 많은 편이다. 그 중에서도 탈리도마이드의 태아 기형 발견이나 키노포름의 SMON, 그리고 소리부딘sorivudine으로 사망자가 나온 것은 일본 의약계의 약품 취급이 얼마나 미숙한지 강하게 느낄 수 있는 사건이었다. 이 모두가 인류에게 축복을 주기 위한 과학이나 화학 발전이 가져온 아이러니 한 결과였다.

　여성호르몬과 비슷한 작용물질로 디에틸스틸베스트롤(DES)이라는 화학합성호르몬이 개발되었지만 이 의약품의 개발은 그야말로 빛과 그림자라 할 수 있었다. DES는 스테로이드제와 비교해서 간단하게 합성 가능한 화학구조를 가지고 있었기에 일시적으로 각광을 받았고 『일본약국방』에도 기록되었다. 실제로 절박유산 방지에 사용되기도 했는데 이 의약품의 복용으로 태어난 아이에게서 높은 확률로 질암이나 생식기관의 이상이 발생한 것이 발견,

1971년에 사용이 금지 되었다. 또한 『일본약국방』에서도 삭제되었다.

2002년에는 중국에서 다이어트 효과가 있는 「한방약」으로 「섬지소교낭纖之素膠囊」이나, 「어지당감비교낭御芝堂減肥膠囊」, 「다소감비茶素減肥」라는 수상한 이름의 자칭 「한방약」이라 하는 약들이 일본에 수입되었고, 이를 복용한 사람들 사이에서 간장해가 발생한 사례가 있었다. 우선 단언해두겠는데, 이 같은 이름의 「한방약」은 존재하지 않는다. 이 「한방약」의 성분을 분석했을 때, 모든 제품에서 3%라는 고농도의 N─니트로소 펜플루라민N-nitroso-fenfluramine이 검출되었다(후생노동성 의약국 마약대책과, 2002년 7월). N─니트로소 펜플루라민은 생약 성분일 가능성이 전혀 없는 화합물로, 이들 「한방약」에 화학합성품이 혼입되었다는 사실을 명백하게 증명하고 있었다. 그리고 그 화학구조의 기본 골격은 각성제와 같다.

또한 마찬가지로 중국에서 다이어트 약으로 들어온 것으로 「천천소天天素」 또는 「천천소청지교낭天天素淸脂膠囊」이라 불리는 약이 있는데 이 제품의 복용이 원인으로 의심되는 입원치료사례와 사망사례가 2005년 5월에 발생했다. 이 제품에서는 시부트라민이나 마진돌이 검출되었는데, 시부트라민sibutramine은 미국에서 비만증 치료제로 사용되지만 일본에서는 아직 의약품으로 승인되지 않은 물질로, 시부트라민 또한 각성제와 기본골격을 같이하는 알칼로이드이다. 한편 마진돌mazindol은 암페타민과 비슷한 작용을 하고 있어 일본에서는 『마약 및 향정신약단속법』에 따라 규제대상에 해당하는 약물이다.

이 외에 근래의 사례로는 천식예방을 위해서 어린이들에게 테오필린을 복용시켰는데 이것이 급성뇌증이 발생, 경련이 약 2시간이나 이어진 사건이 보고되었다. 2006년 12월의 일이었다. 테오필린theophylline은 카페인과 함께 녹차나 커피에 들어가 있는 알칼로이드이며 카페인과 비슷한 화학구조를 가지고 있다. 테오필린에 경련을 일으키는 부작용이 있는 것은 이미 동물실험을 통해 1997년에 보고된 바 있었다. 하지만 사실 테오필린을 복용시킨 어린이들에게서 이러한 증상이 일어날 수 있다는 것은 이전부터 알려져 있었던 일이었다. 니가타 시민병원의 의사들은 2003년 10월의 『일본소아과학회지日本小児科学会誌』에서, 1991 ~ 2002년 사이에 40명의 어린이들이 테오필린 복용 후 심한 경련과 급성뇌증으로 해당 병원에 후송되어 왔으며, 그 중 2명이 사망했다고 보고했다. 한편 항암제 이리노테칸의 사용에 따른 사망자도 나왔다. 이리노테칸은 식물성 알칼로이드를 화학수식chemical modification하여 만들어낸 화합물이다.

또 항불안제인 데파스Depas 같은 향정신성 약품이 빈번히 처방되는 것도 일본 의료의 특징이다. 2007년에는 도쿄 도의 병원에서 역시 향정신성 약품인 리탈린ritalin처방을 남발, 도쿄 도 신주쿠 보건소로부터 의료법위반 혐의로 현장 검사를 받는 사태가 일어났다. 화학구조를 보면 일목요연한데 리탈린은 각성제와 같은 기본 골격을 가지고 있다. 실제로 이 약물을 복용하면 환각이나 망상을 일으키며 의존성도 높다. 이 같은 화합물을 함부로 투여했을 경우, 환자가 어떻게 될지는 쉽게 상상할 수 있을 것이다. 원래 리탈린이 처방되는 병은 나르콜렙시(수면장해의 일종)나, 난치성ㆍ지연성 우울증의 일부에 지나지 않았는데 이 병원의 의사는 진단명을 바꿔가며 손쉽게, 지속적으로 리탈린을 처방해 왔던 것이다. 이 사건이 밝혀진 것은 처방전을 취급하는 조제약국의 지방보건소 상담이 계기가 되었다.

한편 이것은 백신의 예인데 홍역(M), 유행성 이선염(M), 및 풍진(R)의 예방을 위해서 이루어진 신3종 혼합백신(MMR백신)에 따른 사고가 1989년에 일어나서 1993년에는 사용이 중지되었다. 그 때문에 예방접종의 공백기가 있어서 이 세대가 대학생이 된 2007년, 대학생 사이에서 홍역이 유행하여 휴강이 이어지기도 했다.

스포츠와 도핑

스포츠는 원래 게임을 통해서 몸을 단련시키며 건강한 생활을 보내는 것을 그 목표로 한다. 때문에 영어 「sport」에는 즐거움과 오락이란 의미가 있다. 하지만 일부 스포츠의 세계에서는 게임을 즐기는 것보다도 얼마나 몸을 단련시켜 기록 한계에 도전하는가 또는 똑같이 단련시킨 상대에게 도전하여 이기는 것이 전부인 세상이 되어버린 느낌이 든다. 때문에 선수들은 극한까지 단련해서 기록 달성이나 승리를 원하게 된다. 거기서 빠지고 마는 함정 가운데 하나가 바로 도핑doping이다.

도핑의 어원은 아프리카 남동부의 원주민인 카피르Kaffir족이 부족의 예식에서 사용했던 토속주로, 식물의 진액으로 만든 돕dop이라는 술이라고 알려져 있다. 또한 영어에서 dope라는 단어에는 끈적끈적한 물질 또는 경주마에 쓰이는 흥분제 라는 의미가 있으며, 이외에도 멍한 사람, 무기력한 사람이라는 의미로도 쓰인다.

도핑에 사용된 약제로는 가장 고전적인 것으로 각성제가 있으며, 그 뒤 각성제의 유사화합물 인 흥분제 외에 근육증강제 등이 사용된 예가 있다. 근래에는 도핑검사를 빠져나가기 위해서 비슷한 효과를 지니면서도 기존 화합물의 화학구조를 조금 바꿔 곧바로 검출되지 않도록 한 대체물질이 만들어지기도 했다. 하지만 이 같은 화합물의 복용은 공정하지 못할뿐더러 선수의 생명에도 지장을 초래할 수 있다. 2007년 10월에는 2000년 시드니 올림픽에서 금메달 3개를 포함해 메달 5개를 획득한 미국의 메리언 존스 Marion Lois Jones(1975 ~)가 메달을 따기 이전부터 근육증강을 위해서 스테로이드제를 사용했던 것을 고백, 올림픽에서 획득한 메달을 박탈당하는 사태가 일어났다.

이미 앞에서 (환상)성과를 올리고 싶어서 날조논문을 세상에 내놓는 것의 본말전도에 대해서 언급한 바 있지만, 도핑도 그것과 비슷한 요소를 가지고 있다. 위조된 성과로 세상의 인정을 받는 다는 것이 얼마나 허무한 일인지는 날조를 행한 본인이 가장 잘 알고 있는 법이며, 결국 그 본인조차 결국은 불행해지고 말기 때문이다.

현대풍 음식 궁합

와파린은 1948년에 발표된 의약품이다. 그 이름은 1939년에 와파린의 원형이 된 디쿠마롤을 발견한 위스콘신 동문 연구 재단Wisconsin Alumni Research Foundation, WARF과 쿠마린coumarin의 어미를 합쳐서 만들어진 이름이다. 디쿠마롤dicumarol은 경구 섭취하는 항혈액응고제이며 콩과에 속하는 식물인 전동싸리*Melilotus officinalis*에서 분리되었다. 디쿠마롤은 쿠마린에서 만들어진다. 와파린에 의한 간 기능장해는 예외적이지만 쿠마린에는 간독성이 있는 것이 알려져 있다. 때문에 와파린이 쿠마린 유도체이기에 간 기능장해를 불러일으긴 것은 아닌가라는 오해를 받기도 했다.

단 와파린을 복용하고 있을 때는 낫토 섭취에 주의를 기울일 필요가 있다. 와파린의 작용기서를 살펴보면 비타민K와의 길항작용으로 항혈액응고활성을 나타내는데 낫토균은 장내에서 비타민K를 대량으로 생산한다. 그 때문에 와파린을 계속 복용하면서 낫토를 먹으면 와파린의 효과가 잘 나오지 못하게 된다. 또한 양상추

에도 비타민K가 대량으로 함유되어 있어 와파린의 효과를 감소시키기 때문에 주의가 필요하다.

한편 자몽에 함유된 베르가모틴bergamottin이나 관련화합물은 특정 종류의 혈압강하제나 면역억제제, 항알레르기제, 항불안제, 난포호르몬, 고지혈증제, 항에이즈제 등의 대사를 억제한다. 즉 베르가모틴은 장관벽에 많이 존재하며 약물의 대사와 관계된 효소의 활성을 억제하는 작용이 있는 것이다. 그 때문에 앞에서 말한 것과 같은 약물과 자몽 주스를 같이 섭취할 경우, 이 같은 약물의 효과가 지나치게 강하고 오래 지속될 위험성이 있다.

독과 약을 통한 범죄

제2차 세계대전 이후에 일본에서 일어난 독과 약을 둘러싼 사건에는 청산화합물을 사용한 것과 투구꽃 같은 천연물을 사용한 것, 사린 같은 화학합성된 유기화합물을 사용한 것이 있다. 또한 아세트아미노펜(타이레놀)처럼 널리 쓰이는 해열진통제를 대량으로 복용시켜서 보험금살인을 꾸민 사건도 있었다.

청산화합물을 사용한 사건으로 가장 유명한 사건의 하나는 1948년에 일어난 「제국은행사건帝銀事件」이 있다. 사용된 독물의 종류가 특정되지 않았다는 점과 진범은 따로 있는 것이 아닌가 라는 등, 몇 가지 수수께끼와 문제를 남겨둔 채 시간이 경과된 사건으로, 범인은 전염병 예방약이라며 청산화합물(아세톤 시아노히드린$(CH_3)_2C(OH)CN$이라는 설도 있다)을 은행원들에게 복용시켜 현금을 빼앗았다. 사망자는 12명이었다.

또 1984년에는 「글리코-모리나가 사건グリコ·森永事件」이 발생했다. 이 사건에서 사망자는 나오지 않았지만 청산화합물이 든 과자를 가게에 놓아 둔 기괴한 사건이었다. 1998년에는 소위 말하는 「닥터 기리코 사건ドクター·キリコ事件」이 일어났는데, 이것은 인터넷상에서 「닥터 키리코의 진찰실ドクター·キリコの診察室」이라는 홈페이지를 개설한 삿포로 거주 27세 남성(사건발각 후 자살)에게서 구입한 청산칼륨을 복용하고 도쿄 도의 24세의 여성이 사망한 사건이었다.

비소가 관련된 사건으로는 1955년의 「모리나가 비소 밀크 중독 사건森永ヒ素ミルク中毒事件」이 있는데. 분유제조공정에서 비소화합물이 혼입된 공업 원료를 안정제로서 사용, 1만 수천 명이 중독되고 많은 사망자가 나왔다. 또 1998년에는 「와카야마 독물카레사건和歌山毒物カレー事件」이 발생했는데 이 사건의 경우에는 아비산 중독으로 4명이 사망했다. 당초 이 사건은 경찰에서 청산화합물이 검출되었다고 발표했다(「아사히신문」 1998년 7월 28일자). 하지만 청산화합물에 따른 중독은 일반적으로 급성중독이므로 중독자에게서 오랜 시간에 걸쳐서 증상이 나타난 것은 이상하다고 생각될 수밖에는 없었다. 초미량물질의 검출이 가능해진 것이 예상을 뒤엎

기도 했다. 설마 현대에 와서 비소화합물을 사용하는 사람이 있을 것이라고는 예상하지 못했기 때문일지도 모른다.

투구꽃은 비소화합물과 함께 오래전부터 알려져 있는 독이다. 투구꽃이 관련된 사건으로는 1986년 「오키나와 투구꽃 보험금살인사건沖縄トリカブト保険金殺人事件」으로 1명의 사망자가 나왔다. 2000년에는 사이타마 현에서 투구꽃이 든 빵을 먹인 보험금살인사건이 일어나기도 했다. 원래 이 사건은 아세트아미노펜(타이레놀)의 대량복용을 통한 살인을 꾸민 것이 시작이었다고 한다.

한편 개의 안락사에 사용되는 약물을 사용한 사건도 일어났다. 1994년에 석사콜린을 이용한 이른바 「오사카 애견가 연속 실종살인사건」이 발생, 5명의 사망자가 나왔다. 또 그 이듬해에는 「사이타마 애견가 살인사건埼玉愛犬家殺人事件」이 발각되었다. 이 사건에서는 초산 스트리크닌이 사용되어 4명이 살해당했다. 석사콜린도 초산 스트리크닌도 업자가 불필요해진 개의 안락사에 사용하는 일이 있다고 한다. 스트리크닌strychnine은 식물성 알칼로이드로 마전에서 추출된다.

그리고 1994년 6월 27일과 1995년 3월 20일에는 각각 「마쓰모토 사린사건松本サリン事件」 및 「도쿄 지하철 사린 사건」이라 불리는 전대미문의 사건이 일어났다. 두 사건 모두 화학병기로 개발된 사린이 사용되었는데, 마쓰모토 사린사건에서는 213명, 지하철 사린사건에서는 약 5,500여명의 사상자가 나왔다. 이 중에는 매우

심한 장해를 입은 사람은 물론 그것이 경상이라고 진단을 받아도 PTSD(심적외상후 스트레스장해)로 인해 전철을 타는 것은 물론 외출조차 곤란한 상태로 빠져 일상생활을 할 수 없는 사람이 많이 나왔다는 것이 가슴 아프다. 「도쿄 지하철 사린 사건」은 화학병기로 개발된 사린이 처음으로 시가지에서 테러용으로 사용된 것으로, 독의 역사상 특집으로 다룰 수 있는 사건이다.

이외에도 1991년에는 도쿄 대학에서 수산칼륨(CH_3COOTl)을 커피에 넣어 1명이 사망한 사건과 1998년에는 니가타에서 아지드화 나트륨(NaN_3) 중독사건이 수 건 일어났다. 뒤에 일어난 사건을 계기로 아지드화 나트륨은 독물로 지정되었다.

2차 대전 종전 후 얼마 되지 않아서 이시이 시로石井四郎(1892 ~ 1959) 중장이 지휘하던 731부대라는 집단(관동군 세균전부대)가 만주에서 생화학병기 개발을 위해 무서운 생체실험을 반복한 것이 밝혀졌다(모리무라 세이치森村誠一, 『신판 악마의 포식新板 悪魔の飽食』). 「현자는 역사에서 배우고 어리석은 자는 경험으로 배운다」라는 말이 있다. 우리들은 어리석은 과오를 절대로 반복해선 안 되기 때문에 역사를 배워야만 한다

불행 중 다행으로 사망자나 중증 중독자가 나오지 않았던 이른바 「유독와인사건有毒ワイン事件」도 독에 대해서 많이 생각하게 만드는 사건 중의 하나다. 이 사건은 1985년 여름 유럽에서 수입된 와인 중에 부동액으로 사용되는 디에틸렌글리콜($HOCH_2CH_2OCH-$

$_2CH_2OH$)이 혼입된 것이다. 본래라면 이 같은 와인은 원료인 포도에 특수한 균이 기생한 것을 사용해서 양조된 감미와 점도가 있는 고급와인(귀부와인)이었을 것이었다. 디에틸렌글리콜에는 감미와 점도가 있어서 가짜 귀부와인 제조를 위해 섞었던 것 같다. 디에틸렌글리콜에는 불쾌한 맛과 냄새가 없지만 대량으로 복용하면 구토와 두통, 비틀거림, 복통, 설사 등을 일으키며 심할 경우에는 경련, 혼수, 폐수종, 심부전 등으로 죽음에 이르는 일도 있다. 또 중추신경계의 억제작용도 있다. 디에틸렌글리콜의 위험량은 1킬로그램 당 1밀리리터로 볼 수 있다. 즉 체중 60킬로그램의 사람이라면 약 60밀리리터가 위험수위인 것이다.

사형과 독물

농약과 항생물질 등 독을 잘 사용하면 인류의 축복으로 연결될 수 있지만 인간이 인간을 살육할 목적으로 독을 사용하는 것은 천벌을 받아 마땅한 것임을 명심해야 한다.

지구상에는 중죄를 범한 경우 법률이 정한 바에 따라 범죄자의 생명을 빼앗는 사형이라는 형벌이 존재하는 나라(일본을 포함해서)나 주(미국의 경우)가 있다고 하는 엄숙한 현실도 있다. 국가나 주에 따라서 그 집행방법도 가지각색인데 미국의 일부 주에서는 사형집행에 약물을 사용하고 있다. 한 예로 사형집행에는 타이오펜탈나트륨, 브롬화 판쿠로늄 및 염화칼륨(KCl) 3종의 약물이 사용된다고 한다.

이 중에서 타이오펜탈나트륨은 수감자를 잠들도록 하기 위해서이고, 브롬화 판쿠로늄은 근이완작용을 일으키며 염화칼륨은 심장을 정지시키기 위해 사용된다고 한다. 또 수면제인 타이오펜탈나트륨은 마를린 먼로(1926 ~ 62)의 사인에도 관계된 펜토바르비탈나트륨과 비슷한 화합물이다. 또 염화칼륨은 1991년에 일어난 「도카이 대학병원 안락사 사건東海大学病院安楽死事件」에서 사용된 약물이기도 하다.

의약분업과 약제사

아무리 생각해도 약과 독은 정말 구별하기 어려운 것임을 실감한다. 이 세상에 어떤 방법을 사용해도 문제가 없는 약은 존재하지 않는다는 것은 분명하다. 그야말로 약독동원藥毒同源이다.

이때까지 일본에서 심각한 약물유해반응사건이 발생했던 가장 큰 원인으로는 약물의 잘못된 사용을 들 수 있다. 그 중에는 키노포름에 의한 SMON과 근단축증 같은 병원병이라고도 해도 좋을 병이 있다. 말하는 방식을 바꾸면 약을 너무 많이 사용하거나 잘못 사용한 것이라고 해도 좋을 것이다. 아직 표면화되진 않았지만 이러한 사건의 예비군이 많이 있을 가능성이 있을 것이라 말해도 좋을 것이다. 이런 원인을 단절할 효과적인 방법의 하나가 완전의 약분업이다.

누구라도 알고 있는 것이지만 다시 한 번 복습하자면 의약분업이란 의사가 환자를 진찰하고 필요하면 처방전을 발행, 환자는 이 처방전을 통해 약제사에게 조제 받는 시스템이다.

아무렇지도 않은 일 같지만 이것이 가장 중요한 시스템인 것이다. 이 시스템은 선진국 의료에서는 극히 당연한 것이지만 안타깝게도 일본에서는 정착되지 못했다. 큰 원인의 하나가 메이지시대에 그 때까지 한방의 그대로 서양의의 면허를 줘서「의료=약」의 한방의가 투약과 조제까지 스스로 하던 습관에서 의사 쪽은 물론 환자 쪽에서도 빠져 나오지 못한 것이었음은 이미 언급한 바와 같다.

일본의 약학은 틀림없이 전 세계 톱클래스이지만 그 제일선을 맡고 있는 현재 일본의 약제사들은 업무에 대한 이해도가 여타 선진국의 평균 수준에도 미치지 못하며, 이것은 일본의 의료는 물론 환자들에게 있어서도 정말 불행한 일이다.

마침 2006년부터 일본의 약제사 양성기관인 대학 약학부의 교육연한이 이전까지의 4년제에서 6년제로 바뀌었다. 대학에서 6년간에 걸친 학문을 배우고 국가시험합격을 거친 약제사에게 국민의 건강유지를 위해서 어떤 활약을 기대할 것인가, 그리고 이를 위해 약제사를 어떻게 대우할 것인지 전반적으로 다시 생각을 해봐야 할 것이다 현재 일본에서는 유일한 독과 약의 전문가(관리자)

인 약제사의 능력을 잘 활용하고 있다고는 보이지 않으며 만족스
럽게 대우하고 있다고도 생각할 수 없다. 정말 안타깝기 그지없는
일이다.

맺으며

먼저 이 책『독과 약의 세계사』를 정리하고 싶었던 계기에 대해서 말해두고 싶다. 저자는 먼저 독과 약에 관한 책으로『알칼로이드-독과 약의 보고』(교리쓰숏판)이나『도해 잡학 독의 과학』(나쓰메샤),『독과 약의 과학-독에서 본 약·약에서 본 독』(아사쿠라쇼텐)등의 책을 집필해 왔다. 이 같은 책들은 주로 독과 약의 화학과 그 작용에 대해 중점을 두고 기술한 책이지만 그 집필과정에서 독과 약, 인간의 행보(역사)에 관해서 강한 흥미를 가지기 시작했다. 인류가 인류다워지는 이유의 하나가 독과 약의 사용에 있는 것은 아닌지, 그리고 인류의 문화 발전과 함께「독과 약의 세계」도 크게 진보하고 있다고 생각했기 때문이다.

때문에 이때까지 모아온 정보 가운데, 독과 약의 문화(역사)와 인류의 역사에 관계하게 된 과정, 특히 그 중에서도 인류의 역사와「독과 약의 세계」가 어떻게 맞아 떨어지는지에 대해서 중점을 두고 정해 보 본 것이 이 책이다. 때문에 이 책의 제목을『독과 약의 세계와 역사』라고 읽어도 좋을 것 같다.

출판이 정해지지도 않은 채(하지만 어떤 이유때문이진 중앙공론신서를 목표로)시간을 쪼개가면서 원고를 정리했지만 어느 출판사의 담당편집자와 나눈 아무렇지도 않은 대화가 발단이 되어, 인연이 인연을 부르고 끝내 이 책의 출판으로 이어진 것은 정말 신기한 일이며 또한 기쁘게 생각하고 있다.

세계 각지에는 맥주나 와인, 위스키, 워커, 데킬라, 일본주, 소주 등의 술이 있고 또 커피, 홍차, 녹차, 우롱차, 코코아 등의 스프트 드링크가 있다. 각각 독특한 술과 소프트 드링크이지만 술의 경우 원료나 제조법이 틀려도 꼭 효모가 관여돼 있었고 취하게 만드는 성분은 모두 공통적인 효모의 발효 움직임으로 생긴 에틸알코올 (에탄올)이었다. 그리고 커피, 차, 코코아는 각각 전혀 다른 지역 의 전혀 다른 식물을 기원으로 하지만 모두 카페인류를 함유하고 있다. 또 에탄올도 카페인류도 적당량을 섭취해서 즐기면 전혀 문 제가 없고 술의 경우에는 「백약의 장百藥之長」이라고까지 일컬어지 는데, 이들 모두 다량으로 섭취, 특히 술의 경우 충분한 대사능력 을 지니지 못한 사람이 섭취했을 경우에는 중독이나 병증을 불러 일으킬 수 있다.

독과 약은 불과분의 관계이다. 때문에 저자는 「약독동원藥毒同源」 이라 부르고 있다. 앞에서 말한 「독과 약의 과학」을 정리 했을 때 그 부제를 「독에서 본 약-약에서 본 독」이라고 했다. 이것은 약을 약으로 뿐만이 아닌 독을 독으로만 봐서는 보이지 않는 것이 독을 약 쪽에서, 또는 약을 독 쪽에서 보면 이때까지 보이지 않았던 것 이 보이게 되더라는 것을 말하고 싶어서였다.

생체에서 무언가의 작용을 하는 화합물을 생물활성물질이라 하 는데 이 같은 화합물은 잘 사용하면 약으로서 도움이 되지만 사용

방법에 실수가 있다면 틀림없이 독으로서의 작용을 하게 된다. 화합물 자체에는 변함이 없지만 사용하는 인간에게 그것을 약으로서 살릴지 또는 독으로 해를 입을 입힐지 선택권과 책임이 있는 것이다. 때문에 의료분야에 있어 화합물의 독과 약의 쌍방 입장을 숙지한 약제사라는 전문직의 개입을 빼놓을 수 없다는 것은 이미 본문에서 말한 바와 같다.

인류는 위험하다고 생각되는 식물을 잘 이용하는 방법도 발견해 왔다. 분명히 강한 독을 가졌을 리라 생각되는 식물이 치료에 사용되는 예는 차고 넘칠 정도이다. 또 식물독이나 동물 독을 화살독이나 어독으로 적극적인 방법으로 응용하는 것도 전 세계 각지에서 볼 수 있다. 그리고 사람들은 이와 같이 독을 이용한 수렵으로 얻은 것을 먹어도 괜찮다는 것을 알고 있었다. 이 같은 일이 당초에는 구전으로 전해졌을 테지만 머지않아 기록으로 남겨지게 되었다. 낡은 기록에는 독과 약의 기록이 꼭 보였다. 마치 고대의 사람들은 이 같은 일을 기록하고 싶어서 문자나 점토판, 파필루스, 종이, 뭇, 먹, 잉크 등의 기록수단을 발명한 것처럼 보인다.

하지만 저자의 전문은 천연물화학이며 약용과 함께 동·식물이나 미생물의 유용성분 화학연구이다. 평범하게 말하면 약초 등의 유효성분이나 신규항생물질의 탐색·화학구조연구이다. 따라서 물론 역사 전문가는 아니다. 때문에 너그럽게 보아주었으면 하는 부분이 있다.

말하자면 이 책의 제목에는 세계사라고 붙인 이면에 실은 역사 구분은 일본사를 빌려 쓰고 있다. 일본 독자들에게 있어서는 이 방법이 감각적이며 이해하기 쉬울 것이라 생각했기 때문이다. 하지만 저자는 역사를 전문으로 하지 않았기 때문에 특히 역사적 사건에 대해서 틀린 것이 있을 것이라 생각된다. 이설이 있는 부분에 대해서는 가능한 공평하게 기술했다고 생각되지만 만약 다른 생각이나 틀린 부분이 있으면 저자의 책임이다. 가르침을 주신다면 달게 받겠다.

그리고 이 책에는 「미치광이풀」이란 기재도 있는데 이것들은 식물의 별칭 등 사실관계를 나타낸 것으로 특정 질환을 앓고 있는 환자들의 인권을 해하는 의도는 일절 없음을 말해두겠다. 독자들의 깊은 배려를 바라는 바이다. 그리고 본서 중에서 각종화합물 등의 생물활성에 대해서 말했는데 이것들은 어디까지나 학문상의 지견으로 쓴 것이다. 따라서 이 같은 기술이 미숙하게 사용돼서 타인의 치료에 직접 응용 되지 않도록 특히 주의했으면 한다.

이 책의 집필에 있어서 선각자들의 노력으로 집필된 많은 책들의 도움을 빌렸다. 그 일부는 참고 문헌으로 나타냈는데 선인들의 위대한 노력에 감사하고 싶다. 그리고 원고 완성에서 출판까지의 여러 과정에 있어 종시일관으로 주코신서 편집부의 마쓰무라 데쓰 씨에게 신세를 졌으며 여러 교정자 분들의 손을 빌렸다. 게다가 시바타 쇼지 선생님(도쿄대학 명예교수·메이지약과대학 명예

교수)의 조부님인 시바타 쇼케이 선생님의 경력이나 업적에 대해서는 서간으로 정중하게 허가를 받았으며, 귀중한 자료도 보내주셨다. 한편 나가사키 시 지볼트 기념관의 오리타 다케시 씨께서는 뷔르거에 관한 자료를 찾아서 복사본을 보내 주셨다. 이상 기록으로 남기어 깊은 감사를 표하고자 한다.

마지막으로 항상 나를 지켜봐주는 가족(부인인 기코와 딸인 아키코)의 존재도 이 책을 집필하는 원동력이 되었다는 것을 기록해 두고 싶다.

2008년 깊은 가을 아름답게 물들려는 단풍나무에 둘러싸인 캠퍼스에서

후나야마 신지

참고문헌

아오이 이시코靑井石子 편,『나가이박사서간초長井博士書簡抄』, 자비 출판, 1929년

아사히나 야스코朝比奈泰彦 편,『쇼소인약물正倉院藥物』, 식물문헌간행회植物文献刊行會, 1956년

아마노 히로시天野 宏,『메이지시대의 의약분업 연구明治期における医薬分業の研究』, 플랜 출판ブレーン出版, 1998년

아마노 히로시天野 宏,『개설 약의 역사槪説 薬の歴史』, 약사일보사薬事日報社, 2000년

아리요시 사와코有吉 佐和子,『하나오카 세이슈의 아내華岡青洲の妻』, 신초문고新潮文庫, 1970년

안도 고세이安藤更生,『간진観真』, (인물총서人物叢書) 요시카와 히로부미관吉川弘文館, 1967년

이이누마 가즈마사飯沼 和正, 간노 도미오菅野 富夫,『다카미네 조키치의 생애高峰讓吉の生涯』, 아사히선서朝日選書, 2000년

이케다 미에池田美惠 역,『파이돈パイドン』,『세계의 명저 플라톤Ⅰ世界の名著 プラトンⅠ』, 중앙공론사中央公論社, 1966년

이자와 본진伊沢 凡人 편저,『약학의 창설자들薬学の創成者たち』, 겐스코분칸研数広文館, 1977년

이시이 겐도石井 硏堂,『메이지사물기원明治事物起源』, 4, 지쿠마 학예신서ちくま学芸文庫, 1997년

이시카와 모토스케石川 元助,『독화살의 문화毒矢の文化』, 기노쿠니야 신서紀伊国屋新書, 1963년

이시카와 모토스케石川 元助,『독약毒薬』, 마이니치 신문사毎日新聞社, 1965년

이시카와 모토스케石川 元助,『두꺼비기름에서 LSD까지ガマの油からLSDまで』, 다이산쇼칸第三書館, 1990년

이시자카 데쓰오石坂 哲夫,『약의 역사くすりの歴史』, 일본평론사日本評論社, 1979년

이시자카 데쓰오石坂 哲夫,『약학의 역사薬学の歴史』, 난잔도南山堂, 1981년

이시자카 데쓰오石坂 哲夫,『알기 쉬운 약의 역사やさしいくすりの歴史』, 난잔도南山堂, 1994년

이시다 나카오石田 名香雄, 히누마 요리오日沼 賴夫, 『병원미생물학病原微生物学』, 가네하라출판金原出版, 1969년

이시야마 사다카즈石山 禎一, 『지볼트シーボルト』, 리분출판里文出版, 2000년

이치노헤 요시유키一戸 良行, 『독초의 잡학毒草の雑学』, 겐세이샤研成社 1980년

이치노헤 요시유키一戸 良行, 『마약의 과학麻薬の科学』, 겐세이샤研成社 1982년

이치노헤 요시유키一戸 良行, 『독초의 세사기毒草の歳事記』, 겐세이샤研成社 1988년

이치노헤 요시유키一戸 良行, 『고대가 보이는 책-독에서의 발상古代が見えてくる本 毒からの発想』, 겐세이샤研成社, 1993년

이노우에 다카히데井上 尚英, 『생물병기와 화학병기生物兵器と化学兵器』, 주코신서中公新書, 2003년

이노우에 다카히데井上 尚英, 『도해잡학 생물·화학병기図解雑学 生物・化学兵器』, 나쓰메샤ナツメ社, 2008년

이노우에 야스시井上 靖, 『천평의 기와天平の甍』, 주코신서中公新書, 2003년

이영희李寧熙, 『또 하나의 만요슈もう一つの萬葉集』, 문예춘추文藝春秋, 1989년

이와이 가즈오岩井 和夫, 와타나베 다쓰오渡辺 達夫 편, 『고추-매운맛의 과학トウガラシ－辛味の科学』, 사이와이쇼보幸書房, 2000년

우에다 산페이上田 三平(미우라 사부로三浦 三郎 편), 『일본약원사의 연구日本薬園史の研究』, 와타나베쇼텐渡辺書店, 1972年

우에노 마스조上野 益三, 『일본박물학사日本博物学史』, 고단샤학술문고講談社学術文庫, 1989년

우가타 다메키치宇賀田 為吉, 『담배의 역사タバコの歴史』, 이와나미신서岩波新書, 1973년

우치바야시 마사오内林 政夫, 『맥주를 만든 사람ビル誕生の仕掛け人』, 화학동인化学同人, 2001년

우치바야시 마사오内林 政夫, 「퀴닌: 발견 명명 스톡교수의 입체선택적전합성キニ-ネ:発見 命名ストーク教授の立体選択的全合成」, 『파마시아ファルマシア』, 38권, 234p, 2002년

우메자와 에미코梅沢 恵美子, 『누카타노 오오키미의 수수께끼額田王の謎』, PHP문고PHP文庫, 2003년

우메하라 히로시게梅原 寛重, 『약초와 독초薬草と毒草』, 하쿠힌샤博品社, 1998년

조지 어딘(시미즈 도타로清水 藤太郎 역), 『약학·약국의 사회활동사薬学・薬局の社会活動史』, 난잔도南山堂, 1973년

에구치 게이이치江口 圭一, 『일중아편전쟁日中アヘン戦争』, 이와나미신서岩波新書, 1988년

오키 고스케大木 幸介, 『독물잡학사전毒物雑学事典』, 블루 벅스ブルーバックス, 고단샤講談社, 1984년

오쿠마 기쿠오大熊規矩男, 『담배タバコ』, 현대교육문고現代教養文庫, 사회사상연구회출판부社会思想研究会出版部, 1961년

오쿠마 기쿠오大熊規矩男, 『일본의 담배日本のタバコ』, 현대교육문고教養文庫, 사회사상사社会思想社, 1963년

오쓰카 야스오大塚恭男, 『의학사 뒷이야기医学史こぼれ話』, 임상정보센터臨床情報センター, 1995년

오쓰키 신이치로大槻 真一郎, 『플리니우스 박물지-식물편プリニウス 博物誌-植物篇』, 야사카쇼보八坂書房, 1994년

오쓰키 신이치로大槻 真一郎, 『플리니우스 박물지-식물 약제편プリニウス 博物誌-植物薬剤篇』, 야사카쇼보八坂書房, 1994년

오바 히데아키大場 秀章, 『에도의 식물학江戸の植物学』, 도쿄 대학 출판회東京大学出版会, 1997년

오하라 겐시로大原 健士郎, 『현대의 에스프리 No. 75 마약現代のエスプリ No. 75 麻薬』, 시분도至文堂, 1973년

오카쿠라 덴신岡倉 天心, 『차에 대한 책茶の本』, 이와나미문고岩波文庫, 1961년

오카쿠라 덴신岡倉 天心(오케타니 히데아키桶谷 秀昭 역), 『차에 대한 책茶の本』, 고단샤講談社学術文庫, 1994

오카자키 간조岡崎 寛蔵, 『약의 역사くすりの歴史』, 고단샤講談社, 1976년

오가타 도미오緒方 富雄, 『오가타 고안전緒方洪庵伝』, 이와나미쇼텐岩波書店, 1977년

오가와 데이조小川 鼎三, 『의학의 역사医学の歴史』, 주코신서中公新書, 1964년

『과학아사히科学朝日』 편, 『스캔들의 과학사スキャンダルの科学史』, 아사히선서朝日選書, 아사히신문사朝日新聞社, 1989년

가사하라 히데히코笠原 英彦, 『역대덴노총람歴代天皇総覧』, 주코신서中公新書, 2001년

가지타 아키라梶田 昭, 『의학의 역사医学の歴史』, 고단샤학술문고講談社学術文庫, 2003년

레이첼 카슨(아오키 료이치青樹 簗一 역), 『침묵의 봄沈黙の春』, 신초샤新潮社, 1987년

간자키 노부아키門崎 允昭, 『아이누의 화살독 투구꽃アイヌの矢毒 トリカブト』, 홋카이도출판기획센터北海道出版企画センター, 2002년

가나오 세이조金尾清造, 『나가이 나가요시전長井長吉伝』, 일본약학회日本薬学会, 1960년

가네코 쓰토무金子 務, 『에도 인물과학사江戸人物科学史』, 주코신서中公新書, 2005년

가와키타 아이로川喜田 愛郎, 『파스퇴르パストゥール』, 이와나미신서岩波新書, 1967년

가와시마 유지川島 祐次, 『조선인삼비사朝鮮人参秘史』, 야사카쇼보八坂書房, 1992

가와바타 야스나리川端 康成(역자대표), 『일본 고전 문고 7 다케토리 모노가타리, 이세
　　모노가타리, 오치쿠보 모노가타리日本古典文庫7 竹取物語・伊勢物語・落窪物語』, 가와
　　데쇼보신샤河出書房新社, 1976년

기타사토 이치로北里一郎, 『기타사토 시바사부로의 사람과 학설北里柴三郎の人と学説』,
　　자비출판, 1977년

기타사토 연구소 75년지 편집위원회편北里研究所七十五年誌編集委員会編, 『기타사토 연
　　구소 75년지北里研究所七十五年誌』, 기타사토 연구소北里研究所, 1992년

기타사토 시바사부로北里柴三郎・나카무라 게이코中村 桂子, 『기타사토 시바사부로 파
　　상풍균론北里柴三郎 破傷風菌論』, 데쓰가쿠쇼보哲学書房, 1999년

기무라 요지로木村 陽二郎, 『일본자연지의 성립日本自然誌の成立』, 주오코론샤中央公論社,
　　1974년

드보라 캐버리(이구치 다이센井口 泰泉 감수, 고초 히데코古草 秀子 역), 『암컷으로 변
　　하는 자연メス化する自然』, 슈에이샤集英社, 1998년

교토대학대학원약학연구과京都大学大学院薬学研究科 편, 『새로운 약을 어떻게 만들것
　　인가』, 블루 벅스ブルーバックス, 고단샤講談社, 2007년

기요하라 시게다카清原重巨, 『초목성보·유독초목도설草木性譜;有毒草木図説』, 야사카쇼
　　보八坂書房, 1989년(오리지널은 각각 8권, 2권으로 1827년에 간행)

궁내청 쇼소인 사무소편宮内庁正倉院事務所編, 『쇼소인正倉院』, 재단법인 기쿠요문화협
　　회(財)菊葉文化協会, 1993년

궁내청 쇼소인 사무소편宮内庁正倉院事務所編(시바타 쇼지柴田 承二 감수), 『도설 쇼소인
　　약물図説 正倉院薬物』, 주오코론신샤中央公論新社, 2000년

구니미츠 시로邦光 史郎, 『수수께끼의 쇼소인謎の正倉院』, 쇼덴샤祥伝社, 1990년

에드와르 그리모(다나카 도요스케田中 豊助 외 번역), 『라부아지에ラボアジエ』, 우치다
　　로카쿠호内田老鶴圃, 1995년

엥겔베르트 켐퍼(사이토 마코토斎藤 信 역), 『에도참부여행일기江戸参府旅行日記』, 동
　　양문고東洋文庫, 헤이본샤平凡社, 1977년

오소토 히로시小曽戸 洋, 『한방의 역사漢方の歴史』, 다이슈칸쇼텐大修館書店, 1999년

리처드 고든(구라마타 토머스 아사히倉俣トーマス旭, 고바야시 다케오小林 武夫 역),

『역사는 병으로 만들 수 있다歷史は病気でつくられる』,지쿠쇼판時空出版, 1997년

고바야시 데루유키小林 照幸, 『해양 위험 생물海洋危険生物』, 분슌신서文春新書, 2002년

고야마 데쓰오小山 鉄夫, 『자원식물학資源植物学』, 고단샤 사이언티픽講談社サイエンティ
フィック, 1984년

쿠르트 골다머(시바타 겐사쿠柴田 健策, 에노키 신키치榎木 真吉 역), 『파라켈수스パラ
ケルスス』, 미스즈쇼보みすず書房, 1986년

사이토 지쇼斎藤 実正, 『오리자닌의 발견-스즈키 우메타로전オリザニンの発見―鈴木梅太
郎伝』, 교리쓰출판共立出版, 1977년

사카이 시즈酒井 シヅ, 『약과 인간薬と人間』, 스즈켄スズケン, 1982년

사카구치 긴이치로坂口 謹一郎, 『주학집성酒学集成』〈1〉, 이와나미쇼텐岩波書店, 1997년

사토 이와네佐藤 磐根 편저, 『생명의 역사生命の歴史』, NHK북스NHKブックス, 일본출판
협회日本放送出版協会, 1968년

시가 기요시志賀 潔, 『어느 세균학자의 회상或る細菌学者の回想』, 일본도서센터日本図書
センター, 1997년

시가 기요하라志賀 潔原(다나카 후미아키田中文章 편), 『세균학을 만든 사람들細菌学を
創った人々』, 기타사토 메디컬뉴스 편집부北里メディカルニュース編集部, 1984년

시노다 다쓰아키篠田 達明, 『병이 바꾼 일본 역사病気が変えた日本の歴史』, 세이카쓰진신
서生活人新書, 일본방송출판협회日本放送出版協会, 2004년

시바 데쓰오芝哲夫 역, 『폼페화학서-일본 최초의 화학강의록ポンペ化学書-日本最初の講義
録』, 화학동인化学同人, 2005년

시바 데쓰오芝哲夫, 『일본 화학의 개척자들日本の化学の開拓者たち』, 쇼카보裳華房, 2006년

시바타 쇼이치柴田承一, 『약학연구여록薬学研究余録』, 하쿠지쓰샤白日社, 2003년

시부사와 다쓰히코澁澤 龍彦, 『독약 수첩毒薬の手帖』, 가와데문고河出文庫, 1984년

필립 프란츠 폰 지볼트(사이토 마코토斎藤 信 역), 『에도참부기행江戸参府紀行』, 동양문
고東洋文庫, 헤이본샤平凡社, 1967년

시마오 타다오島尾 忠男, 『결핵과의 싸움에서 무엇을 배웠는가結核との闘いから何を学ん
だか』, 결핵예방회結核予防会, 1981년

시미즈 도타로清水藤太郎, 『일본약학사日本薬学史』, 난잔도南山堂, 1949년

마이어 슈타이넥, K·쥐트호프(오가와 테이조 小川 鼎三감수), 『도설의학사図説医学史』,
朝倉書店, 1982년

조 슈워츠(구리키 사쓰키栗木 さつき), 『슈워츠 박사의 「화학은 정말 재미있다」シュワ

ルツ博士の「化学はこんなに面白い」』, 주부의 친구사主婦の友社, 2002년

시라하타 요자부로白幡 洋三郎, 『플랜트 헌터プラントハンター』, 고단샤학술문고講談社学術文庫, 2005년

니무라 다쿠新村 拓, 『고대의료관인제의 연구古代医療官人制の研究』, 호세이대학출판국法政大学出版局, 1983년

스기 야스사부로杉 靖三郎, 『여명의 스기타 겐파쿠夜明けの人杉田玄白』, 도쿠마쇼텐徳間書店, 1976년

스기우라 아카히라杉浦 明平 역,『레오나르드 다빈치의 수기レオナルド・ダ・ヴィンチの手記』, 〈상/하〉, 이와나미문고岩波文庫 1954, 58년

스기타 겐파쿠杉田玄白(사카이 시즈 酒井 シヅ현대어 역), 『해체신서解体新書』, 고단샤학술문고講談社学術文庫, 1998년

스기하라 마사야스杉原 正泰, 아마노 히로天野 宏, 『요코하마의 약 문화横浜のくすり文化』, 유린신서有隣新書, 1994년

스기모토 츠토무杉本 つとむ, 『에도의 박물학자들江戸の博物学者たち』, 고단샤학술문고講談社学術文庫, 2006년

스기야마 시게루杉山 茂, 『약의 역사 속 뒷이야기薬史こぼれ話』, 약사일보신서薬事日報新書, 2004년

스기야마 지로杉山 二郎, 야마자키 미키오山崎 幹夫, 『독의 문화사毒の文化史』, 가쿠세샤學生社, 1990년

스즈키 아키라鈴木 昶, 『에도의 묘약江戸の妙薬』, 이와사키비주쓰샤岩崎美術社, 1991년

사가와 유키오砂川 幸雄, 『기타사토 시바사부로의 생애北里柴三郎の生涯』, NTT출판NTT出版, 2003년

세키자키 마사오関崎 正夫, 『여러가지 화학 이야기化学よもやま話』, 도쿄화학동인東京化学同人, 2000년

소다 하지메宗田 一, 『도래약의 문화지渡来薬の文化誌』, 야사카쇼보八坂書房, 1993년

다카하시 고로高橋五郎 역, 『플루타르코스 영웅전プルターク英雄伝』, 제1권第1巻, 국민문고간행회国民文庫刊行会, 1914년

다카하시 테루카즈高橋 輝和, 『지볼트와 우다가와 요안-에도 난학 교유기シーボルトと宇田川榕菴―江戸蘭学交遊記』, 헤이본샤신서平凡社新書, 2002년

다카야마 가즈히코高山 一彦, 『잔 다르크ジャンヌ・ダルク』, 이와나미신서岩波新書, 2005년

다치키 다카시立木 鷹志, 『독약의 박물지毒薬の博物誌』, 세이큐샤青弓社, 1996년

다치카와 쇼지立川 昭二, 『병의 사회사病気の社会史』, NHK북스NHKブックス, 일본방송
출판협회日本放送出版協会, 1971년

다치카와 쇼지立川 昭二, 『일본인의 병력日本人の病歴』, 주코신서中公新書, 1976년

다치카와 쇼지立川 昭二, 『메이지 의사 왕래明治医事往来』, 신초샤新潮社, 1986년

다치카와 쇼지立川 昭二, 『병의 인간 역사 메이지·다이쇼·쇼와病いの人間史 明治大正昭
和』, 신초샤新潮社, 1989년

다치카와 쇼지立川 昭二, 『양생훈의 세계養生訓の世界』, 일본방송출판협회日本放送出版協
会, 2001년

다쓰노 타카시辰野 高司, 『일본의 약학日本の薬学』, 약사일보신서薬事日報新書, 2001년

다나카 미노루田中 実, 『화학자 리비히化学者リービッヒ』, 이와나미신서岩波新書, 1951년

탄로미譚 璐美, 『아편의 중국사阿片の中国史』, 신초신서新潮新書, 2005

진순신陳 舜臣, 『실록 아편전쟁実録アヘン戦争』, 주코문고中公文庫, 1985

진순신陳 舜臣, 『진시황秦の始皇帝』, 쇼분샤 재팬尚文社ジャパン, 1995년

쓰타니 기이치로津谷喜一郎, 센바 준이치仙波純一, 『약의 역사·개발·사용薬の歴史·開発·
使用』, 방송대학교육진흥회放送大学教育振興会, 2000년

쓰치하시 유타카土橋 寛, 『지토 덴노와 후지와라노 후히토持統天皇と藤原不比等』, 주코
신서中公新書, 1994년

쓰네이시 게이이치常石 敬一, 『사라진 세균전부대-관동군 제731부대消えた細菌戦部隊―
関東軍第七三一部隊』, 지쿠마문고ちくま文庫, 1993년

쓰네이시 게이이치常石 敬一, 『의학자들의 조직범죄-관동군 제731부대医学者たちの組織
犯罪―関東軍第七三一部隊』, 아사히문고朝日文庫, 1999년

쓰네이시 게이이치常石 敬一, 『20세기의 화학물질-인간이 만들어낸 "독물"20世紀の化
学物質-人間が造り出した "毒物"』, 일본방송출판협회日本放送出版協会, 1999년

쓰네이시 게이이치常石 敬一, 『일본과학자전日本科学者伝』, 쇼가쿠칸小学館, 1996년

C.P. 툰베리(다카하시 후미高橋 文역), 『에도참부수행기江戸参府随行記』, 동양문고東洋
文庫, 헤이본샤平凡社, 1994년

노먼 테일러(난바 쓰네오難波 恒雄, 난바 요코難波 洋子 역주), 『세계를 바꾼 약용식물
世界を変えた薬用植物』, 소겐샤創元社, 1972년

르네 듀보(나가노 케이長野敬 역), 『파스퇴르-20세기 과학의 선도자 パストゥール-20世
紀科学の先達』, 가와데쇼보河出書房, 1968년

테라시마 마사야스寺島 良安(시마다 이사오島田 勇雄, 다케시마 아츠오竹島 淳夫, 히구

치 겐미樋口 元巳 역주), 『화한삼재도회和漢三才図会』, 15-18, 동양문고東洋文庫, 헤이본샤平凡社, 1990-91년

덴리도서관 희귀본 총서 일본어지부 편집 위원회天理図書館善本叢書和書之部編集委員会 편, 『향요초·약종초香要抄·薬種抄』, 야기쇼텐八木書店, 1977년

도이 야스히로土井 康弘, 『본초학자 히라가 겐나이本草学者 平賀源内』, 고단사 선서 메체講談社選書メチエ, 2008년

도야마 미쓰오遠山 美都男, 『다이카개신大化改新』, 주코신서中公新書, 1993년

도리고에 야스요시鳥越 泰義, 『쇼소인 약물의 세계正倉院薬物の世界』, 헤이본샤신서平凡社新書, 2005년

나오키 고지로直木 孝次郎, 『일본고대국가의 성립日本古代国家の成立』, 고단샤학술문고講談社学術文庫, 1996년

나카오 사스케中尾 佐助, 『재배식물과 농작의 기원栽培植物と農耕の起源』, 이와나미신서岩波新書, 1966년

나카오 사스케中尾 佐助, 『꽃과 나무의 문화사花と木の文化史』, 이와나미신서岩波新書, 1986년

나가키 다이조長木 大三, 『기타사토 시바사부로-기타사토 대학학조北里柴三郎—北里大学学祖』, 다케우치쇼텐신샤竹内書店新社, 1977년

가키 다이조長木 大三, 『기타사토 시바사부로北里柴三郎』, 게이오통신慶応通信, 1986년

나가사키 대학 약학부長崎大学薬学部 편, 『데지마의 약出島のくすり』, 규슈 대학 출판회九州大学出版会, 2000년

나가노 게이長野敬 편, 『파스퇴르 알코올 발효론 외 25 논문パストゥールアルコール発酵論 他25論文』, 아사히출판사朝日出版社, 1981년

나카무라 고로中村 梧郎, 『어머니는 고엽제를 뒤집어썼다-다이옥신의 상처母は枯葉剤を浴びた—ダイオキシンの傷あと』, 신초문고新潮文庫, 1983년

731연구회七三一研究会편, 『세균전부대細菌戦部隊』, 반세이샤晩聲社, 1996년

나라 문화재 연구소奈良文化財研究所, 『나라의 절-세계유산을 걷다奈良の寺 — 世界遺産を歩く』, 이와나미신서岩波新書, 2003년

난바 쓰네오難波 恒雄, 『한방·생약의 수수께끼를 찾다漢方·生薬の謎を探る』, NHK라이브러리NHKライブラリー, 일본방송출판협회日本放送出版協会, 1998년

니시무라 유코西村 佑子, 『마녀의 약초상자魔女の薬草箱』, 야마토케이샤山と溪谷社, 2006년

일본 약학회日本薬学会, 『일본약학회 백년사日本薬学会百年史』, 일본약학회日本薬学会,

1982년

일본약국방 해설서 편집위원회편日本薬局方解説書編集委員会編, 『제15개정 일본약국방 해설서第十五改正日本薬局解説書』, 히로카와쇼텐廣川書店, 2006년

일본약국방 공포 50주년 기념 축하회日本薬局方公布五十周年記念祝賀会 편, 『일본약국방 50년사日本薬局方五十年史』, 동 축하회, 1936년

일본약국방 백년사 편집위원회편日本薬局方百年史編集委員会編, 『일본약국방 백년사日本薬局方百年史』, 일본공정서협회日本公定書協会, 1987년

네모토 소요코根本 曽代子, 『아사히나 야스히코전朝比奈泰彦伝』, 히로카와쇼텐廣川書店, 1966년

노조에 데쓰오野副 鉄男 편저, 『유기화학有機化学』, 〈상〉, 히로카와쇼텐廣川書店, 1970년

하타 사하치로 논설집 편집위원회편泰佐八郎論説集編集委員会編, 『하타 사하치로 논설집泰佐八郎論説集』, 기타사토연구소 · 기타사토학원北里研究所·北里学院, 1981년

하야시 하지메林一, 『약학을 위한 알리바이 공작薬学のためのアリバイ工作』, 가이메이샤海鳴社, 1983년

하야시 하지메林一, 『일본의 약학교육日本の薬学教育』, 니혼효론샤日本評論社, 2000년

하라 미츠오原 光雄, 『화학입문化学入門』, 이와나미신서岩波新書 1953년

하루야마 유키오春山 行夫, 『약 기담クスリ奇談』, 헤이본샤平凡社, 1989년

하루야마 유키오春山 行夫, 『맥주의 문화사ビールの文化史』, 1·2, 헤이본샤平凡社, 1990년

해롤드 번(다카기 게이지로高木 敬次郎, 카스야 유타카粕谷 豊 역), 『약과 인간くすりと人間』, 이와나미쇼텐岩波書店, 1965년

히로타 고조廣田鋼蔵, 『메이지의 화학자明治の化学者』, 도쿄화학동인東京化学同人, 1988년

히로타 고조廣田鋼蔵, 『화학자 이케다 기쿠나에化学者池田菊苗』, 도쿄화학동인東京化学同人, 1994년

로라 포어먼 로라(오카무라 케이岡村 圭 역), 『비극의 여왕 클레오 파트라悲劇の女王クレオパトラ』, 하라쇼보原書房, 2000년

로버트 포춘(미야케 가오루三宅 馨 역), 『에도와 베이징江戸と北京』, 히라카와쇼텐廣川書店, 2000년

후쿠다 마사토福田 眞人, 『결핵이라는 문화結核という文化』, 주코신서中公新書, 2001년

후지카와 유富士川 游(오가와 테이조小川鼎三 교정), 『일본 의학사 망요日本医学史網要』, 1·2, 동양문고東洋文庫, 헤이본샤平凡社, 1974년

후지가와 유富士川 游, 『후지가와 유 저작집 5富士川游著作集 5』, (민간약民間薬), 시분가

쿠슌판思文閣出版, 1981년

후지무라 유카藤村 由加, 『누카타노오키미의 암호額田王の暗号』, 신초문고新潮文庫, 1994년

후나야마 신지船山 信次, 『쇼소인 약물 조사 연구 보유正倉院薬物調査研究補遺』, 『파마시아』, 28권, 1131p, 1992년

후나야마 신지船山 信次, 『뉴기니아 조류에서 바트라코톡신인 유독 알칼로이드 발견-짐독도 존재했을지도?ニューギニアの鳥類よりバトラコトキシン類の有毒アルカロイド発見 - 鳩毒も実在した?』, 『파마시아』, 29권, 1144p, 1993년

후나야마 신지船山 信次, 『알칼로이드-독과 약의 보고アルカロイド—毒と薬の宝庫』, 교리쓰슌판共立出版, 1998년

후나야마 신지船山 信次, 『도해잡학 독의 과학図解雑学 毒の科学』, 나쓰메샤ナツメ社, 2009년

후나야마 신지船山 信次, 『유기화학입문有機化学入門』, 교리쓰슌판共立出版, 2004년

후나야마 신지船山 信次, 『독과 약의 과학-독에서 본 약·약에서 본 독毒と薬の科学-毒から見た薬・薬から見た毒』, 아사쿠라쇼텐朝倉書店, 2007년

후루타 쇼킨古田 紹欽 전역, 『에이세이 끽차양생기栄西 喫茶養生記』, 고단샤학술문고講談社学術文庫, 2000년

레진 페르누(쓰카모토 데쓰야塚本 哲也 감수, 엔도 유카리遠藤 ゆかり 역) 『기적의 소녀 잔 다르크奇跡の少女ジャンヌ・ダルク』, 소겐샤創元社, 2002년

짐 호그셔(이와모토 마사에岩本 正恵 역), 『아편アヘン』, 세이큐샤青弓社 , 1995년

호시 신이치星 新一, 『인민은 약하고 관리는 강하다人民は弱し 官吏は強し』, 신초문고新潮文庫, 1978년

호시 신이치星 新一, 『메이지·아버지·미국明治·父·アメリカ』, 신초문고新潮文庫, 1978년

호시 신이치星 新一, 『다케토리 모노가타리竹取物語』, 가도카와문고角川文庫, 1987년

마카베 히토시真壁 仁, 『홍색과 남색紅と藍』, 헤이본샤 컬러신서平凡社カラー新書, 1979년

마키 사치코槇佐知子, 『일본 고대 의술-히카루 겐지가 의사가 됐을 때日本の古代医術—光源氏が医者にかかるとき』, 분순신서文春新書, 1999년

마키 사치코槇佐知子, 『약의 세시기-고대 의학의 지혜를 배운다くすり歳時記—古医学の知恵に学ぶ』, 지쿠마문고ちくま文庫, 2000년

마스이 유키오増井 幸夫, 칸자키 나츠코神崎 夏子, 『식물염색의 과학植物染めのサイエンス』, 쇼카보裳華房, 2007년

마쓰이 도시카즈松井 寿一, 『약의 문화지薬の文化誌』, 마루젠라이브러리丸善ライブラリー, 1991년

마쓰오 아키라松尾 聰, 나가이 가즈코永井 和子 교정, 『마쿠라노소시枕草子』, (일본고전 문학전집日本古典文学全集) 쇼가쿠칸小学館, 1974년

마쓰다 곤로쿠松田 權六, 『옻 이야기うるしの話』, 이와나미문고岩波文庫, 2001년

마쓰다 도시오松田 壽男, 『고대의 붉은색古代の朱』, 지쿠마학예문고ちくま学芸文庫, 2005년

마쓰모토 세이초松本清張, 『겐바쿠玄白』, 주코문고中公文庫, 1983년

마르타 마르카르트(곤도 다다오近藤 忠雄 역), 『에를리히박사의 추억エールリッヒ博士の 思ひ出』, 하쿠스이샤白水社, 1943년

장 타르디외 드 마레이시(하시모토 이타루橋本 到, 가타기리 유片桐 祐 역), 『독의 역사 毒の歷史』, 신효론新評論, 1996년

쥘 미슐레(모리이 마사森井 真, 다시로 시게루田代 傺 역), 『잔 다르크ジャンヌ·ダルク』, 주코문고中公文庫, 1987년

미야기 다카아키宮木 高明, 『약薬』, 이와나미신서岩波新書, 1957년

미야기 다카아키宮木 高明, 『약학개론薬学概論』, 히로카와쇼텐廣川書店, 1971년

미야케 히사오三宅久雄, 『쇼소인에서 본 간진스님의 발자취正倉院に見る鑑真和上の足跡』, 국보감진화상전 카탈로그国宝鑑真和上展カタログ, 166p, 2004년

미야자토 가쓰마사宮里 勝政, 『담배는 왜 끊지 못할까タバコはなぜやめられないか』, 이와 나미신서岩波新書, 1993년

미야타 신페이宮田 親平, 『암에 특별효과 마법의 탄환으로의 길ガン特効果 魔法の弾丸へ の道』, 신초선서新潮選書, 1989년

미야타 신페이宮田 親平, 『독가스 개발의 아버지 하버毒ガス開発の父ハーバー』, 아사히 신문사朝日新聞社, 2007년

미야타 히데아키宮田 秀明, 『다이옥신ダイオキシン』, 이와나미신서岩波新書, 1999년

무라카미 하루키村上 春樹, 『언더 그라운드アンダーグラウンド』, 고단샤문고講談社文庫, 1997년

무라마쓰 쓰요시村松 剛, 『잔 다르크ジャンヌ·ダルク』, 주코신서中公新書, 1967년

월터 모들, 알프레드 랜싱(미야기 다카아키宮木 高明 역), 『약 이야기薬の話』, 타임 인 터내셔널タイムライフインターナショナル, 1968년

모리 센조森 銑三, 『네덜란드 정월-에도 시대의 과학자들おらんだ正月—江戸時代の科学者 達』, 가도카와쇼텐角川書店, 1962년

모리구치 노부아키森口展明, 「목질 크레오소트 제제의 역사적 변환木クレオソート製剤の
史的変換」, 『약사잡학지薬史学雑誌』, 42권, 110p, 2007년

모리무라 세이이치森村 誠一, 『신판 악마의 포식新版 悪魔の飽食』, 가도카와문고角川文庫,
1983년

모리무라 세이이치森村 誠一, 『신판 속·악마의 포식新版 続·悪魔の飽食』, 가도카와문고角
川文庫, 1983년

안드레 모로아(신조 요시아키라新庄 嘉章, 히라오카 도쿠오시平岡 篤頼 역), 『플레밍의
생애フレミングの生涯』, 신초샤新潮社, 1959년

야베 이치로矢部 一郎, 『에도의 본초江戸の本草』, 사이엔스샤サイエンス社, 1984년

야마오카 노조무山岡 望, 『리비히 ~ 뷜러 왕복서간リービッヒ~ウェーラー往復書簡』, 우치
다로카쿠호신샤内田老鶴圃新社, 1966년

야마오카 노조무山岡 望, 『화학사필化学史筆』, 우치다로카쿠호신샤内田老鶴圃新社, 1976년

야마카와 고지山川 浩司, 『국제약학사-동과 서의 의약문명사国際薬学史—東と西の医薬文
明史』, 난코도南江堂, 2000년

야마자키 아키라山崎 昶, 『화학과 역사와 미스테리化学と歴史とミステリー』, 쇼카보裳華
房, 1998년

야마자키 미키오山崎 幹夫, 『독 이야기毒の話』, 주코신서中公新書, 1985년

야마자키 미키오山崎 幹夫, 『독의 탄생毒の誕生』, 가도카와선서角川選書, 1995년

야마자키 미키오山崎 幹夫, 『약과 일본인薬と日本人』, 요시카와코분칸吉川弘文館, 1999년

야마니시 다다시山西 貞, 『차의 과학お茶の科学』, 쇼카보裳華房, 1992년

야마와키 데이지로山脇 悌二郎, 『근대 일본의 의약문화-미이라, 아편, 커피近世日本の医
薬文化―ミイラ・アヘン・コーヒー』, 헤이본샤선서平凡社選書, 1995년

요시오카 신吉岡 信, 『에도의 생약방江戸の生薬屋』, 세이아보青蛙房, 1994년

요시다 다카시吉田 孝, 『고대국가의 행보 古代国家の歩み』, (대계 일본의 역사 3大系 日本
の歴史3), 쇼가쿠칸小学館, 1988년

요시다 미쓰쿠니吉田 光邦, 『에도의 과학자들江戸の科学者たち』, 현대교육문고現代教養文
庫, 사회사상사社会思想社, 1969년

요시다 미쓰쿠니吉田 光邦, 『일본과학사日本科学史』, 고단샤학술문고講談社学術文庫,
1987년

요시미즈 쓰네오由水 常雄, 『쇼소인의 비밀正倉院の謎』, 도쿠마쇼텐徳間書店, 1977년

요네다 가이스케米田 該典, 『요안의 약상자洪庵のくすり箱』, 오사카 대학 출판회大阪大学

出版会, 2001년

요네다 가이스케米田 誏典, 『오사카와 약大阪とくすり』, 오사카 대학 출판회大阪大学出版
会, 2002년

요네다 유스케米田 雄介, 『쇼소인과 일본문화正倉院と日本文化』, 요시카와코분칸吉川弘
文館, 1998년

요미우리 신문 과학부読売新聞科学部, 『환경 호르몬·무엇인지 어디까지 알고있나?環境
ホルモン・何がどこまでわかったか』, 고단샤현대신서講談社現代新書, 1998년

C찰스·H·라울(히노 이와오日野 巖, 구보테라 도시오久保寺 十四夫 역), 『세계약학사
世界藥学史』, 과학서원科学書院, 1981년

르네 발레리 라도(오케타니 시게오桶谷 繁雄 역), 『파스퇴르전パスツール伝』, 하쿠스이
샤白水社, 1961년

이시진李 時珍, 『본초강목本草綱目一』, 상무인서관商務印書館, 홍콩, 1930년

자크 르고프(가시와기 히데히코柏木 英彦, 미카미 아사조三上 朝造 역), 『중세의 지식인
中世の知識人』, 이와나미신서岩波新書, 1977년

셀먼 왁스먼(이이지마 마모루飯島 衛 역), 『미생물과 함께微生物とともに』, 신혜론샤新
評論社, 1955년

와타나베 마사오渡辺 正雄, 『문화로서의 근대 과학文化としての近代科学』, 고단샤학술문
고講談社学術文庫, 2000년

와타나베 유지渡辺 雄二, 『초독물 다이옥신超毒物ダイオキシン』, 후타바라이프신서ふた
ばらいふ新書, 후타바샤双葉社, 1998년

와타나베 유지渡辺 雄二, 『뇌를 좀먹는 환경 호르몬脳をむしばむ環境ホルモン』, 후타바라
이프신서ふたばらいふ新書, 후타바샤双葉社, 1999년

M. J. Balick, P. A. Cox, *Plants, People, and Culture*, Scientific American Library, New York, 1996.

J. Bruneton, *Toxic Plants*, Lavoisier Publishing Inc., Paris, 1999.

R. E. Schultes, A. Hofmann, *Plants of the Gods*, McGraw-Hill Book Company, New York, 1979.

S. Funayama, G. A. Cordell, *Alkaloids, A Treasury of Poisons and Medicines*, Elsevier Inc., USA, 2015.

저자소개_후나야마 신지 船山信次

1951년 센다이 시 태생. 도호쿠 대학 약학부 졸업. 동 대학 대학원 약학 연구과 박사과정 수료. 약제사, 약학박사. 일리노이 대학 약학부 유학, 기타사토 연구소 미생물 약품 화학부 실장 보좌, 도호쿠 대학 약학부 조수, 동 대학 전임강사, 아오모리 대학 공학부 조교수, 동 대학 교수, 동 대학 대학원 환경과학 연구과 교수(겸임), 히로사키 대학 객원 교수(겸임) 등을 거쳐 현재 일본 약과대학 교수(천연물 화학전공). 일본 약사학회 상임이사.

저서 『〈마약〉의 모든 것<麻薬>のすべて』 (고단샤현대신서講談社現代新書)
『독초ㆍ약초사전毒草ㆍ薬草事典』, 『민간약의 과학民間薬の科学』
   (사이언스아이신서サイエンス·アイ新書)
『독毒』(PHP사이언스월드신서PHPサイエンス·ワールド新書)
『독이 있는데 어떻게 먹을 수 있을까?毒があるのになぜ食べられるのか』
   (PHP신서PHP新書)
『독! 생과 사를 혼란─「약독동원」의 인류사毒! 生と死を惑乱 ―「薬毒同源」の人類史』 (사쿠라샤さくら舎)
『유기화합물〈초〉입문有機化合物<超>入門』 (기술평론사技術評論社)
『컬러 도해 독의 과학カラー図解 毒の科学』 (나쓰메사ナツメ社)
『알칼로이드アルカロイド』, 『유기화학입문有機化学入門』 (교리쓰출판共立出版)
『아미노산アミノ酸』 (도쿄전기대학출판국東京電機大学出版局)
『독과 약의 과학毒と薬の科学』 (아사쿠라서점朝倉書店) 등.

역자 소개_진정숙

1979년생. 일본 교린 대학 졸업, 동 대학 대학원 국제문화교류학과 석사 학위 취득. 역서로는 『밀리터리 사전』, 『세계의 전함』, 『하야미 라센진의 육해공 대작전』, 『흑기사 이야기』 등이 있다.

독과 약의 세계사

초판 1쇄 인쇄 2017년 9월 20일
초판 1쇄 발행 2017년 9월 25일

저자 : 후나야마 신지
번역 : 진정숙

펴낸이 : 이동섭
편집 : 이민규, 오세찬, 서찬웅
디자인 : 조세연, 백승주
영업 · 마케팅 : 송정환
e-BOOK : 홍인표, 김영빈, 유재학
관리 : 이윤미

㈜에이케이커뮤니케이션즈
등록 1996년 7월 9일(제302-1996-00026호)
주소 : 04002 서울 마포구 동교로 17안길 28, 2층
TEL : 02-702-7963~5 FAX : 02-702-7988
http://www.amusementkorea.co.kr

ISBN 979-11-274-0969-2 03900

이 도서의 국립중앙도서관 출판예정도서목록(CIP)은
서지정보유통지원시스템 홈페이지(http://seoji.nl.go.kr)와
국가자료공동목록시스템(http://www.nl.go.kr/kolisnet)에서 이용하실 수 있습니다.
(CIP제어번호:2017022154)

*잘못된 책은 구입한 곳에서 무료로 바꿔드립니다.